①

②

③

①埃菲尔铁塔
②罗浮宫
③巴黎协和广场夜景

①

①北京故宫

②布达拉宫

③颐和园万寿山前山建筑群

④丽江古城

②

③

④

①

①五台山大白塔
②北京天坛
③莫高窟
④少林寺碑林
⑤龙门石窟

②

③

④

⑤

①

②

③

①庐山三叠泉
②庐山松
③庐山五老峰待晴亭
④普达措碧塔海
⑤普达措属都湖
⑥普达措植被

④

⑤

⑥

国家社科基金项目《我国可移动文化遗产保护体系研究》成果之一（项目编号：08BTQ042）
国家"985工程"项目《语言科学技术与当代社会建设跨学科创新平台》成果之一（项目编号：985YK003）

世界遗产与中国国家遗产

主　编　周耀林　王三山　倪　婉

参编人员（按姓氏笔画顺序排列）

王三山　王小云　王艳明　叶　鹏　刘秋霞
刘　婧　何欢欢　汪会玲　李姗姗　周耀林
赵淑梅　徐　莉　倪　婉　戴　旸

WUHAN UNIVERSITY PRESS
武汉大学出版社

图书在版编目(CIP)数据

世界遗产与中国国家遗产/周耀林,王三山,倪婉主编.—武汉:武汉大学出版社,2010.3(2017.7 重印)
ISBN 978-7-307-07633-4

Ⅰ.世… Ⅱ.①周… ②王… ③倪… Ⅲ.①名胜古迹—世界—高等学校—教材 ②自然保护区—世界—高等学校—教材 Ⅳ.①K917 ②S759.991

中国版本图书馆 CIP 数据核字(2010)第 027328 号

责任编辑:严 红 李 婷　　责任校对:刘 欣　　版式设计:王 晨

出版发行:**武汉大学出版社** (430072 武昌 珞珈山)
(电子邮件:cbs22@whu.edu.cn 网址:www.wdp.com.cn)
印刷:虎彩印艺股份有限公司
开本:787×1092 1/16 印张:17.5 字数:381 千字 插页:2
版次:2010 年 3 月第 1 版 2017 年 7 月第 5 次印刷
ISBN 978-7-307-07633-4/K·449 定价:24.00 元

内容提要

著名历史学家大卫·罗文苏（David Lowenthal）指出，遗产概念蒸蒸日上是20世纪末最有影响的文化现象。自20世纪下半叶以来，人们越来越清楚地认识到，“遗产”并不是一副副固化的历史面孔，而是一张张鲜活的文化名片。因此，如何系统地认识遗产？如何在继承中发扬光大遗产？这不仅是我们应尽的义务，而且是我们不可推卸的责任。

本书分上下两篇。上篇为世界遗产篇，分为世界遗产概述、中国的世界遗产、外国的世界遗产三章，系统地介绍了世界遗产的形成、类型与管理，全面地梳理了全球世界遗产的分布概况，并通过案例阐释了世界遗产的价值。下篇为中国国家遗产篇，分为中国国家遗产、自然遗产、大遗址、历史文化名城名镇名村、文物保护单位、古典建筑遗产、古典园林遗产、记忆遗产、非物质文化遗产九章，从狭义和广义的角度系统地介绍了我国国家遗产的主要类型与层次结构，并辅以案例说明了中国国家遗产的多样性和价值。全书以最新资料为依据，以系统介绍世界遗产、中国国家遗产为宗旨，理论分析和案例解读相结合，图文并茂，融科学性、知识性和趣味性为一体，将世界遗产与中国遗产、文化遗产与自然遗产、可移动文化遗产与不可移动文化遗产、物质文化遗产与非物质文化遗产融为一体，清晰地勾勒出世界遗产与中国国家遗产的轮廓，粗略地绘制了一幅世界遗产与中国国家遗产的秀美画卷。

本书是高等院校遗产学概论、世界遗产学及相关课程的教材，也可为各种类型遗产的管理者、研究者和爱好者提供参考。

目　　录

下篇　中国国家遗产

上篇

世界遗产

“世界遗产”一词源于20世纪80年代初诞生的《保护世界文化和自然遗产公约》，是指按照该公约的规定被纳入《世界遗产名录》的遗产地。这些遗产地是自然界不断进化、人类社会长期积累所形成的独一无二的、不可替代的财富。

“世界遗产”诞生之时所指代的遗产类型是固定的。在此后30余年的发展过程中，随着遗产概念内涵的不断丰富和外延的不断扩大，“世界遗产”逐渐辐射到了口头传说、文献记录等领域，由此形成了不同类型的世界级遗产，例如世界文化遗产、世界自然遗产、世界文化与自然混合遗产、世界文化景观遗产、世界记忆遗产和世界非物质文化遗产。在当代，各国的“世界遗产”被誉为该国的“身份证”，这足见其重要程度。因此，系统认识世界遗产将有助于认识世界各国文明的价值和各个民族的人文精神、各个地域的自然风貌，这是尊重、维护全球文化和传统多样性的前提，对于全球化浪潮中保持民族和文化的独立性尤显弥足珍贵。

第一章
世界遗产概述

本章要点

1. 世界遗产的由来
2. 世界遗产的类型
3. 世界遗产的标志
4. 世界遗产的申报和评定
5. 世界遗产名录
6. 世界遗产事务管理机构与组织

关键词 世界遗产 类型 标志 申报 名录 管理机构

“世界遗产”的概念今天已覆盖到自然和人文的，对于人类的生存、传承和发展具有突出意义和普遍价值的各种遗产类型，包括遗产地、口头传说和文献记录等。系统地认识和深刻地领悟世界遗产，对于实现个人与社会、人文与自然、历史与现实的和谐发展具有难以估量的作用。

第一节 世界遗产类型与标志

“世界遗产”属于“遗产”的范畴。在我国，“遗产”最早出自《后汉书》卷五十七，原文为“（郭）丹出典周郡，入为三公，而家无遗产，子孙穷匮”。其中，“遗产”一词是指死者留下的财产，即物质方面的遗产，这构成了当代遗产概念的基本内涵之一，从古代一直沿用至今。同时，“遗产”也指代精神文化层面，称为“文化遗产”，它是“人类历史上遗留下来的精神财富的总称”。“遗产”的内涵决定了“世界遗产”的基本含义。一般地，“世界遗产”被认为是根据《保护世界文化和自然遗产公约》的规定被纳入《世界遗产名录》的遗产地，是一个专有名词。

“世界遗产”既是一种遗产登录的特殊方式，也是一种遗产保护的特殊方法。它是全球经历了20世纪两次世界大战后保护人类文明成果的必然结果。从历史上看，世界遗产的形成可以追溯到文化遗产的保护，特别是法国大革命期间的历史纪念碑保护。1913年12月31日，法国制定了关于历史文化遗产的法律，“遗产”概念以立法的形式得以确认，点燃了世界各国遗产保护的火炬，照亮了全球遗产保护的旅程，迎来了全球遗产保护的春天。此后直至20世纪80年代，“遗产”往往局限于历史文化遗产。20世纪80年代以后，遗产的内涵开始呈现“爆炸式”变化的态势，导致了遗产家族的壮大：从艺术领域渗透到非艺术领域，从地上延伸到地下，从博物馆发展到文化事业机构，从传统面向现代，从具体演变到抽象，从狭义过渡到宽泛，从有形走向无形。这种快速变化导致了新的遗产概念不断涌现：文化财产（Cultural Property）、自然遗产（Natural Heritage）、文化遗产（Cultural Heritage）、可移动文化遗产（Movable Cultural Heritage）、不可移动文化遗产（Immovable Cultural Heritage）、非物质文化遗产（Intangible Heritage）、世界遗产（World Heritage）等都成为遗产家族的成员。针对这种现象，著名历史学家大卫·罗文苏（David Lowenthal）敏锐地指出，遗产概念蒸蒸日上是20世纪末最有影响的文化现象。李文儒则认为，“国际遗产概念的扩大与深刻化以及遗产保护的全球合作，是20世纪人类最富有历史智慧的行动之一。”

一、世界遗产类型

目前，被列入联合国教科文组织公布的各类遗产名录中的遗产类型，主要包括文化遗产、自然遗产、文化与自然混合遗产、文化景观遗产、非物质文化遗产和记忆遗产六个类型，由此拓展了“世界遗产”的含义，构成了广义的世界遗产概念，即包括被列入国际级别的遗产名录或清单的所有遗产类型。

（一）文化遗产

《保护世界文化和自然遗产公约》第1条规定，以下各项为“文化遗产”：

文物：从历史、艺术或科学角度看，具有突出、普遍价值的建筑物、雕刻和绘画，具有考古意义的成分或结构，铭文、洞穴、住区及各类文物的综合体；

建筑群：从历史、艺术或科学角度看，因其建筑的形式、同一性及其在景观中的地位，具有突出、普遍价值的单独或相互联系的建筑群；

遗址：从历史、美学、人种学或人类学角度看具有突出、普遍价值的人类工程或自然与人联合工程以及考古地质等地方。

根据《实施保护世界文化和自然遗产公约的操作指南》的规定，凡列入《世界遗产名录》的文化遗产项目，即世界文化遗产（World Cultural Heritage），必须至少具备以下一项或多项标准：

（1）代表一种独特的艺术成就和创造性的天才杰作；

（2）在一定时期或世界某一文化区域内，对建筑艺术、纪念物艺术、城镇规划或景观设计方面的发展产生过重大影响；

（3）能为一种现存的或已经消失的文明或文化传统提供一种独特的或至少是特殊

的见证;

(4) 可作为某种类型的建筑物、建筑群或景观的杰出范例,展示人类历史上一个(或几个)重要阶段;

(5) 可作为传统的人类居住地或使用地的杰出范例,并代表一种(或几种)文化,尤其是在不可逆转之变化的影响下变得易于损坏;

(6) 与具有特殊普遍意义的事件、现行传统、思想、信仰或文学艺术作品有直接或实质的联系(只有在某些特殊情况下或该项标准与其他标准一起作用时,此款才能成为列入《世界遗产名录》的理由)。

在符合以上标准中一项或多项的基础上,申报的项目还必须同时满足另外两个条件:符合真实性的要求(包括设计、材料、工艺和布局的真实性);有足够的法律和(或)传统的保护和管理机制作为保障。

截至2009年年底,《世界遗产名录》包括890项遗产,其中文化遗产689项,约占该名录所列遗产总数的77.4%。

(二) 自然遗产

《保护世界文化和自然遗产公约》第2条规定,以下各项可列为“自然遗产”:

从美学或科学角度看,具有突出、普遍价值的由地质和生物结构或这类结构群组成的自然面貌;

从科学或保护角度看,具有突出、普遍价值的地质和自然地理结构以及明确划定的濒危动植物物种生态区;

从科学、保护或自然美角度看,具有突出、普遍价值的天然名胜或明确划分的自然区域。

根据《实施保护世界文化和自然遗产公约的操作指南》,凡列入《世界遗产名录》的自然遗产项目,即世界自然遗产(World Natural Heritage),必须符合下列一项或几项标准:

(1) 构成代表地球演化史中重要阶段的突出例证;

(2) 构成代表进行中的重要地质过程、生物演化过程以及人类与自然环境相互关系的突出例证;

(3) 独特、稀有或绝妙的自然现象、地貌或具有罕见自然美的地带;

(4) 尚存的珍稀或濒危动植物物种的栖息地。

自然遗产的评选,在具体操作过程中,除了符合上述四条标准之外,还必须符合《实施保护世界文化和自然遗产公约的操作指南》规定的整体环境条件。这些环境条件包括:必须包含自然生态关系必备要素的全部内容或绝大部分内容;必须有相当充分的地域面积,能够自我维持生态平衡;必须具有维护物种延续的生态系统;濒危物种遗址应该具有维持濒危物种生存所需的生存条件,特别要保护迁徙性的物种种群;遗产所在地必须有令人满意的长期立法调节,以做到制度化的保护。

截至2009年年底,列入《世界遗产名录》的世界自然遗产共176项,约占该名录总数的19.8%。

(三) 文化与自然混合遗产

文化与自然混合遗产（Mixed Site）简称“混合遗产”、“复合遗产”。按照《实施保护世界文化和自然遗产公约的操作指南》，只有同时部分满足或完全满足《保护世界文化和自然遗产公约》中关于文化遗产和自然遗产定义的遗产项目才能成为文化与自然混合遗产。

截至2009年年底，《世界遗产名录》共列出了25项混合遗产，约占该名录全部遗产数量的2.8%。

(四) 文化景观遗产

“文化景观”这一概念是1992年12月在美国圣菲召开的联合国教科文组织世界遗产委员会第十六届会议时提出并纳入《世界遗产名录》中的。《实施保护世界文化和自然遗产公约的操作指南》第47条对“文化景观遗产”（Cultural Landscapes）进行了阐释；《保护世界文化和自然遗产公约》第1条就指出文化景观属于文化遗产，代表着“自然与人联合的工程”，即自然与人的共同作品。它们反映了因物质条件的限制和(或)自然环境带来的机遇，在一系列社会、经济和文化因素的内外作用下，人类社会和定居地的历史沿革。

按照《实施保护世界文化和自然遗产公约的操作指南》，文化景观遗产分为三类：

(1) 由人类有意设计和建筑的景观。它包括出于美学原因建造的园林和公园景观，它们经常（但并不总是）与宗教或其他纪念性建筑物或建筑群有联系。

(2) 有机进化的景观。它产生于最初始的一种社会、经济、行政以及宗教需要，并通过与周围自然环境的相联系或相适应而发展到目前的形式。它又包括两种类别：一是残遗物（或化石）景观，代表一种过去某段时间已经完结的进化过程，不管是突发的或是渐进的。它们之所以具有突出的普遍价值，还在于它的显著特点依然体现在实物上。二是持续性景观，它在当今与传统生活方式相联系的社会中保持着一种积极的社会作用，而且其自身演变过程仍在进行，同时又展示了历史上其演变发展的物证。

(3) 关联性文化景观。它以与自然因素、强烈的宗教、艺术或文化相联系为特征，而不是以文化物证为特征。

文化景观的评定采用文化遗产的标准，同时参考自然遗产的标准。为区分和规范文化景观遗产、文化遗产、文化与自然遗产的评选，《实施保护世界文化和自然遗产公约的操作指南》对评选文化景观的原则进行了规定：文化景观“能够说明为人类社会在其自身制约下、在自然环境提供的条件下以及在内外社会经济文化力量的推动下发生的进化及时间的变迁。在选择时，必须同时以其突出的普遍价值和明确的地理文化区域内具有代表性为基础，使其能反映该区域本色的、独特的文化内涵”。

第一项文化景观遗产诞生于1992年，即英国的湖区国家公园。此后，陆续评选出了一些文化景观遗产，但往往被列入了“世界文化遗产”的名单之中。

(五) 世界记忆遗产

世界记忆遗产是指符合世界意义、经联合国教科文组织世界记忆工程国际咨询委员会确认而纳入《世界记忆名录》的文献遗产项目。世界记忆遗产是世界文化遗产保护项目的延伸，侧重于文献记录遗产，包括博物馆、档案馆、图书馆等文化事业机构保存的任何介质的珍贵文件、手稿、口述历史的记录以及古籍善本等。

为实施联合国教科文组织宪章中规定的保护世界文化遗产的任务，联合国教科文组织于1992年启动了名为“世界记忆工程”（Memory of the World）的文献记录保护项目，其目的在于鼓励和联合国际社会保护具有突出价值的文献遗产，通过合作和采用最先进的保护技术进行抢救，使人类的记忆更加完整，从而达到以下四个目标：

（1）保护：采用最适当的手段保护具有世界意义的文献遗产，并鼓励对具有国家和地区意义的文献遗产的保护；

（2）利用：使文献遗产得到最大限度的、不受歧视的平等利用；

（3）产品的销售：开发以文化遗产为基础的各种产品并广泛推销（赢利所得的资金用于文献遗产的保护）；

（4）认识：提高世界各国对其文献遗产，特别是对具有世界意义的文献遗产的认识。

一旦某项文献遗产被评定为世界记忆遗产，即入选《世界记忆名录》。截至2009年年底，全球共有157项文献遗产入选《世界记忆名录》，其中包括苏伊士运河的相关文献，贝多芬、肖邦、舒伯特的音乐曲谱原稿，歌德、易卜生的著作原稿，德国古登堡1455年印制的欧洲第一部印本书《四十二行圣经》，俄帝国时代的地图，法国占领毛里求斯的文件等。

（六）非物质文化遗产

《保护非物质文化遗产公约》规定，非物质文化遗产（Intangible Cultural Heritage）是指被各群体、团体、有时为个人视为其文化遗产的各种实践、表演、表现形式、知识和技能及有关的工具、实物、工艺品和文化场所。非物质文化遗产也被译为无形文化遗产，最早由日本提出。它是相对于有形文化遗产即物质文化遗产而言的，是世界遗产的组成部分。根据《保护非物质文化遗产公约》，非物质文化遗产涵盖以下五个方面：

（1）口头传说和表述，包括作为非物质文化遗产媒介的语言；

（2）表演艺术；

（3）社会风俗、礼仪、节庆；

（4）有关自然界和宇宙的知识和实践；

（5）传统的手工艺技能。

《保护非物质文化遗产公约》进一步指出，非物质文化遗产概念中的非物质性的含义，是与满足人们物质生活基本需求的物质生产相对而言的，是指以满足人们的精神生活需求为目的的精神生产这层含义上的非物质性。所谓非物质性，并不是与物质绝缘，而是指其偏重于以非物质形态存在的精神领域的创造活动及其结晶。

依据《保护非物质文化遗产公约》和《联合国教科文组织宣布人类口头和非物质遗产代表作国际评审委员会议事规则》，非物质文化遗产的评选标准主要有两条：第一，遗产具有杰出的文化代表性，对有关群体和文化多样性具有特殊价值；第二，遗产当前迫切需要保护，特别是因面临社会变革等因素缺乏保护而将消失。在实际评审过程中，对每个申报项目需要参照如下具体的评选标准：

（1）参选作品应该具备体现人类的创造天才的优秀作品的特殊价值；

（2）具有特殊价值的非物质文化遗产的集中体现；

（3）在历史学、艺术学、人种学、社会学、人类学、语言学及文学方面具有特殊价值的民间传统文化表达；

（4）符合“联合国教科文组织宣布人类口头及非物质遗产代表作”规则的五项条件。这五项条件包括：表明其深深扎根于文化传统或有关社区文化历史之中；能够作为一种手段对民间的文化特性和有关的文化社区起肯定作用，在智力借鉴和交流方面有重要价值，并促使各民族和各社会集团更加接近，对有关的群体起到文化和社会的现实作用；能够提高开发技能，提高技术质量；对现代的传统具有唯一见证的价值；由于缺乏抢救和保护手段，或因加速的演变过程、或城市化趋势、或适应新环境文化的影响而面临消失的危险。

符合上述标准的非物质文化遗产将被列入《人类非物质文化遗产代表作名录》。截至 2009 年年底，该名录共收录非物质文化遗产 183 项。

二、世界遗产标志

1972 年《保护世界文化和自然遗产公约》并未提及世界遗产标志。1976 年 11 月，世界遗产委员会成立之后，开始酝酿推出世界遗产标志，以利于世界遗产保护工作的宣传和推广。

1978 年，在华盛顿举行的第二届世界遗产委员会大会上，世界遗产委员会采用了由米歇尔·奥利夫（Michel Olyff）设计的遗产标志作为世界文化遗产和自然遗产的标志。这一标志在 1996 年 2 月进行了修改，遂成为世界文化遗产和自然遗产的正式标志，开始在各国的世界遗产地悬挂。后来，随着遗产类型的不断扩展，这一标志也代表着自然与文化混合遗产以及文化景观遗产。

世界文化与自然遗产标志

上述世界文化与自然遗产标志象征着文化遗产与自然遗产之间相互依存的关系。中央的正方形代表人类的创造，圆圈代表大自然，两者密切相连。该标志呈圆形，既象征全世界，也象征着要进行保护。

世界遗产标志可用于任何颜色或任意尺寸的艺术品中。该标志上印有三国“世界遗产”文字：“WORLD HERITAGE”（英文）和“PATRIMOINE MONDIAL”（法文）是必需的，该标志上方的“PATRIMONIO MUNDIAL”（西班牙文）在不同签约国可以替换成本国的官方文字。读者可以参见第二章的中国世界遗产标志。

非物质文化遗产委员会大会在 2008 年 6 月第二次会

议上采用了克罗地亚设计师 Dragutin Dado Kovačević的作品作为《保护非物质文化遗产公约》的标志。正如设计者所言，该标志以三角形、正方形和圆形为基本构图，线条图以一次手的运动开始并结束，中间没有任何的停止或断落，三角形变成一个正方形，正方形变成一个圆形，而圆形则采取了泡状保护罩的形式，以突出该公约的宗旨和精神，强调的是传统与现代之间的联结——以手的运动表示传统，以类似于英文 at 的符号“@”象征现代，紧扣“一个现代性时代的遗产”的主题。该标志与联合国教科文组织徽标联合使用。

United Nations Educational,
Scientific and Cultural Organization

(a) 联合国教科文组织标志

Intangible Cultural Heritage

(b) 非物质文化遗产标志

非物质文化遗产使用标志

被列入《世界记忆名录》的文献可以使用世界记忆工程的标志。这个标志可用于各种宣传品，包括招贴画和旅游介绍等，这将大大提高该文献遗产的知名度以及该文献遗产收藏机构的知名度。

世界记忆工程标志

第二节　世界遗产申报与评定

一项具有突出意义和普遍价值的遗产，必须经过一定的申报程序、经过联合国教科文相关组织的确认并列入相应名录，才能被称为世界遗产。一般说来，各种类型的世界遗产在申报过程中大体上都要经过提名、调查、评定和公布四个阶段。

一、世界遗产的提名

“提名”是指遗产申报受理机构接受申报机构或申报者的提名资料。提名资料由申报机构或申报者根据一定的格式和要求，采用英语或法语撰写，这些资料主要用来向受理机构说明申报遗产项的历史、现状、保护状况、符合哪些规定的标准而列入名录等。除了文字、图表等，提名资料有时还需要辅以照片、影片资料，以方便受理机构对申报遗产项进行全方位的了解。

由于遗产类型不同，申报主体的资格也存在一定的不同。文化遗产、自然遗产、文化与自然混合遗产以及文化景观遗产的申报主体在申报前，必须签署《保护世界文化和自然遗产公约》，并保证保护本国的文化和自然遗产，取得会员国资格。非物质文化遗产的申报主体则必须是下列四种情况之一：会员国政府；准会员国政府；征得相关会员国教科文组织全国委员会同意的政府间组织；征得本国教科文组织全国委员会同意并与联合国教科文组织有正式关系的非政府组织。

按照有关规定，对于单独申报的国家而言，每个国家每两年可申报两项遗产，若多个国家联合申报，则在国家数目和申报遗产项目上都不受限制，也不占国家名额。如果一项遗产超越了政治边界，则要求相关会员国联合申报。世界记忆遗产的申报者可以是个人，也可以是组织（包括政府和非政府组织）。

申报资料的接收机构也不尽相同。世界文化遗产、自然遗产、文化与自然混合遗产的申报资料主要向世界遗产中心提交，非物质文化遗产申报资料向联合国教科文组织秘书处提交，记忆遗产申报资料向世界记忆工程秘书处提交。各受理机构收到申报资料后进行初步检查，确认资料完备并记录在案后向下一个机构提交，遗产申报进入调查阶段。

根据《保护世界文化和自然遗产公约》第 11 条的要求，凡正式申报世界文化遗产的项目，一定要先进入本国文化和自然遗产预备清单，会员国每次向联合国教科文组织申报的遗产项目必须出自这份预备清单。

二、世界遗产的调查

“调查”是指有关机构或团体依据各项遗产入选标准对每个遗产提名项进行调查和评估，形成调查评估报告，并逐项说明推荐或反对入选名录的理由。

世界文化遗产、自然遗产、文化与自然混合遗产、文化景观遗产的调查工作由世界遗产中心组织专家到遗产现场进行。同时，这四种类型的遗产申报资料将由世界遗产中心转交给世界遗产委员会的咨询机构——国际文化财产保护与修复研究中心（ICCROM）、国际古迹遗址理事会（ICOMOS）、国际自然与自然资源保护联盟（IUCN）。这三家机构（单独或联合）根据各项遗产的入选标准进行专业调查和评估，并做出建议列入或不建议列入的结论。

对于非物质文化遗产的申报资料而言，秘书处将申报资料转交给能够胜任的非政府组织或其他由联合国教科文组织制定的专家组依据评选标准对申报遗产项进行调查评估，调查报告必须就每一个遗产申报项做出推荐或反对列入名录的理由。

记忆遗产提名资料则由世界记忆工程秘书处转交给世界记忆遗产国际咨询委员会名录分委员会。该分委员会将组成专家组对每个遗产提名项进行全方位的检查，并做出调查报告。调查报告也必须就每一个遗产申报项做出推荐或反对列入名录的理由。

三、世界遗产的评定

各委员会在上述咨询机构和专家组的评估报告的基础上，最终决定哪些遗产申报项可以列入名录，并将这一决定提交联合国教科文组织总干事通过。

世界遗产委员会审查国际文化财产保护与修复研究中心、国际古迹遗址理事会、国际自然与自然资源保护联盟（单独或联合）提交的关于文化遗产、自然遗产、混合遗产和文化景观遗产的评估报告，最终做出录入名录、推迟录入或淘汰的决定。

对于非物质文化遗产，秘书处将会员国提交的录像资料和非政府组织或专家的评估报告一并提交给评审委员会（该委员会由教科文组织总干事指定 18 位会员国代表组成），评委们根据评选标准，向联合国教科文组织总干事提交一份推荐入选项目清单，一份落选项目清单和一份推迟至两年后有可能再行审议的项目清单，提交教科文组织总干事通过。

在记忆遗产方面，世界记忆工程秘书处将专家组的调查报告提交给世界记忆名录分委员会。该分委员会形成最终推荐意见后向世界咨询委员会提交，意见必须逐一说明将某个遗产提名项列入或不列入名录的理由。国际咨询委员会的委员依据世界记忆名录分委员会的最终推荐意见进行讨论，做出最终决定并提交教科文组织总干事通过。

四、世界遗产的公布

在评审结果确定后，联合国教科文组织有关机构向全世界公布评审结果，宣布本次评选中入选的遗产项，并纳入相应的名录。

列入名录后，各项世界遗产的保护要遵循有关公约和国际法的规定，接受联合国教科文组织的监督指导，进入世界遗产的科学保护阶段。

第三节 世界遗产名录

为了更好地促进世界遗产的保护，《世界遗产名录》、《濒危世界遗产名录》、《人类非物质文化遗产代表作名录》、《急需保护的非物质文化遗产名录》和《世界记忆名录》相继建立，构成了世界遗产名录的广谱图，既为世界遗产的宣传和推广提供了依据，也为世界遗产事务的管理和保护提供了参考。

一、《世界遗产名录》

根据《保护世界文化和自然遗产公约》，世界遗产委员会于 1976 年建立了《世界遗产名录》(The World Heritage List)。

凡符合《保护世界文化和自然遗产公约》的规定，都可以经过一定的程序申报列入《世界遗产名录》。由于被列入《世界遗产名录》的遗产地能够得到世界的关注与保护，知名度提高并带来可观的经济效益和社会效益，世界各国都积极申报“世界遗产”。由于申报“世界遗产”的国家和所报的项目越来越多，2002 年 6 月召开的世界遗产委员会第 26 次会议决定，今后审批世界遗产的条件将更加严格，一个国家一次只能提出一处申请，尚没有世界遗产景点的国家将享有优先权。

1978 年第二届世界遗产大会上产生了首批世界遗产。从那时截至 2009 年年底，

《世界遗产名录》已列入 145 个缔约国的 890 项遗产，其中含有 689 项文化遗产（含文化景观遗产）、176 项自然遗产、25 项文化和自然混合遗产。

二、《濒危世界遗产名录》

《濒危世界遗产名录》(List of World Heritage in Danger) 公布的是已经列入《世界遗产名录》当中，但是由于各种原因处于濒危状况的世界文化遗产、自然遗产、混合遗产或文化景观遗产。设立《濒危世界遗产名录》的目的在于引起遗产所在国和国际社会的关注——尤其是在遗产地明显受到自然因素和人类干扰的情况下，使其高度重视即将到来的危险，从而尽快采取措施拯救人类共同的财富。

当某项遗产满足以下要求时，世界遗产委员会可将其列入《濒危世界遗产名录》:(1) 该遗产已列入《世界遗产名录》；(2) 该遗产面临严重的、特殊的危险；(3) 该遗产的保护需要实施较大规模的工程；(4) 已申请依据公约为该遗产提供援助。世界遗产委员会认为，在某些情况下对遗产表示关注并传递这一信息可能是其能够提供的最有效的援助（包括将遗产列入《濒危世界遗产名录》所传递的信息）。此类援助申请可能由世界遗产委员会成员或秘书处提出。

某项遗产一旦列入《濒危世界遗产名录》，经过一系列努力措施后，如果解除了相应的危险和威胁，经世界遗产委员会评估，可从《濒危世界遗产名录》中除去。但如果会员国政府不能保证在一定的期限内通过采取必要的措施有效保护该遗产的价值，并使遗产地最终失去了作为世界遗产地的价值，该遗产项也将会从《世界遗产名录》中除名。

1982 年第六届世界遗产大会产生了第一个濒危世界遗产项——耶路撒冷古城及其城墙。实际上，耶路撒冷古城及其城墙 1981 年才被作为文化遗产列入《世界遗产名录》，但无序的城市发展、观光旅游又缺乏必要的维护，导致城市建筑物老化，在短短的一年时间内便被纳入了《濒危世界遗产名录》。之后，陆续有遗产项被列入《濒危世界遗产名录》，也有遗产在列入《濒危世界遗产名录》后因为得到了及时、科学的保护而从该濒危名录中除名。截至 2009 年年底，《濒危世界遗产名录》仍列入了 31 项濒危遗产，见第三章表 3-6。

三、《世界记忆名录》

《世界记忆名录》(The Memory of the World Register) 列入的是符合世界意义入选标准的文献遗产，是世界记忆工程的主要名录。除《世界记忆名录》以外，世界记忆工程还鼓励建立地区和国家名录。这两个名录主要收集具有地区和国家意义的文献遗产。

1997 年，《世界记忆遗产名录》首次列入 38 项遗产，之后每两年公布一批遗产项目。截至 2009 年年底，《世界记忆名录》共列入世界文献遗产 157 项。

四、《人类非物质文化遗产代表作名录》

《人类非物质文化遗产代表作名录》(Representative List of the Intangible Cultural

Heritage of Humanity）公布的遗产项目，是被联合国教科文组织根据入选标准确定的人类口述与非物质文化遗产项目。

《人类非物质文化遗产代表作名录》的前身是《人类口述和非物质遗产代表作》。1997年，联合国教科文组织通过了建立“人类口头与非物质遗产代表作”的决议，提出了“代表作”这一称号，并将“人类口头与非物质遗产代表作”正式定名于联合国的文件当中。2000年，联合国教科文组织开始实施“人类口述和非物质遗产代表作”计划。根据《人类口述与非物质遗产申报指南》，每两年宣布一批代表作，每个国家每次只能推荐一项；多国可以联合申报，不占国家名额。

2003年《保护非物质文化遗产公约》规定，《保护非物质文化遗产公约》生效后，“人类口述和非物质遗产代表作”计划行将终止，建立“非物质文化遗产代表作名录”。《保护非物质文化遗产公约》于2006年4月生效，此后，各国申报的非物质文化遗产一旦入选，将被列入《人类非物质文化遗产代表作名录》，而此前联合国教科文组织于2001年、2003年、2005年宣布的三批计90项人类口述和非物质遗产代表作自动纳入上述名录。2009年9月又评选出76项人类非物质文化遗产代表作。至此，全球共有183项代表作被列入《人类非物质文化遗产代表作名录》。

五、《急需保护的非物质文化遗产名录》

《急需保护的非物质文化遗产名录》(The List of Intangible Cultural Heritage in Need of Urgent Safeguarding）是根据《保护非物质文化遗产公约》第17条设立的。

列入“急需保护的非物质文化遗产名录”的非物质文化遗产必须同时符合以下六条标准：

（1）该项目属于《保护非物质文化遗产公约》第2条定义的非物质文化遗产；

（2）尽管有关社区、群体或个人和会员国均做出了努力，该项目的存续仍然危在旦夕，因此该遗产急需保护；或该遗产正受到严重威胁，特别急需保护，若不立即加以保护，将难以为继；

（3）已制订了一些保护措施，使有关社区、群体或个人能够继续实践和传承该遗产；

（4）该遗产的申报，是在有关社区、群体或个人尽可能广泛参与的前提下提名的，是他们在知情的情况下事先自主认可的；

（5）该项目已列入申报会员国领土现存的非物质文化遗产清单之中；

（6）在特别紧急的情况下，根据《保护非物质文化遗产公约》第17条第3款，已就该遗产列入名录事宜与有关会员国进行过协商。

2009年9月，联合国教科文组织保护非物质文化遗产政府间委员会首次将8个国家的12项非物质文化遗产列入《急需保护的非物质文化遗产名录》，其中包括中国的羌年庆祝习俗等3项非物质文化遗产。

第四节 世界遗产事务组织管理

鉴于世界遗产事务参与国多、涉及面广、专业性强，与之相关的管理机构先后设立。联合国教科文组织及其有关世界遗产事务的内设机构成为管理世界遗产事务的主要组织，地区级、国家级遗产管理机构主要负责本地区、本国的世界遗产事务，而世界遗产保护咨询机构则提供专业知识的支持，由此形成了有关世界遗产事务的组织管理体系。

一、联合国教科文组织世界遗产事务管理机构

联合国教育、科学及文化组织（UNESCO）是各国政府间讨论关于教育、科学和文化问题的国际组织。该组织于 1946 年 11 月正式成立，截至 2009 年年底，共拥有 193 个会员国和 7 个准会员国（澳门加入该组织的时间为 1995 年 10 月 25 日。因其加入时间在回归祖国之前，故它是作为一个国家列入上述准会员国之列的）。

自 20 世纪 60 年代发动拯救努比亚遗址的国际性遗产保护活动以来，UNESCO 在组织、协调全球性遗产保护实践方面发挥着越来越重要的作用，并牵头制定了各种遗产保护公约和遗产保护国际法律，为成功保护各国世界遗产提供了经验借鉴。也正是由于它的努力，各国的遗产从国家的、民族的价值层面发展成为世界的、全人类的宝贵财富，开启了全球联合保护各国遗产的新时代。

为有效管理世界遗产事务，联合国教科文组织设立了有关世界遗产事务的管理机构，对世界遗产的申报、保护实践进行管理。按照遗产的不同，管理分工有所差异，联合国教科文组织内设的管理机构主要包括世界遗产委员会、世界遗产中心、非物质文化遗产委员会、世界记忆工程国际咨询委员会。

（一）世界遗产委员会

1972 年《保护世界文化和自然遗产公约》第 8 条规定，在联合国教科文组织内建立一个保护具有突出、普遍价值的文化和自然遗产的政府间委员会，即“世界遗产委员会”（World Heritage Committee）。

世界遗产委员会成立于 1976 年 11 月，由 21 名成员组成，每届任期 6 年，每两年改选其中 1/3 的成员。委员会设有主席团，由 7 名成员组成，主席团每年举行两次会议，研究世界遗产委员会的工作。世界遗产委员会每年举行一次世界遗产大会，履行其职责。

世界遗产委员会负责《保护世界文化和自然遗产公约》的实施，其职能主要体现在以下几个方面：

（1）在有关机构的帮助下，对世界遗产的提名进行审查、评估，并最终确定将哪些遗产列入《世界遗产名录》；

（2）审查会员国已列入《世界遗产名录》的世界遗产保护状况。当遗产得不到恰

当地处理和保护时，委员会责成会员国采取特别性保护措施，并最终确定是否将该遗产从《世界遗产名录》中除名或列入《濒危世界遗产名录》；

（3）管理世界遗产基金，对为保护遗产而申请援助的国家给予技术和财力援助；

（4）每两年向会员国大会和联合国教育、科学及文化组织大会递交一份关于其活动的报告；

（5）定期审查和评估《保护世界文化和自然遗产公约》的实施情况。

《保护世界文化和自然遗产公约》第15条还规定，设立一项保护具有突出、普遍价值的世界文化和自然遗产的基金，称为“世界遗产基金”（World Heritage Fund）。除了《保护世界文化和自然遗产公约》会员国定期缴纳的会费外，该基金的来源还包括会员国的捐款，其他国家、组织或个人的捐款，基金款项所得的利息，募集的资金等。捐款人或组织可以要求世界遗产委员会将捐款用于该委员会决定实施的计划或项目中的特定项，但不得带有政治条件。世界遗产基金由世界遗产委员会进行管理。

（二）世界遗产中心

世界遗产中心（World Heritage Center）成立于1992年，是联合国教科文组织协调世界遗产事务的中心机构。该中心具体负责以下工作：

（1）组织世界遗产大会的召开；

（2）协助会员国具体执行《保护世界文化和自然遗产公约》，为各会员国的世界遗产申报工作提供建议和帮助；

（3）应会员国的申请，通过世界遗产基金对会员国的遗产保护工作进行必要的资金援助，并在当遗产受到威胁时提供紧急行动方案进行协调；

（4）举办遗产保护技术讨论会，负责更新世界遗产名录；

（5）宣传世界遗产保护工作，以提高国际社会保护世界遗产的意识。

（三）世界记忆工程国际咨询委员会

世界记忆工程国际咨询委员会（the International Advisory Committee）是联合国教科文组织的常设机构，成立于1993年，它负责监督世界记忆工程文献保护项目的规划和实施，并就该项目各方面的问题向教科文组织总干事提出建议。

国际咨询委员会由14名委员组成，委员会的委员由联合国教科文组织总干事任命，任期4年，每两年召开一次委员会大会。为顺利开展世界范围内的文献遗产保护工作，世界记忆工程建立了国际咨询委员会、秘书处、世界记忆工程地区级委员会和国家级委员会三级管理机构。

世界记忆工程国际咨询委员会的主要任务包括：

（1）评审并选择列入《世界记忆名录》的文献遗产，或者将有关世界记忆遗产从名录中除名；

（2）批准选为世界记忆工程的非教科文组织资助的项目；

（3）筹集资金并建议向有关项目划拨资金。

世界记忆工程成立了世界记忆基金。原则上，该基金只能用于那些列入《世界记忆名录》的文献遗产的保护和利用，但少量资金也可用于建议列入《世界记忆名录》的文献遗产的管理计划。

（四）非物质文化遗产委员会

《保护非物质文化遗产公约》第5条规定，在教科文组织内设立保护非物质文化遗产的政府间委员会（the Intergovernmental Committee for the Safeguarding of Intangible Cultural Heritage），简译为“非物质文化遗产委员会”。

根据上述公约，非物质文化遗产委员会由18个会员国的代表组成，在公约会员国的数目达到50个之后，委员会委员国的数目增至24个。委员会委员国由会员国每两年举行一次会员国大会选出，任期4年。

非物质文化遗产委员会的主要职能包括以下几个方面：

（1）接受会员国关于非物质文化遗产的提名申报资料并审核，在有关咨询机构的帮助下最终决定将哪些申报项目列入《人类非物质文化遗产代表作名录》；

（2）对各国保护非物质文化遗产的实践提出建议和意见；

（3）管理非物质文化遗产基金，在必要的时候应会员国的申请对其遗产保护工作进行资金和技术等方面的帮助；

（4）在教科文组织秘书处的协助下，起草会员国大会和委员会的文件等，并组织大会的召开。

上述公约第25条还规定，建立一项“非物质文化遗产基金”（Intangible Cultural Heritage Fund）。该基金的来源包括会员国的纳款，教科文组织的拨款，其他国家、组织或个人的捐款等，由非物质文化遗产委员会进行管理。

二、世界遗产咨询机构

世界遗产咨询机构为世界遗产的申报、评选、保护等提供技术支持。根据《实施保护世界文化和自然遗产公约的操作指南》，该咨询机构的主要职责包括：

（1）以本领域的专业知识指导《保护世界文化和自然遗产公约》的实施；

（2）协助秘书处准备世界遗产委员会需要的文献资料，安排会议议程以及协助该委员会决定的实施；

（3）协助制定和实施加强《世界遗产名录》代表性、平衡性和可信性全球战略和全球培训战略，定期报告以及加强世界遗产基金的有效使用；

（4）监督《世界遗产名录》中世界遗产的保护状况并审查要求国际援助的申请；

（5）国际文化财产保护与修复研究中心和国际古迹遗址理事会评估申请列入《世界遗产名录》的提名财产并向委员会呈递评估报告；

（6）以咨询者的身份，列席世界遗产委员会及其主席团会议。

按照《实施保护世界文化和自然遗产公约的操作指南》的规定，世界遗产委员会的咨询机构包括国际文化财产保护与修复研究中心、国际古迹遗址理事会和世界保护自然联盟。在非物质文化遗产事务管理方面，《保护非物质文化遗产公约》并没有为非物质文化遗产委员会指定特定的咨询机构，只是规定非物质文化遗产委员会可以向会员国大会提出建议，以确定那些在非物质文化遗产领域确有专长的非政府组织可以作为其专业性的咨询机构。

（一）国际文物保护与修复研究中心

国际文化财产保护与修复研究中心（ICCROM，the International Centre for the Study of the Preservation and Restoration of Cultural Property）是一个政府间组织，由联合国教科文组织于1959年设立，总部设在意大利罗马。该中心的职责是从事调查研究，编撰文献资料，提供技术援助、培训和推行增强公众意识的项目，加强对可移动和不可移动文化遗产的保护。截至2009年6月底，该中心拥有126个会员国。

国际文化财产保护与修复研究中心和《保护世界文化和自然遗产公约》相关的特殊职责包括：文化遗产培训领域的紧密合作，监督世界遗产保护状况，审查由会员国提交的国际援助申请，以及为会员国文化财产保护和修复献策并提供支持。

（二）国际古迹遗址理事会

国际古迹遗址理事会（ICOMOS，the International Council on Monuments and Sites）是一个非政府组织，1965年成立于波兰华沙，总部设在法国巴黎。该理事会以1964年《国际古迹遗址保护和修复宪章》（又称《威尼斯宪章》）制定的原则为基准，推广建筑和考古遗产保护理论、方法和科学技术的应用。

国际古迹遗址理事会通过派遣世界遗产专员并辅以国际秘书处的工作对申请列入世界遗产名录的古迹遗址进行专业评估，并参与保护世界文化和自然遗产公约的贯彻落实。国际古迹遗址理事会和《保护世界文化和自然遗产公约》相关的特殊职责包括：评估申报世界遗产的项目，监督世界遗产保护状况，审查由会员国提交的国际援助申请，以及为会员国文化遗产保护和修复献策并提供支持。

（三）国际自然与自然资源保护联盟

国际自然与自然资源保护联盟（IUCN，the International Union for Conservation of Nature and Natural Resources）的前身是1948年创建的国际自然保护联盟（the International Union for the Protection of Nature），1956年更名为国际自然与自然资源保护联盟（IUCN），1990年至2008年3月期间曾更名为世界保护联盟（the World Conservation Union），总部设在瑞士格朗德。该联盟旨在促进和鼓励人类对自然资源的保护与永久利用，影响、鼓励和协助世界各团体保护自然的完整性和多样化，并确保任何对自然资源的使用都是公正的、符合生态的可持续发展。

国际自然与自然资源保护联盟与《保护世界文化和自然遗产公约》相关的特殊职责包括：评估申报世界遗产的项目，监督世界遗产保护状况，审查由会员国提交的国际援助申请，以及为会员国文化财产保护和修复献策并提供支持。

国际自然与自然资源保护联盟的成员包括国家、各国非政府组织和世界性非政府组织、政府部门和联合公司等，为各国政府、非政府组织和科学工作者在世界范围内的合作提供了机会。截至2009年年底，其成员来自140个国家，总数达1141个，其中各国非政府组织812个，约占总数的71%。

三、国家和地区级世界遗产管理机构

（一）国家级文化和自然遗产管理机构

《保护世界文化和自然遗产公约》规定，为保护领土内的世界文化和自然遗产，各国应指定或建立国家保护和管理文化遗产和自然遗产的机构，为保证、保护、保存和展现本国领土内的文化和自然遗产采取积极有效的措施。

以中国为例，国家文物局是中国的国家级文化遗产管理机构，国家级自然遗产管理机构是住房和城乡建设部，并由住房和城乡建设部会同文物局等有关主管部门对混合遗产进行管理。

（二）世界记忆工程地区和国家级委员会

世界记忆工程通过鼓励建立地区和国家级委员会来开展活动。地区和国家级委员会基于地理位置进行划分，或者基于特定的文献遗产进行划分，由国际咨询委员会发起，在各地区和国家成立。

地区和国家级的世界记忆委员会在国际、地区及国家级层面上建立合作关系并发挥关键作用，其职能包括：

（1）鉴别记忆遗产，并向国际咨询委员会提名；

（2）全局性管理、协调各项目和活动；

（3）管理世界记忆基金；

（4）监察地区和国家级的遗产项目；

（5）建立地区级名录。

截至2009年6月底，全球64个国家建立了世界记忆工程国家委员会。

1998年11月，世界记忆工程亚太地区委员会正式成立。该委员会的宗旨是在本地区宣传、推动并监督世界记忆工程，在国际上代表该地区的观点。其具体职责包括：提高对文献遗产重要性的认识，改善文件的利用条件；促进本地区资源共享和利用；动员政治、社会和经济力量支持亚太地区世界记忆工程；鼓励对涉及多个国家文化的珍贵馆藏开展国与国之间的合作；鼓励各国成立世界记忆工程国家委员会；保存亚太地区文献遗产《地区名录》。目前，亚太地区有不少国家建立了国家级名录，《中国档案文献遗产名录》便是典型的例证。

（三）国家级非物质文化遗产管理机构

《保护非物质文化遗产公约》规定，为保护领土内的非物质文化遗产，各国应指定或建立国家保护和管理非物质文化遗产的机构，并拟定国家级非物质文化遗产清单。

仍以中国为例，国家级非物质文化遗产管理机构为中国非物质文化遗产保护中心，成立于2006年9月，是经中央机构编制委员会办公室批准正式成立的国家级非物质文化遗产保护的专业机构，承担全国非物质文化遗产保护的有关具体工作：履行非物质文化遗产保护工作的政策咨询；组织全国范围普查工作的开展，制定和更新国家级非物质

文化遗产名录；指导保护计划的实施；进行非物质文化遗产保护的理论研究；举办学术、展览（演）及公益活动，交流、推介、宣传保护工作的成果和经验；组织实施研究成果的发表和人才培训等。

四、世界遗产大会

世界遗产大会是一个合称，它主要包括世界遗产委员会大会、非物质文化遗产会员国大会和世界记忆工程国际咨询委员会大会。这些大会是各类世界遗产名录的审批机构，在世界遗产事务管理过程中处于核心地位。

（一）世界遗产委员会大会

世界遗产委员会大会成立于1976年，是联合国教科文组织世界遗产委员会的例会，每年召开一次，主要审批哪些遗产可以录入《世界遗产名录》，并对已列入该名录的世界遗产保护工作进行监督指导。

第一届世界遗产委员会大会于1977年6月27日至7月1日在联合国教科文组织总部举行。此届大会上还没有形成《世界遗产名录》。第二届世界遗产委员会大会于1978年9月5日至9月8日在美国华盛顿举行，加拿大、厄瓜多尔、埃塞俄比亚、德国、波兰、美国、塞内加尔等国的12项遗产地首次被列入《世界遗产名录》，诞生了全球第一批世界遗产。此后，共召开了33届世界遗产委员会大会，为遴选、保护世界自然与文化遗产提供了重要指导。

（二）世界记忆工程国际咨询委员会大会

世界记忆工程国际咨询委员会大会是世界记忆工程国际咨询委员会的常会，每两年召开一次。大会的主要任务包括：根据世界记忆遗产的有关标准，讨论并最终决定将哪些记忆遗产项被列入《世界记忆名录》；根据世界记忆工程国际咨询委员会的推荐和联合国教科文组织总干事的批准，最终公布“直指世界记忆遗产奖”（Jikji Memory of the World Prize）的获得者等。

第一次世界记忆工程国际咨询委员会大会于1993年9月在波兰普图斯克市召开，确定了界定记忆工程的两个基本原则，即“生存”和“提供利用”。至今，该委员会共召开了7次大会，极大地推动了世界记忆工程的发展。

（三）非物质文化遗产会员国大会

联合国教科文组织于1997年11月召开的第二十九届大会通过了建立“人类口头遗产和非物质遗产代表作”的决议。2003年10月《保护非物质文化遗产公约》第4条规定成立会员国大会，为本公约的最高权力机关。第7条则规定其主要职能包括：宣传《保护非物质文化遗产公约》，鼓励并监督其实施情况；对非物质文化遗产的保护提出建议；为非物质文化遗产基金筹集资金并进行管理；拟定实施《保护非物质文化遗产公约》的业务指南等。

自2006年4月《保护非物质文化遗产公约》生效以来，非物质文化遗产会员国大会共举行了3届常会、2次特别会议。

复习与思考

1. 世界遗产概念与国际遗产保护的实践有何内在联系？
2. 世界遗产到目前为止已经产生了哪些类型？如何理解及区分？
3. 如何理解不同类型世界遗产的标志及其含义？
4. 非物质文化遗产、民间文化、口头传说有何关联？
5. 分析世界遗产名录，从中可以发现哪些规律？
6. 列入各项世界级遗产名录对于遗产地而言具有哪些重要意义？
7. 世界遗产的申报主要经过哪些阶段？各个阶段的主要工作有哪些？
8. 世界遗产事务的管理主要涉及哪些机构？各自的职责是什么？

第二章
中国的世界遗产

本章要点

1. 中国的世界遗产道路
2. 中国的世界遗产标志
3. 中国的世界遗产类型
4. 中国的世界遗产名录
5. 中国的世界遗产预备清单

关键词　中国　世界遗产　名录　类型　预备清单　庐山

中华大地孕育了优秀的儿女，创造了伟大的文明。蜿蜒雄壮的南北长城，气势磅礴的秦始皇兵马俑，金碧辉煌的明清故宫，风景如画的九寨沟自然保护区，精巧幽深的苏州古典园林……它们不仅是中华民族的象征，也是人类罕见的、无法替代的财富，是全球公认的具有突出意义和普遍价值的世界遗产。

中华大地不仅拥有数量众多、分布广泛、极具美感的历史文化遗产和自然景观，而且受古代“天人合一”哲学观的影响，我国的世界遗产具有鲜明的个性，是展示中华文明、民族文化的重要窗口。了解中国的世界遗产，对于解析和保护中国文化与传统具有非常重要的意义。

第一节　中国的世界遗产道路

1985 年 11 月，中国加入《保护世界文化和自然遗产公约》，成为缔约方。此后，中国的世界遗产事业稳步推进。经过了 20 多年的发展，目前我国的世界遗产数量已跃居世界第三位，成为世界遗产家族中不可缺少的重要成员。

一、中国世界遗产的草创发轫

联合国教科文组织公布首批世界遗产名录时，我国也恰好走在改革开放的起点线上。世界遗产为国人打开了一扇认识世界的窗户，在国人走向现代、面向世界和保存传统、保护遗产之间架起了一座桥梁。

1982 年夏天，中国联合国教科文组织全国委员会收到来自巴黎联合国教科文组织总部的信。在这封信里，联合国教科文组织详细介绍了《保护世界文化和自然遗产公约》的基本情况，希望中国作为一个有影响力的大国，能够签署公约，成为缔约国。

1985 年 3 月，侯仁之、阳含熙、郑孝燮、罗哲文在全国政协第六届全国委员会会议上，提交了《建议我国政府尽早参加“保护世界文化和自然遗产公约”》的提案。该提案提出，我国应尽早加入联合国教科文组织的《保护世界文化和自然遗产公约》，参加世界遗产委员会，以利于我国重要文化和自然遗产的保存和保护，加强我国在国际文化合作事业中的地位。此举拉开了中国世界遗产事业的序幕。同年 11 月 22 日，全国人大审议批准中国加入《保护世界文化和自然遗产公约》。

1986 年，国家文物局向联合国教科文组织递交了包括长城、北京故宫等在内的 28 项文化遗产内容的《中华人民共和国世界遗产预备清单》。

1987 年底，长城、北京故宫、秦始皇陵及兵马俑、敦煌莫高窟、周口店北京猿人遗址、泰山被列入《世界遗产名录》。

1988 年 4 月，世界遗产中心考察组专家来中国了解中国世界遗产的保护情况，帮助中国提高世界遗产的保护水平。考察组对当时我国文化遗产的保护状况做了整体分析，指出了保护规划、管理规划、游客控制等问题，推动了我国世界文化遗产与国外世界遗产的接轨。

从 1985 年到 20 世纪末，我国的世界遗产事业处于萌发与草创时期。这一时期的特点是：实现零的突破并不断地持续积累，在学习、探索中总结经验、扩大影响，专家、政府和具体管理部门尝试互动、整合力量，在与国际社会的接触中展开交流与合作。

二、中国世界遗产的不断深化

1997 年以后，中国的世界遗产事业在早期经验积累的基础上酝酿了一系列新的变化，在近 10 年的时间内得以深化和发展。

1998 年 1 月，中国文物学会世界遗产研究委员会在苏州举行筹备大会，这既意味着“世界遗产”已成为一个相对稳定并且极其重要的研究对象，也昭示着我国的世界遗产事业初步成型。1999 年 10 月 29 日，中国当选为世界遗产委员会成员。2002 年，国家文物局设立世界遗产处，文化部、国家文物局、国家计委等九部委联合发出了《关于加强和改善世界遗产保护管理工作的意见》，体现出国家努力从体制和机制上加强对世界遗产事业管理的新动向。

我国的世界遗产研究工作也值得关注。北京大学世界遗产研究中心于 1998 年 12 月宣告成立，这是中国第一个世界遗产专业研究机构，标志着中国的世界遗产研究进入了一个新的阶段。复旦大学在1998年、1999年开始筹划成立文化遗产研究中心，规划课程设置，讨论出版《文化遗产研究集刊》。南京大学设立了文化与自然遗产研究所。中央美术学院设立了非物质文化遗产研究中心等。《中国文物报》则在2002年11月1日推出了《遗产周刊》，成为及时反映遗产事业发展动向的一个重要窗口。

2004—2005年，中国的世界遗产事业迎来了发展的一个高峰。其代表性事件有：

（1）第二十八届世界遗产大会于2004年6月28日至7月7日在苏州召开，这是我国1972年恢复在联合国教科文组织中的合法席位后首次承办世界遗产大会，也是当时规模最大、会期最长、具有重要影响力的一次国际会议，表明中国保护与发展世界遗产的工作得到国际社会的充分肯定。

（2）国际古迹遗址理事会第15次大会于2005年10月在西安举行，在此期间发表了《西安宣言——保护历史建筑、古遗址和历史地区的环境》。该宣言提出，在保护文化遗产本体的同时，强调了环境对于遗产价值及其保护的重要意义。该宣言是促进今后各国文化遗产保护和可持续性发展的纲领性文件。

（3）多项世界遗产修缮和保护工程启动，包括北京市政府对长城北京段、故宫、天坛、颐和园、周口店北京人遗址和明十三陵六项世界文化遗产实施大规模修缮。例如，周口店北京人遗址加固保护工程于2004年7月22日正式启动，政府相关部门对周口店北京人遗址的科研教育体系规划、道路交通规划、生态环境保护规划、景观规划等实施了全方位的保护措施。再如，根据国务院批准的《长城保护工程（2005—2014年）总体工作方案》，启动了长城保护工程，计划从以下九个方面实施保护工程：摸清家底、编制规划、健全法规、理顺体制、开展宣传、加强研究、科学维修、执法监督和增加经费。

我国的世界文化遗产和自然遗产取得成绩的同时，其他类型的世界遗产也捷报频传。例如，为配合“世界记忆工程”项目在中国的开展，做好中国记忆遗产申报《世界记忆名录》的前期准备工作，保护和宣传中国的文献遗产，中国国家档案局于1996年组织成立了“世界记忆工程”中国委员会。在该委员会的努力下，1997年，联合国教科文组织确定了第一批共38项文献遗产被列入《世界记忆名录》（*The Memory of the World Register*）。中国音乐研究院保存的传统音乐录音档案如愿入选。再如，文化部于2000年4月启动了“人类口述和非物质遗产代表作”（*Masterpieces of the Oral and Intangible Heritage of Humanity*）的申报、评估工作。2001年5月，昆曲艺术入选第一批“人类口述与非物质遗产代表作”榜单。

我国的世界遗产在这一阶段的特点是：工作不断深化，范围持续扩大，从世界文化遗产和自然遗产扩大到了记忆遗产、文献遗产等范围；由具体的、单项的、个案的“工作”，如若干世界遗产地的申报、评选、管理，演进为整体性的“世界遗产事业”，并通过总体部署、规划、研究及宣传、教育等加强我国世界遗产事业的发展。在这一阶段，我国的世界遗产事业基本成型。我国世界遗产的保护开始熟悉国际上各类世界遗产保护的原则和程序，开始把国外的遗产保护体系引入中国的实践当中，促进了中国世界遗产的极大发展。

三、走向成熟的中国世界遗产

2005年12月22日，《国务院关于加强文化遗产保护的通知》问世，揭开了中国文化遗产事业的新一页，中国的世界遗产事业因此迈入了全面推展期，并逐步走向成熟。在这一阶段，我国的世界遗产在努力消除和克服目前工作中存在的各种弊病，例如重申报轻管理，后续工作遭遇忽视，急功近利、片面追求经济效益，过度地开发利用，过多追求"政绩"的显示度等，通过经验探索和总结，积极融入全球世界遗产保护的事业之中。

中国建设部于2005年设立了《中国国家自然遗产、国家自然与文化双遗产预备名录》，并于2006年首次公布了五大连池风景名胜区等第一批共30处遗产入选上述预备名录。

2006年，由文化部颁布的《世界文化遗产保护管理办法》、国家文物局颁布的《中国世界文化遗产监测巡视管理办法》和《中国世界文化遗产专家咨询管理办法》相继出台。此外，根据联合国教科文组织的规定，国家文物局于2006年启动了中国世界遗产预备清单的重设工作，基本仿照联合国教科文组织世界遗产委员会评审世界遗产的程序，筛选了35项遗产列入《中国世界遗产预备清单》(见本章第三节)。

2007年5月，应世界遗产委员会第三十届大会决议的要求，国家文物局联合联合国教科文组织世界遗产中心、国际文化财产保存与修复研究中心、国际古迹遗址理事会，在北京召开了以北京的世界遗产地保护工作为基本对象的"东亚文物建筑保护理念与实践国际研讨会"。这是继1994年奈良会议之后的又一次文化遗产保护领域反映文化交流的重要国际会议，形成了古建筑修缮的指导性国际文件——《北京文件》。

2007年7月，联合国教科文组织亚太地区世界遗产培训与研究中心在我国成立。该中心的主要职能是通过培训、研究、信息传播和网络建设，加强亚太地区参与世界遗产地申报、保护、保存和管理的专业人员、管理人员、手工艺人等的能力建设，从而推进《保护世界文化和自然遗产公约》在亚太地区的落实。

2007年10月，中国再次成功当选为世界遗产委员会成员。同年11月，由国家文物局主办的全国首次世界文化遗产监测工作会议在甘肃省敦煌市召开。这次会议对世界文化遗产监测、保护、管理及《世界文化遗产监测规范》(征求意见稿）等进行了交流讨论，并提出了三点要求：一要尽快建立完善遗产监测工作体系，二要完善监测规章制度，三要进一步加强遗产监测工作的专项培训与交流。

2008年7月3日，正值明孝陵列入《世界遗产名录》五周年之际，第三届世界遗产论坛"全球化背景下的中国世界遗产事业"专题学术研讨会在中山陵园风景区召开，大会一致通过了《世界遗产教育与传播南京宣言》，旨在进一步利用现代教育和传播条件，加大世界遗产知识和理念的普及与提高，以促进社会各界更加主动地关注和参与世界遗产及其他各类文化与自然遗产的保护行动。

经过20多年的发展，我国已经成为当之无愧的世界遗产大国。根据各类世界遗产名录的统计和分析，我国的世界遗产创下了六项世界遗产之最的纪录：(1）拥有世界遗产类别最齐全。我国拥有文化遗产、自然遗产、文化与自然混合遗产、文化景观遗产、非物质文化遗产和记忆遗产全部六个类别的遗产，这在全球缔约国中绝无仅有。（2）拥有世界文化与自然混合遗产数量最多。我国目前拥有世界文化与自然混合遗产4项，在《保护世界文化和自然遗产公约》缔约国中名列第一。（3）拥有符合文化遗产全部标准的遗产数量最多。我国的莫高窟符合文化遗产的全部六条标准，泰山符合文化与自然混合遗产的全部七条标准；意大利的威尼斯符合文化遗产全部六条标准。全球仅此3项遗产符合评选的所有标准，我国占有2项。（4）拥有符合世界遗产标准项最多的遗产。世界遗产中只有塔斯马尼亚公园群和泰山2项世界遗产符合七条标准进入名录。（5）中国首都北京是全球拥有世界遗产数量最多的城市，拥有故宫、长城、周口店人类遗址、天坛、颐和园和十三陵共6项世界遗产，成为拥有世界遗产数量最多的城市。（6）我国目前共有29个项目列入“人类非物质文化遗产代表作名录”和“急需保护的非物质文化遗产名录”，是世界上拥有非物质文化遗产项目最多的国家。上述结论是全面统计的结果，详见本书第三章。

透过我国世界遗产发展的态势可以看出，我国虽然加入世界遗产组织较晚，但是我国的世界遗产事业发展速度很快。回眸20多年我国世界遗产事业走过的道路，从加入《保护世界文化和自然遗产公约》，成为世界遗产缔约国开始，到执行《保护世界文化和自然遗产公约》、《保护非物质文化遗产公约》等一系列国际公约，再到参与“世界记忆工程”，我国的世界遗产事业从无到有、从小到大、从点到面、从少数专业人士介入到全国公众普遍关注，在与世界各国交流的过程中不断发展和壮大，在借鉴国外已有成就的同时也逐渐融入了国际的探索与发展。在这一过程中，我国的遗产事业获得了举世瞩目的进步，并且和世界融为一体，成为当今世界遗产事业中最富生机和成就的组成部分。

第二节 中国的世界遗产类型与名录

截至目前，中国是拥有世界遗产类别最齐全的国家，从数量上看，截至2009年年底，中国先后被批准列入《世界遗产名录》的世界遗产已达38处，其中文化遗产25处、自然遗产7处、自然与文化混合遗产4处、文化景观遗产2处，总量位居世界第三。此外，还有非物质文化遗产29项、世界记忆遗产5项，它们共同构成了一幅气势恢宏的中国世界遗产画卷。

一、中国的世界文化遗产

截至2009年年底，中国的世界文化遗产共计25项，分别是：

1. 周口店北京人遗址

批准时间为1987年12月。周口店北京人遗址位于北京市房山区周口店龙骨山。因20世纪20年代出土了较为完整的北京猿人化石而闻名于世，尤其是1929年发现了第一具北京人头盖骨，从而为北京人的存在提供了真实的依据，成为古人类研究史上的里程碑，为研究人类早期的生物学演化及早期文化的发展提供了实物证据。

2. 敦煌莫高窟

批准时间为 1987 年 12 月。敦煌莫高窟俗称千佛洞，位于甘肃省敦煌市东南的鸣沙山东麓崖壁上，上下五层，南北长约 1600 米。始凿于公元 366 年，后经十六国至元十几个朝代的开凿，形成一座内容丰富、规模宏大的石窟群。现存洞窟 492 个、壁画 45 000平方米、彩塑 2400 余身、飞天 4000 余身、唐宋木结构建筑 5 座、莲花柱石和铺地花砖数千块，是一处由建筑、绘画、雕塑组成的博大精深的综合艺术殿堂，是世界上现存规模最宏大、保存最完好的佛教艺术宝库，被誉为“东方艺术明珠”。20 世纪初又发现了藏经洞（莫高窟第 17 洞），洞内藏有从 4—10 世纪的写经、文书和文物五、六万件，引起国内外学者的极大关注，由此形成了著名的敦煌学。

3. 长城

批准时间为 1987 年 12 月。长城是人类文明史上最伟大的建筑工程，它始建于 2000 多年前的春秋战国时期，秦朝统一中国之后连成万里长城。汉、明两代又曾大规模修筑。长城的工程之浩繁，气势之雄伟，堪称世界奇迹。“因地形，用险制塞”的修筑经验早在秦始皇时期便已形成，后经多个朝代的建造，遂形成了逶迤于群山峻岭之中的雄姿。由于时代久远，早期各个时代的长城大多残毁不全，现在保存比较完整的是明代修建的长城，西起嘉峪关，东达鸭绿江畔，横跨辽宁、内蒙古、宁夏、甘肃、陕西、山西等省。2002 年 11 月，我国唯一的水上长城——辽宁九门口长城通过联合国教科文组织验收，作为长城的一部分正式挂牌成为世界文化遗产。

4. 秦始皇陵及兵马俑

批准时间为 1987 年 12 月。秦始皇陵及兵马俑位于陕西临潼县城东 5 公里，是秦始皇嬴政的皇陵。陵区分陵园区和从葬区两部分。陵园占地近 8 平方公里，建外、内城两重，封土呈四方锥形，顶部略平，高 55 米，不仅是中国历史上第一座皇帝陵，也是最大的皇帝陵。1974 年以来，在陵园东 1.5 公里处发现从葬兵马俑坑 3 处，出土陶俑 8000 件、战车百乘以及数万件实物兵器等文物。1980 年又在陵园西侧出土青铜铸大型车马 2 乘，引起全世界的震惊和关注，被誉为“世界第八大奇迹”。现已在一、二、三号坑成立了秦始皇陵兵马俑博物馆，对外开放。

5. 明清皇宫（北京故宫、沈阳故宫）

批准时间为 1987 年 12 月、2004 年 7 月。北京故宫又称紫禁城，位于北京市区中心，为明、清两代的皇宫，有 24 位皇帝相继在此登基执政。始建于 1406 年，至今已有 600 年的历史。故宫是世界上现存规模最大、最完整的古代木构建筑群，占地 72 万平方米，建筑面积约 15 万平方米，拥有殿宇 9000 多间。其中，太和殿（又称金銮殿）是皇帝举行即位、诞辰、节日庆典和出兵征伐等大典的地方，它和中和殿、保和殿前后纵列，形成“三朝”之势。三朝之前，则有层层门阙，分别为大明门、天安门、端门、午门、承天门五重，形成典型的“三朝五门”格局。故宫黄瓦红墙，金扉朱楹，白玉雕栏，宫阙重叠，巍峨壮观，是中国古建筑的精华，最能体现中国古建筑组群的布局原则。

沈阳故宫始于后金第一代汗努尔哈赤期间开始修建，到第二代汗皇太极时期修筑完工。沈阳故宫是清朝入关前的皇宫，又称盛京皇宫。清朝入住中原后改为陪都宫殿和皇帝东巡行宫。沈阳故宫在建筑上形成了自己的特色。沈阳老城内的大街呈“井”字形，故宫就设在“井”字形大街的中心，占地 6 万平方米，内有古建筑 114 座。按照建筑布局和建造时间的先后，沈阳故宫以崇政殿为核心，分中、东、西三个部分，其历史价值和艺术价值仅次于北京故宫。2004 年 7 月，沈阳故宫作为明清皇宫文化遗产扩展项目列入《世界遗产名录》。

6. 湖北武当山古建筑群

批准时间为 1994 年 12 月。武当山又名“太和山”，位于湖北省丹江口市的西南部。相传为道教玄武大帝（北方神）修仙得道飞升之胜地，历代道教名流曾在此修炼。武当山古建筑群的整体布局是以天柱峰金殿为中心，以官道和古神道为轴线向四周辐射。金殿始建于明永乐十四年（公元 1416 年），位于天柱峰顶端，是中国现存最大的铜铸鎏金大殿。天柱峰海拔 1612 米，周围又有“七十二峰”、“三十六岩”、“二十四涧”等胜景环绕，通过采取皇家建筑法式统一设计布局，整个建筑规模宏大，气势雄伟，主题突出，井然有序，构成了一个完美的整体，堪称我国古代建筑的杰作。武当山雄峰峻岭，景区“绵亘八百里”。在古代，武当山以“亘古无双胜境，天下第一仙山”的显赫地位成为千百年来人们顶礼膜拜的“神峰宝地”；在当代，武当山“仙山琼阁”的意境已成为我国著名的游览胜地和宗教活动场所。武当山古建筑中的宫阙庙宇集中体现了中国元、明、清三代世俗和宗教建筑的建筑学和艺术成就。其中，道教建筑可以追溯到公元 7 世纪，代表了近千年来的中国艺术和建筑的最高水平。

7. 山东曲阜的孔庙、孔府及孔林

批准时间为 1994 年 12 月。曲阜孔庙、孔府、孔林位于山东省曲阜市，是中国历代纪念孔子、推崇儒学的表征，以丰厚的文化积淀、悠久的历史、宏大的规模、丰富的文物珍藏以及科学艺术价值而著称。以孔庙为例，它始建于公元前 478 年，主要是在明、清两代完成的。其建筑仿皇宫之制，共分九进院落，贯穿在一条南北中轴线上，左右基本作对称排列。整个建筑群包括五殿、一阁、一坛、两庑、两堂、十七座碑亭，共 466 间，占地近 10 公顷，平面呈长方形，南北长达 600 多米，四周围以高墙，配以门坊、角楼。黄瓦红垣，雕梁画栋，碑褐如林，古木参天。这一具有东方建筑特色的庞大建筑群，面积之广大，气魄之宏伟，时间之久远，保存之完整，被称为世界建筑史上“唯一的孤例”。

8. 河北承德避暑山庄及周围寺庙

批准时间为 1994 年 12 月。避暑山庄又名承德离宫或热河行宫，位于河北省承德市中心北部。它始建于清康熙四十二年（公元 1703 年），历经康熙、雍正、乾隆三代皇帝，耗时约 90 年建成，是清代皇帝夏天避暑和处理政务的场所。避暑山庄位于承德市中心区以北，规模宏大，占地 8400 余亩。避暑山庄按其不同的功能要求，分为宫殿区和苑景区两大部分。宫殿区位于山庄南端，包括正宫、松鹤斋、东宫和万壑松风四组建筑群；苑景区是一个以自然山水为骨干的大园林，按其自然景观又可分为平原区、山岳区和湖泊区三大部分。避暑山庄共有七十二景，每一景观的名称都富有诗情画意，点出了风景的主题，弥漫着隽美的姿韵，更丰富了景区的艺术效果。与紫禁城相比，它以朴素淡雅的山村野趣为格调，取自然山水之本色。其总体布局充分利用了丰富的自然景物以及复杂多变的地形，依山傍水，巧于因借，在“度高平远近之差，开自然峰岚之势”的基础上，发挥了高度的创造性，并集各民族建筑艺术之精华，熔南北园林风格于一炉，别具特色，成为中国传统自然山水园林的杰出典范，吸收江南塞北之风光，成为中国现存占地面积最大的古代帝王宫苑。

9. 布达拉宫（大昭寺、罗布林卡）

批准时间为1994年12月、2000年11月、2001年12月。布达拉宫位于拉萨西北的玛布日山上，是著名的宫堡式建筑群，是藏族古建筑艺术的精华。始建于公元7世纪，是藏王松赞干布为远嫁西藏的唐朝文成公主而建。现占地41公顷，宫体主楼13层，高115米，全部为石木结构，5座宫顶覆盖镏金铜瓦，金光灿烂，气势雄伟。布达拉宫分为两大部分：红宫和白宫。红宫居中央，主要用于宗教事务；白宫位于红宫的两翼，刷成白色，是达赖喇嘛生活起居和政治活动的场所。布达拉宫于1994年12月入选《世界遗产名录》。大昭寺、罗布林卡分别于2000年11月、2001年12月被补充列入该项世界文化遗产。

10. 苏州古典园林

批准时间为1997年12月、2000年11月、2001年12月。苏州是著名的历史文化名城和国家重点风景旅游城市，物华天宝，人杰地灵，自古以来被人们誉为“园林之城”，其盛名享誉海内外。20世纪60年代初，苏州市遗存的园林庭院尚有180余处之多。这些园林犹如绿色宝石，镶嵌于美丽的苏州古城之中，闪烁着诱人的光芒。苏州古典园林历史绵延2000余年，在世界造园史上有其独特的历史地位和价值，她以写意山水的高超艺术手法，蕴含浓厚的传统思想文化内涵，是东方文明的造园艺术典范、中华民族的艺术瑰宝。1997年12月，狮子林、拙政园、留园和网师园被列入《世界遗产名录》。2000年11月，苏州艺圃、藕园、沧浪亭、狮子林和退思园作为苏州古典园林的扩展项目被列入《世界遗产名录》。2001年12月沧浪亭被列入《世界遗产名录》。

11. 平遥古城

批准时间为1997年12月。平遥古城位于山西省中部，是一座具有2700多年历史的文化名城。古城始建于公元前827—前782年间。自公元前221年，秦朝实行“郡县制”以来，平遥城一直是县治所在地，延续至今。平遥古城历尽沧桑、几经变迁，成为国内现存最完整的一座明清时期中国古代县城的原型。迄今为止，古城的城墙、街道、民居、店铺、庙宇等建筑仍然基本完好，原来的形式和格局大体未动，它们同属平遥古城现存历史文物的有机组成部分。

12. 丽江古城

批准时间为1997年12月。丽江古城是云南省丽江纳西族自治县的中心城镇，位于县城的中部，海拔2400余米，是一座风景秀丽、历史悠久和文化灿烂的名城。丽江古城古朴自然，兼有水乡之容、山城之貌，同时，作为有悠久历史的少数民族城市，丽江的城市建筑融汉、白、彝、藏各民族精华，并具纳西族独特的风采。1986年，丽江古城被列为国家历史文化名城。古城的建筑历经无数朝代的洗礼，饱经沧桑，它因融汇了各个民族的文化特色而声名远扬。丽江还拥有古老的供水系统，这一系统纵横交错、精巧独特，至今仍在有效地发挥着作用。

13. 北京天坛

批准时间为1998年11月。天坛位于北京外城南永定门内东侧，是明清两朝皇帝祭天与祈祷丰年的地方，隔京城中轴线与先农坛东西对峙，又与城北地坛遥相呼应。天坛为永乐十八年（公元1420年）明朝迁都北京时创建。今天所见的天坛，总面积280公顷，其规模是明嘉靖年间和清代多次修建而成的。天坛严谨的建筑布局，奇特的建筑结构，瑰丽的建筑装饰，被认为是我国现存的一组最精致、最美丽的古建筑群，在世界上享有极大的声誉。天坛分为内坛和外坛两部分，主要建筑物都在内坛。南有圆丘坛、皇穹宇，北有祈年殿、皇乾殿，由一座高2米半、宽28米、长360米的甬道把这两组建筑连接起来。天坛的总体布局附会了“天圆地方”的古制，外周两重墙垣围绕，北面为圆弧形，南面则成直角方形。从它的建筑布局到每一个细部处理，都强调了“天”。其中，圜丘为一造型简单但却极尽象数之能事并且十分高大庄严的三层圆形露天石台，拾级而上，仰首而望，不见建筑，只见天穹。圜丘的石块数目和大小尺寸都取1、3、5、7、9等“天数”表示，其中又以“9”为天数之极。

14. 颐和园

批准时间为1998年11月。颐和园位于北京西山脚下，泉泽遍野，群峰叠翠，湖光山色，风景如画。颐和园是以昆明湖、万寿山为基址，以杭州西湖风景为蓝本，汲取江南园林的某些设计手法和意境而建成的一座大型天然山水园。颐和园于光绪二十一年（公元1895年）在其前身清漪园的基础上建成，五年后遭八国联军野蛮破坏，翌年修复。全园占地约290公顷，分宫廷区和苑林区两大部分。苑林区以万寿山和昆明湖为主体。昆明湖水面达200余公顷，是清代皇家诸园中最大的湖泊，湖面被西堤及支堤划分为三个大小不等的水域，每一水域各有一湖心岛，象征着中国古老传说中的东海三神山。颐和园是当时“垂帘听政”的慈禧太后长期居住的离宫，因而兼具宫和苑的双重功能。

15. 大足石刻

批准时间为1999年12月。大足石刻位于重庆市大足县境内，是该县内102处摩崖造像的石窟艺术的总称。它始建于初唐，兴于晚唐、五代，盛于两宋，延于明、清、民国，经六个朝代，约1300年，是驰名中外的“石刻之乡”、“五金之乡”、全国首批甲级开放县、国家确定的长江三峡旅游县的起点、全国生态农业先进县，是重庆市对外开放的重要窗口。大足县历史悠久，人文景观、旅游资源非常丰富。县境内石刻造像星罗棋布，公布为文物保护单位的摩崖造像多达75处、雕像5万余身、铭文10万余字。大足石刻规模宏大，刻艺精湛，内容丰富，具有鲜明的民族特色，具有很高的历史、科学和艺术价值，在我国古代石窟艺术史上占有举足轻重的地位，被国内外誉为“神奇的东方艺术明珠”，是“天才的艺术”，是一座独具特色的世界文化遗产宝库。

16. 皖南古村落：西递、宏村

批准时间为2000年11月。西递是黄山市最具代表性的古民居村落，坐落于黄山南麓。据史料记载，西递始祖为唐昭宗李晔之子，因遭变乱，逃匿民间，改为胡姓，繁衍生息，形成聚居村落，故自古文风昌盛。到明清年间，一部分读书人弃儒从贾，他们经商成功后便大兴土木，建房、修祠、铺路、架桥，将故里建设得非常舒适、气派、堂皇。历经数百年的社会动荡，风雨侵袭，虽半数以上的古民居、祠堂、书院、牌坊已毁，但仍保留下数百幢古民居，从整体上保留下明清村落的基本面貌和特征。

宏村位于黟县城西北角，村内鳞次栉比的层楼叠院与旖旎的湖光山色交相辉映，动静相宜，空灵蕴藉，处处是景，步步入画。从村外自然环境到村内的水系、街道、建筑，甚至室内布置都完整地保存着古村落的原始状态，没有丝毫现代文明的迹象，其独特的造型和绝妙的田园风光被誉为“中国画里乡村”。

17. 明清皇家陵寝

明清皇家陵寝包括明显陵、清东陵、清西陵、明孝陵、十三陵、盛京三陵，批准时间为2000年11月、2003年7月、2004年7月。

明显陵位于湖北省钟祥市城东7.5公里的纯德山，是明世宗嘉靖皇帝的父亲恭睿皇帝和母亲章圣皇太后的合葬墓，始建于明正德十四年（公元1519年），园陵墓面积1.83平方公里，是我国中南地区唯一的一座明代帝王陵墓，是我国明代帝陵中最大的单体陵墓。其“一陵两冢”的陵寝结构，在历代帝王陵墓中绝无仅有。

清东陵位于河北省遵化市西北30公里处的马兰峪，界于京津、唐山、承德之中。西距北京150公里，南距唐山、北距承德100公里。陵园大小建筑580座。清东陵是葬有顺治、康熙、乾隆、咸丰和同治五个清朝皇帝，再加上孝庄、慈禧和香妃等161人的大陵园，是清朝遗留的中国文化瑰宝。

清西陵位于河北省易县城西15公里的永宁山下，在北京西南方120公里处，是清代帝王陵寝之一，与河北省遵化县东陵东西相对而称西陵。这里埋葬着雍正、嘉庆、道光、光绪四位皇帝及他们的后妃、王爷、公主、阿哥等76人。共有陵寝14座，还有配属建筑行宫、永福寺。这里风景秀丽，环境幽雅，规模宏大，体系完整，是一处典型的清代古建筑群。

明孝陵在南京市东郊紫金山（钟山）南麓独龙阜玩珠峰下。明朝开国皇帝朱元璋和皇后马氏合葬于此。作为中国明陵之首的明孝陵壮观宏伟，代表了明初建筑和石刻艺术的最高成就，直接影响了明清两代500多年帝王陵寝的形制。经历了600多年的沧桑，明孝陵陵寝的格局仍保留了原恢弘的气派，地下墓宫完好如初。陵区内的主体建筑和石刻，方城、明楼、宝城、宝顶，包括下马坊、大金门、神功圣德碑、神道、石像路石刻等，都是明代建筑遗存，保持了陵墓原有建筑的真实性和空间布局的完整性。特别是明孝陵的“前朝后寝”和前后三进院落的陵寝制，反映的是礼制，但突出的是皇权和政治。

十三陵位于北京市西北郊昌平县天寿山麓，是明朝13个皇帝的陵墓，占据着方圆约40平方公里的地方。自永乐五年（公元1407年）明成祖朱棣的皇后徐氏死去后，明朝历代皇帝均在此经营墓地，形成著名的十三陵。长陵是十三陵中最大的一座，由陵门、祾恩门、祾恩殿、方城明楼和宝顶等部分组成，各门、殿、楼之间均有庭院，遍植古柏。宝顶即坟堆，周围砖墙包砌，内藏帝后地宫。其前面正中部分做成方台，上立碑亭，下称“方城”，上称“明楼”。祾恩殿是供祭祀的享殿，为长陵最重要的建筑。

盛京三陵位于辽宁，指早期的三个清朝皇家陵寝，即福陵、昭陵和永陵，是开创清朝皇室基业的祖先陵墓。它们和清东陵、清西陵，构成了一组清朝帝陵体系，浓缩了清朝的历史。

2000 年 11 月，明显陵、清东陵、清西陵作为明清皇家陵寝列入《世界遗产名录》。2003 年 7 月，十三陵和明孝陵作为明清皇家陵寝的一部分收入《世界遗产名录》。2004 年 7 月，盛京三陵作为明清皇家陵寝扩展项目列入《世界遗产名录》。

18. 龙门石窟

批准时间为 2000 年 11 月。龙门石窟位于河南省洛阳市东南，分布于伊水两岸的崖壁上，南北长达 1 公里。龙门石窟始凿于北魏年间，先后营造近 500 多年，北齐、北周、隋、唐以至五代、宋、金均有增建。现存洞窟 1352 个、小龛 750 个、雕塔 35 座、大小造像约 10 万尊。由于龙门石窟的开凿前后延续时间长，所以各个时代的特点都有，艺术造诣也较早期成熟。这些翔实描述佛教中宗教题材的艺术作品，代表了中国石刻艺术的最高峰。

19. 青城山和都江堰

批准时间为 2000 年 11 月。青城山位于四川成都的都江堰风景区，是中国著名的道教名山，素有“洞天福地”、“人间仙境”、“青城天下幽”之誉。山内古木参天，群峰环抱，四季如春，故名青城山。青城山自然景观突出，山峰呈行排列，状如城郭，山上古树参天，终年青翠，有日出、云海、圣灯“三大自然奇观”。更为重要的是，青城山具有独特的文化遗产价值，洞天乳酒、苦丁茶、道家泡菜、白果炖鸡“四绝”蜚声中外，而且集道教文化、古建筑文化、青城武功、青城易学、青城丹法于一山之中。

都江堰位于四川成都平原西部的岷江上，建于公元 3 世纪，是中国战国时期秦国蜀郡太守李冰及其子率众修建的一座大型水利工程，是全世界迄今为止，年代最久、唯一留存、以无坝引水为特征的宏大水利工程。都江堰一带还有二王庙（2008 年大地震毁坏后正在重建）、伏龙观、安澜索桥等名胜古迹。都江堰不仅是一项伟大的水利工程，而且是世界上唯一具有 2000 多年历史、且至今尚在发挥重要作用的古代水利工程，同时它还是集政治、宗教和建筑精华于一体的珍贵文化遗产。

20. 云冈石窟

批准时间为 2001 年 12 月。云冈石窟位于山西省大同市，始建于北魏文成帝（公元 452—465 年在位）时。此时正是我国石窟发展期，吸收外来影响较多，如印度式塔柱、希腊卷涡柱头、中亚兽形柱和缨珞卷草等均有表现。但在建筑上仍保留着中国传统建筑的风格。云冈石窟现存主要洞窟 53 个，另有窟龛 100 多个，大小造像 51 000 余身。大佛最高者 17 米，最小者仅几厘米。云冈石窟以气势宏伟，内容丰富，雕刻精细著称于世。古代地理学家郦道元这样描述它：“凿石开山，因岩结构，真容巨壮，世法所稀，山堂水殿，烟寺相望。”

21. 高句丽王城、王陵及贵族墓葬

批准时间为2004年7月。高句丽是我国历史上一个少数民族地方政权，存续于汉唐期间，前后历经约705年，创造了灿烂的古代文明，在吉林、辽宁等地留下了丰富的历史遗迹和文物。高句丽王城位于吉林省集安市，由平原城与山城相互依附共为都城，包括国内城和丸都山城（始名尉那岩城）。这是高句丽早中期（公元1—5世纪）的都城，也是高句丽政权延续使用时间最长的都城。该处建筑技艺精湛，堪称同时代工艺的典范；艺术成就突出，特别是墓葬中的壁画，体现了高超的艺术水准；文明内涵富有特色，众多珍贵文物都反映了高句丽时期独具特色的文明。

22. 澳门历史城区

批准时间为2005年7月。澳门历史城区是联结相邻的众多广场空间及20多处历史建筑，以旧城区为核心的历史街区。覆盖范围包括妈阁庙前地、亚婆井前地、岗顶前地、议事亭前地、大堂前地、板樟堂前地、耶稣会纪念广场、白鸽巢前地等多个广场空间，以及妈阁庙、港务局大楼、郑家大屋、圣老楞佐教堂、圣若瑟修院及圣堂、岗顶剧院、何东图书馆、圣奥斯定教堂、民政总署大楼、三街会馆（关帝庙）、仁慈堂大楼、大堂（主教座堂）、卢家大屋、玫瑰堂、大三巴牌坊、哪吒庙、旧城墙遗址、大炮台、圣安多尼教堂、东方基金会会址、基督教坟场、东望洋炮台（含东望洋灯塔及圣母雪地殿圣堂）等20多处历史建筑。

23. 安阳殷墟

批准时间为2006年7月。安阳殷墟即安阳商代遗址，位于河南省安阳市区西北小屯村一带，距今已有3300多年历史，占地约24平方公里。殷墟是闻名中外的中国商代晚期都城遗址，商代从盘庚到帝辛（纣），在此建都达273年，是中国历史上可以肯定其确切位置的最早的都城。1899年在此发现占卜用的甲骨刻辞。从1928年10月13日考古发掘至今，先后发现宫殿、作坊、陵墓等遗迹及大量生产工具、生活用具、礼乐器和甲骨等遗物。

24. 开平碉楼与古村落

批准时间为2007年6月。开平碉楼位于广东省开平市，是中国乡土建筑的一个特殊类型，是一种集防卫、居住和中西建筑艺术于一体的多层塔楼式建筑。根据现存实证，开平碉楼最迟在明代后期（16世纪）已经产生，到19世纪末20世纪初发展成为表现中国华侨历史、社会形态与文化传统的一种独具特色的群体建筑形象。

25. 福建土楼

批准时间为2008年7月。福建永定土楼位于龙岩地区，是世界上独一无二的神奇的山区民居建筑，是中国古建筑的一朵奇葩。它历史悠久、风格独特、规模宏大、结构精巧。土楼分方形和圆形两种。福建土楼造型独特，规模宏大，结构奇巧。土楼文化根植于东方血缘伦理关系，是聚族而居传统文化的历史见证，体现了世界上独一无二的大型生土夯筑的建筑艺术成就，具有突出的价值。

二、中国的世界自然遗产

截至2009年6月底，中国的世界自然遗产共计7处，分别是：

1. 黄龙国家级名胜区

批准时间为1992年12月。黄龙风景名胜区位于四川省阿坝藏族羌族自治州松潘县境内，面积700平方公里。主要景观集中于长约3.6公里的黄龙沟，沟内遍布碳酸钙华沉积，呈梯田状排列，仿佛是一条金色巨龙，并伴有雪山、瀑布、原始森林、峡谷等景观。黄龙风景名胜区既以独特的岩溶景观著称于世，也以丰富的动植物资源享誉人间。从黄龙沟底部（海拔2000米）到山顶（海拔3800米）依次出现亚热带常绿与落叶阔叶混交林、针叶阔叶混交林、亚高山针叶林、高山灌丛草甸等。包括大熊猫、金丝猴在内的10余种珍贵动物徜徉其间，使黄龙景区的特殊岩溶地貌与珍稀动植物资源相互交织，浑然天成。黄龙国家级名胜区以其雄、峻、奇、野的风景特色，享有“世界奇观”、“人间瑶池”的美誉。

2. 武陵源国家级名胜区

批准时间为1992年12月。武陵源位于湖南省西北部的武陵山脉中，由张家界、天子山、索溪峪三大各具特色的风景区组成，方圆369平方公里。其主要景观为石英砂岩峰林地貌，境内共有3100余座奇峰，大部分都有200余米高，姿态万千，蔚为壮观。在峰峦之间，沟壑、峡谷纵横，溪流、池塘和瀑布随处可见，景区内还有40多个石洞和两座天然形成的巨大石桥。加之沟壑纵横，溪涧密布，森林茂密，人迹罕至，森林覆盖率85%，植被覆盖率99%，高等植物3000余种。武陵源集“山峻、峰奇、水秀、峡幽、洞美”于一体，以奇峰、怪石、幽谷、秀水、溶洞“五绝”而闻名于世。

3. 九寨沟风景名胜区

批准时间为1992年12月。九寨沟绵延超过72 000公顷，曲折狭长的九寨沟山谷海拔超过4800米，因而形成了一系列形态不同的森林生态系。它壮丽的景色因一系列狭长的圆锥状喀斯特岩溶地貌和壮观的瀑布而更加充满生趣，堪称“中华水景之王”。沟中现存140多种鸟类，还有许多濒临灭绝的动植物物种，包括大熊猫和四川扭角羚。

4. “三江并流”自然景观

批准时间为2003年7月。“三江并流”自然景观位于云南省青藏高原南部横断山脉的纵谷地区，由怒江、澜沧江、金沙江及其流域内的山脉组成，整个区域面积达4.1万平方公里。它地处东亚、南亚和青藏高原三大地理区域的交汇处，是世界上罕见的高山地貌及反映其演化的代表地区，也是世界上生物物种最为丰富的地区之一。该地区汇集了高山峡谷、雪峰冰川、高原湿地、森林草甸、淡水湖泊、稀有动物、珍贵植物等多种奇异景观。同时，该地区还是16个民族的聚居地，是世界上罕见的多民族、多语言、多种宗教信仰和风俗习惯并存的地区。三江并流地区之所以入选世界自然遗产，主要是因为其独特的地质价值、生物多样性、高山峡谷的自然美学价值以及多民族杂居的文化价值。

5. 四川大熊猫栖息地

批准时间为2006年7月。四川大熊猫栖息地包括卧龙、四姑娘山、夹金山脉，面积9245平方公里，涵盖成都、阿坝、雅安、甘孜4个市州12个县。这里生活着全世界30%以上的野生大熊猫，是全球最大最完整的大熊猫栖息地，也是全球除热带雨林以外植物种类最丰富的区域之一。它曾被国际性非盈利环保组织保护国际（CI，Conservation International）选定为全球25个生物多样性热点之一，被全球环境保护组织（即世界自然基金会WWF，World Wide Fund for Nature）确定为全球200个生态区之一。

6. 南方喀斯特地貌

批准时间为2007年6月。南方喀斯特地貌由云南石林的剑状、柱状和塔状喀斯特、贵州荔波的森林喀斯特、重庆武隆的天生桥、地缝、天洞为代表的立体喀斯特共同组成，形成于距今50万年至3亿年间，总面积达1460平方公里，其中提名地（核心区）面积480平方公里，缓冲区面积980平方公里。

7. 三清山风景名胜区

批准时间为2008年7月。三清山位于江西上饶东北部，古有“天下无双福地”、“江南第一仙峰”之称，因玉京、玉虚、玉华三座山峰高耸入云，宛如道教玉清、上清、太清三个最高境界而得名。三清山东险西奇、北秀南绝，四季景色绮丽秀美，三清山有着其独特花岗岩石柱与山峰，丰富的花岗岩造型石与多种植被、远近变化的景观及震撼人心的气候奇观相结合，创造了世界上独一无二的景观美学效果，呈现了引人入胜的自然美。

三、中国的世界文化与自然混合遗产

截至2009年6月底，中国的世界文化与自然混合遗产共计4处，分别是：

1. 泰山风景名胜区

批准时间为1987年12月。泰山古名岱山，又称岱宗。自然景观雄伟绝奇，有数千年精神文化的渗透渲染和人文景观的烘托，被誉为中华民族精神文化的缩影。世界遗产专家在泰山考察时发现，泰山既有突出、普遍的自然科学价值，又有突出、普遍的美学和历史文化价值，是一座融自然科学与历史文化价值于一体的神奇大山。

2. 黄山风景名胜区

批准时间为1990年12月。黄山雄踞安徽南部，风景秀丽，是我国最著名的山岳风景区之一。山体宏伟，玲珑巧石，万姿千态。主峰莲花峰海拔1860米。黄山美在奇松、怪石、云海、温泉“四绝”。自古以来，历游名山者多以为黄山之美不亚于五岳。“五岳归来不看山，黄山归来不看岳”；“任他五岳归来客，一见天都也叫奇”。历代游客盛赞“天下名景集黄山”，谓泰岱的雄伟、华山的峻峭、衡岳的烟云、匡庐的飞瀑、雁荡的怪石、峨眉的清凉，黄山兼而有之。黄山胜景，以峰为体。这里峰林如海，辟地摩天，危崖突兀，幽壑纵横，美不胜收。

3. 峨眉山—乐山大佛

批准时间为1996年12月。峨眉山位于四川盆地西南边缘的峨眉境内，距成都约160公里，在峨眉山市西南7公里处。最高峰万佛顶海拔3099米。山体南北方向延伸，绵延23公里，面积115平方公里。长久以来，峨眉山以其秀丽的自然风光和神话般的佛教胜迹而闻名于世，有“峨眉天下秀”之美称。峨眉山是“大行”普贤菩萨的道场。相传佛教于公元1世纪即传入峨眉山。近2000年的佛教发展历程，给峨眉山留下了丰富的佛教文化遗产，造就了许多高僧大德，使峨眉山逐渐成为影响中国乃至世界甚深的佛教圣地。目前，全山寺庙近30座，其中著名的有报国寺、伏虎寺、清音阁、洪椿坪、仙峰寺、洗象池、金顶华藏寺、万年寺等。

4. 武夷山

批准时间为1999年12月。武夷山市位于福建省北部，属中亚热带地区。境内东、西、北部群山环抱，峰峦叠嶂，中南部较平坦，为山地丘陵区。市区海拔210米。地貌层次分明，呈梯状分布。地势由西北向东南倾斜，最高处黄岗山海拔2158米，大陆称之为“华东屋脊”；最低处兴田镇，海拔165米。最高点与最低点高差1993米，地势高低相差之大，为全省之最。武夷山不仅与朱子理学有着不可分割的联系，还有丰富的历史文化遗存，如国内外绝无仅有的偏居中国一隅的“古闽族”文化和其后的“闽越族”文化以及“架壑船棺”、“虹桥板”等。

四、中国的世界文化景观遗产

到2009年年底为止，中国的世界文化景观遗产有2处，即庐山和五台山。

1. 庐山

批准时间为1996年12月。庐山位于中国第一大河长江中游的南岸、中国第一大淡水湖鄱阳湖滨，是座地垒式断块山。大山、大江、大湖浑然一体，险峻与柔丽相济，素以“雄、奇、险、秀”闻名于世。庐山是一座地质公园，除了拥有“秀甲天下”的自然风光外，还是一座集文化、宗教、教育、政治为一体的千古名山。这里是中国山水诗的摇篮，古往今来，无数文人墨客慕名登临庐山，为其留下4000余首诗词歌赋。晋代高僧慧远（公元334—416年）在山中建立东林寺，开创了佛教中的“净土宗”，使庐山成为中国封建时期重要的宗教名胜之地。遗存至今的白鹿洞书院，是中国古代教育和理学的中心学府。庐山上还荟萃了各种风格迥异的建筑杰作，包括罗马式与哥特式的教堂、融合东西方艺术形式的拜占庭式建筑以及日本式建筑和伊斯兰教清真寺等，堪称庐山风景名胜区的精华部分。

2. 五台山

批准时间为2009年6月。五台山位于山西省忻州市五台县境内，是我国佛教四大名山之一，方圆500余里，海拔3000米，由五座山峰环抱而成，五峰高耸，峰顶平坦宽阔，如垒土之台，故称五台，是中国佛教第一圣地。五台山以五台的自然环境取胜。这五台分别为东台望海峰、西台挂月峰、南台锦绣峰、北台叶斗峰、中台翠岩峰。五台之中北台叶斗峰最高，海拔3058米，素称“华北屋脊”。五台山自汉唐以来一直是中国佛教的中心，此后历朝不衰，屡经修建，鼎盛时期寺院达300余座。目前，大部分寺院都已无存，仅剩下台内寺庙39座，台外寺庙8座。寺院经过不断修整，不仅富丽堂皇，雄伟庄严，而且文化遗产极为丰富。

五、中国的世界记忆遗产

截至 2009 年 6 月，中国的世界记忆遗产共有 5 项：传统音乐录音档案、清朝内阁秘本档、清代大金榜、纳西东巴古籍文献、清代“样式雷”建筑图档。

1. 传统音乐录音档案

批准时间为 1997 年。传统音乐录音档案现存于中国艺术研究院图书馆，是中央音乐学院中国艺术研究院音乐研究所珍藏的传统音乐录音。该录音集合了包括中国不同民族的 4 万张留声机唱片、数千盒共计 7000 多小时的传统音乐录音带。

2. 清朝内阁秘本档

批准时间为 1999 年。清朝内阁秘本档中有关 17 世纪在华西洋传教士活动档案共 24 件，该文献形成于 17 世纪中叶，现存于中国第一历史档案馆。这部分档案系统完整地反映了西洋传教士在华活动的情况。其核心内容是“汤若望案”，史称“历法之争”。此案从表面上看是由于中西方天文学家在编制历法上的不同意见所引起的学术之争，实际上是长期以来中西文化冲突的总爆发。该档案在中西文化交流史的研究方面具有宝贵价值。

3. 纳西东巴古籍文献

批准时间为 2003 年 8 月。纳西东巴古籍文献现存于云南省社会科学院东巴文化研究所，是纳西族本土宗教东巴教的经典，流传至今的有 1500 多种，32 000 余册，分别藏于我国丽江、昆明、北京、南京、台北及美、英、德、法等国家的图书馆和博物馆。东巴古籍文献卷帙浩繁，内容博大，被誉为纳西族古代社会的“百科全书”。

4. 清代大金榜

批准时间为 2005 年 6 月。清代大金榜现存于中国第一历史档案馆，是光绪二十年（公元 1894 年）公示于长安街的大金榜，长约 19 米，高约 0. 89 米。该金榜为黄纸、墨书，押盖“皇帝之宝”的朱印，用满、汉文书写，满文从左向右，汉文从右向左，两种文字的年月日落款相汇于榜中之处，中间是用满、汉文大大书写的“榜”字。金榜被视为中国古代科举制度标志性的档案文献，加上清代金榜全部用墨笔在手工纸上书写，因此也是典型的中国传统纸制文书，对研究中国古代文书文献具有重要意义。同时，清代金榜全部为满汉文合璧，对于研究满语，尤其是满汉名字转译来说，也是十分有价值的原始资料。

5. 清代“样式雷”建筑图档

批准时间为 2007 年 6 月。清代“样式雷”建筑图档现存于中国国家图书馆，是指中国清代雷氏家族绘制的建筑图样、烫样、工程做法及相关文献。雷氏家族从第一代雷发达开始，在 17 世纪末至 20 世纪初的 200 余年间，共有八代供职于清廷样式房，负责皇家建筑设计与营造，在建筑艺术和工艺美术等多方面取得了杰出成就，被美誉为“样式雷”。其建筑创作涵盖了都城、宫殿、园林、坛庙、陵寝、府邸、工厂、学堂等皇家建筑。从故宫、天坛、颐和园，到避暑山庄、清西陵、清东陵，约占中国世界文化遗产 1/5 的建筑都是由清朝雷式家族设计修建的，这在世界建筑史上也是一个绝无仅有的奇迹。

以上是目前我国入选《世界遗产名录》的全部遗产。需要补充说明的是，《实施保护世界文化和自然遗产公约的操作指南》指出，列入《世界遗产名录》的遗产地应该使用世界遗产标志加以标识，但这种标志应该以视觉上不损害该遗产的方式加以放置。1998 年 5 月 25 日，中国教科文组织、建设部、国家文物局在北京联合向被列入《世界遗产名录》的遗产管理单位颁发世界遗产标志牌。“世界遗产”标志开始在《世界遗产名录》的中国遗产地永久悬挂。

中国的世界遗产标志

从上图可以看到，中国的世界遗产是将世界遗产的通用标志中的西班牙文更换成中文“世界遗产”，其他方面不变，其含义与世界遗产的通用标志也是相同的（详见第一章）。

我国的世界非物质文化遗产的标志见下图：

中国的世界非物质文化遗产标志

上述标志图中，外部图形为圆形，象征着“循环、永不消失”；内部图形为方形，与外圆对应，天圆地方，表示“非物质文化遗产的存在空间有极大的广阔性”；图形中心的造型为古陶最早出现的纹样之一的鱼纹，隐含“文”字。“文”指非物质文化遗产，而鱼生于水，寓意“中国非物质文化遗产源远流长，世代相传”。图形中心，抽象的双手上下共护于“文”字，意为“团结、和谐、细心呵护和保护非物质文化遗产、守护精神家园”。中国非物质文化遗产标志图形传达出的古朴和质拙感，一方面反映了非物质文化遗产的生存现状，另一方面彰显了中国政府和人民保护祖国非物质文化遗产的强烈责任心和使命感，表现出中华民族团结、奋进、向前的时代精神。

六、中国的世界非物质文化遗产

截至2009年年底，中国的世界非物质文化遗产共有29项，它们分别是：

1. 昆曲

批准时间为2001年5月。昆曲是我国古老的戏曲声腔、剧种，原名“昆山腔”，简称“昆腔”，清朝以来被称为“昆曲”，现称“昆剧”。昆曲的伴奏乐器以曲笛为主，辅以笙、箫、唢呐、三弦、琵琶等。昆曲的表演已形成独特的体系和风格，其最大特点是抒情性强、动作细腻，歌唱与舞蹈的身段结合得巧妙而和谐。昆曲起源于元朝末年的昆山地区，至今已有600多年的历史，被称为“百戏之祖”。宋元以来，中国戏曲有南、北之分，南曲在不同地方唱法也不一样。元末，顾坚等人把流行于昆山一带的南曲原有腔调加以整理和改进，称之为“昆山腔”，为昆曲之雏形。明朝嘉靖年间，杰出的戏曲音乐家魏良辅对昆山腔的声律和唱法进行了改革创新，吸取了海盐腔、弋阳腔等南曲的长处，发挥昆山腔自身流丽悠远的特点，又吸收了北曲结构严谨的特点，运用北曲的演唱方法，以笛、箫、笙、琵琶为伴奏乐器，造就了一种细腻优雅，集南北曲优点于一体的“水磨调”，通称“昆曲”。

2. 古琴

批准时间为2003年11月。古琴亦称瑶琴、玉琴、七弦琴，是中国最古老的弹拨乐器之一。古琴在孔子时期就已盛行，在中国历史上流传了3000余年不曾中断，20世纪初才被称作“古琴”，至今依然鸣响在书斋、舞台上。古琴清、和、淡、雅的音乐品格寄寓了文人凌风傲骨、超凡脱俗的处世心态，且在音乐、棋术、书法、绘画中居于首位。“琴者，情也；琴者，禁也。”吹箫抚琴、吟诗作画、登高远游、对酒当歌成为旧时文人士大夫生活的生动写照。时至今日，古琴音乐依然作为中国音乐的灵魂与精髓，铸刻在美国“旅行者”号太空飞船的镀金唱片里，昼夜不息地回响在茫茫的太空之中，寻觅着宇宙间的“知音”。

3. 新疆维吾尔木卡姆艺术

批准时间为2005年11月。新疆维吾尔木卡姆艺术是一种集歌、舞、乐于一体的大型综合艺术形式，是流传于新疆各维吾尔族聚居区的“十二木卡姆”和“刀郎木卡姆”、“吐鲁番木卡姆”、“哈密木卡姆”的总称，主要分布在南疆、北疆、东疆各维吾尔族聚居区，在乌鲁木齐等大、中、小城镇也广为流传。特别是“十二木卡姆”，它是维吾尔木卡姆的主要代表，广泛流传于新疆的南疆地区和北疆的伊犁地区。维吾尔木卡姆艺术肇始于民间文化，发展于各绿洲城邦国宫廷及都府官邸，经过整合发展，形成了多样性、综合性、完整性、即兴性、大众性的艺术风格，并成为维吾尔族歌舞的杰出表现形式。木卡姆也是维吾尔族优秀的古典音乐，即大型音乐套曲的称谓。它是维吾尔人民创作出来的一部巨大的音乐财富，素有“东方音乐明珠”之称誉。

4. 蒙古族长调民歌

批准时间为2005年11月。长调是蒙古语“乌日汀哆”的意译。“乌日汀”为“长久”、“永恒”之意，“哆”为“歌”之意。蒙古族长调民歌是蒙古族民歌的表现形式之一，蒙古族民歌分为长调和短调。在蒙古族形成时期，长调民歌就已存在，字少腔长是其一大特点。根据蒙古族音乐文化的历史渊源和音乐形态的现状，长调可界定为由北方草原游牧民族在畜牧业生产劳动中创造的、在野外放牧和传统节庆时演唱的一种民歌，一般为上、下各两句歌词。演唱者根据生活积累和对自然的感悟来自由发挥，演唱的节律各不相同。长调歌词绝大多数内容是描写草原、骏马、骆驼、牛羊、蓝天、白云、江河和湖泊。长调旋律悠长舒缓、意境开阔、声多词少、气息绵长，旋律极富装饰性（如前倚音、后倚音、滑音、回音等），尤以“诺古拉”（蒙古语，意为波折音或装饰音）的演唱方式所形成的华彩唱法最具特色。同时，蒙古族长调民歌也是一种跨境分布的文化，中国的内蒙古自治区和蒙古国是蒙古族长调民歌最主要的文化分布区。中蒙两国联合申遗的成功，足以显现蒙古族长调民歌作为一种文化遗产其不可估量的艺术性及世界性价值。

5. 中国传统桑蚕丝织技艺

批准时间为2009年10月。中国传统桑蚕丝织技艺这一遗产包括栽桑、养蚕、缫丝、染色和丝织整个过程的生产技艺以及衍生的相关民俗活动。《“中国蚕桑丝织”世遗申报书》称：“浙江北部和江苏南部的太湖流域经及四川成都，这一区域长期以来就被称为丝绸之府，人们因为蚕桑丝绸而有着共同的生活习俗和生活环境，形成一个共同的文化圈。”“在历史的长河中，形成了一系列具有蚕桑特征的民俗活动，涉及节日庆典、人生礼仪、民间信仰、语言文学和传统艺术。”蚕桑丝织是中国的伟大发明，是中华民族认同的文化标识。这一遗产包括栽桑、养蚕、缫丝、染色和丝织等整个过程的生产技艺和其间所用到的各种精巧的工具和织机，以及由此生产出来的绚丽多彩的绫绢、纱罗、织锦和缂丝等丝绸产品，同时也包括这一过程中衍生出来的相关民俗活动。5000多年来，它对中国历史做出了重大贡献，并通过丝绸之路对人类文明产生了深远影响。这一传统生产手工技艺和民俗活动至今仍流传于浙江北部和江苏南部的太湖流域（包括杭州、嘉兴、湖州和苏州等市）以及四川成都等地，是中国文化遗产中不可分割的组成部分。

6. 南音

批准时间为2009年10月。南音是集唱、奏于一体的表演艺术，是中国现存最古老的乐种之一。南音用泉州方言演唱，主要以琵琶、洞箫、二弦、三弦、拍板等乐器演奏，以“乂工六思一”五个汉字符号记写乐曲。现存的3000余首古曲谱，保留了自晋（公元265—420年）起至清（公元1644—1911年）历代不同类别的曲目。音乐风格典雅细腻，其演唱形式、乐器形制、宫调旋律、曲目曲谱及记谱方式独特，为研究中国古代音乐提供了丰富的历史信息。南音是相关社区广大民众珍爱的文化遗产。

7. 南京云锦织造技艺

批准时间为2009年10月。南京云锦织造技艺存续着中国皇家织造的传统，是中国织锦技艺最高水平的代表。它采用“通经断纬”等核心技术在构造复杂的大型织机上，由上下两人手工操作，用蚕丝线、黄金线和孔雀羽线等材料织出华贵织物，如龙袍。南京云锦织造技艺有着完整的体系，是人类非凡创造力的见证。如今，因灿若云霞而得名的南京云锦，依然作为中国传统织造技艺的经典，用于高端织物的织造，为民众所喜爱。

8. 宣纸传统制作技艺

批准时间为2009年10月。造纸术是中国古代四大发明之一。宣纸是传统手工纸的杰出代表，具有质地绵韧、不蛀不腐等特点。自唐代（公元8世纪初）以来，一直是书法、绘画及典籍印刷的最佳载体，至今仍不能为机制纸所替代。宣纸传统制作技艺有108道工序，对水质、原料制备、器具制作、工艺把握都有严格要求。这一技艺经口传心授世代相传，同时不断改进，与多种文化元素结合，对传承中华民族文化产生了深远影响，对促进民族认同和维护文化多样性有重要作用。

9. 侗族大歌

批准时间为2009年10月。侗族大歌是无伴奏、无指挥的侗族民间多声部民歌的总称，包括声音歌、叙事歌、童声歌、踩堂歌、拦路歌。“众低独高”是其传统的声部组合原则，优美和谐是其鲜明的艺术品格，歌师教歌、歌班唱歌呈全民性的传承方式。它所承载和传递的是一个民族的生活方式、社会结构、人伦礼俗、智慧精髓等至关重要的文化信息。

10. 粤剧

批准时间为2009年10月。粤剧是用粤语演唱的戏剧样式，有300余年的历史。粤剧吸纳了多元的音乐、戏剧元素，将梆子、二簧声腔与粤方言音韵予以最完美的结合，创造性地拓展了中国戏曲的艺术表现，成为中国南北戏曲艺术的集大成者，异于我国其他戏曲剧种。作为粤方言区中最具影响力和海外最具代表性的中国戏曲剧种，粤剧以多样而独特的演剧形式，渗透在岭南的传统和现代生活中，成为族群认同和文化交流的重要媒介。

11. 格萨（斯）尔

批准时间为2009年10月。《格萨（斯）尔》是关于藏族古代英雄格萨尔神圣业绩的宏大叙事诗。史诗讲述了格萨尔王为救护生灵而投身下界，率领岭国人民降伏妖魔、抑强扶弱、安置三界、完成人间使命，最后返回天国的英雄故事。凭借杰出艺人的说唱，史诗流传千年，主要流传于中国西部高原地带的广大牧区和农村。史诗全面反映了藏族以及其他相关族群关于自然万物的经验和知识，成为藏族等族群普通民众共享的精神财富。

12. 龙泉青瓷传统烧制技艺

批准时间为2009年10月。龙泉青瓷传统烧制技艺是一种具有制作性、技能性和艺术性的传统手工艺，至今已有1700余年的历史。龙泉青瓷传统烧制技艺包括原料的粉碎、淘洗、陈腐和练泥，器物的成型、晾干、修坯、装饰、素烧、上釉、装匣、装窑，最后在龙窑内用木柴烧成。在原料选择、釉料配制、造型制作、窑温控制方面，龙泉青瓷具有独特的技艺。龙泉青瓷烧制技艺服务人类生活，其成品具有独特的审美价值。陈设瓷、装饰瓷、茶具、餐具等是烧制技术与艺术表现的完美结合。龙泉窑烧制的“粉青”、“梅子青”厚釉瓷，淡雅、含蓄、敦厚、宁静，是中国古典审美情趣的表现。

13. 热贡艺术

批准时间为2009年10月。热贡艺术主要指唐卡、壁画、堆绣、雕塑等佛教造型艺术，是藏传佛教的重要艺术流派。肇始于13世纪的热贡艺术，主要分布在青海省黄南藏族自治州同仁县隆务河流域的吴屯、年都乎、郭玛日、尕沙日等村落，其内容以佛教本生故事、历史人物和神话传说等为主。热贡艺术以其鲜明的地域特色，为信仰藏传佛教各族僧俗群众所喜爱。它承载着热贡文化的历史发展脉络，是相关社区广大民众生产生活中的重要组成部分。

14. 藏戏

批准时间为2009年10月。藏戏是戴着面具、以歌舞演故事的藏族戏剧，形成于14世纪，流传于青藏高原。常演剧目为八大传统藏戏，内容大多是佛经中劝善惩恶的神话传说。藏戏原流传于民间，由艺人口传身授，在广场或寺院中演出，后来建立了专业剧团，出现了舞台演出形式，这两种演出样式都为藏族群众认可和喜爱。藏戏承载着藏族文化的血脉，反映了藏族人民的生活和思想感情，是他们文化生活的重要组成部分。

15. 玛纳斯

批准时间为2009年10月。柯尔克孜史诗《玛纳斯》传唱千年，是中国三大史诗之一，演唱异文繁多，篇幅宏大，其中最著名的是玛纳斯及其后世共8代英雄的谱系式传奇叙事。该诗长达23.6万行，反映了柯尔克孜人丰富的传统生活，是柯尔克孜人的杰出创造和口承“百科全书”。相关社区的传统节庆、民俗活动是其主要的文化空间。

16. 花儿

批准时间为2009年10月。花儿是流传在中国西北部甘、青、宁三省（区）的汉、回、藏、东乡、保安、撒拉、土、裕固、蒙等民族中共创共享的民歌。因歌词中把女性比喻为花朵而得名。它用汉语演唱，在音乐上受羌、藏、汉、土以及穆斯林各民族传统音乐的影响。花儿产生于明代初年（公元1368年前后）。依据音乐特点、歌词格律和流传地区的不同，花儿又被分为“河湟花儿”、“洮岷花儿”和“六盘山花儿”三大类。人们除了平常在田间劳动、山野放牧和旅途中即兴漫唱之外，每年还要在特定的时间和地点，自发举行规模盛大的民歌竞唱活动——“花儿会”，具有多民族文化交流与情感交融的特殊价值。

17. 西安鼓乐

批准时间为2009年10月。西安鼓乐是流传在西安及周边地区的鼓吹乐。乐队编制分敲击乐器与旋律乐器两大类，演奏形式分为坐乐和行乐。西安鼓乐至今仍沿用着唐（公元618—907年）、宋（公元960—1279年）时期俗字谱的记写方式。乐曲结构庞大、风格典雅，是中国传统器乐文化的典型代表，对研究中国古代音乐有着极高的学术价值。

18. 中国朝鲜族农乐舞

批准时间为 2009 年 10 月。中国朝鲜族农乐舞是集演奏、演唱、舞蹈于一体，反映传统农耕生产生活中祭祀祈福、欢庆丰收的民间表演艺术。舞蹈具有生态、纯朴、粗犷、和谐的特征。舞前踩地神祭祀，表达了尊重自然、依靠自然的原始信仰。舞者伴随唢呐、洞箫、锣鼓的节拍欢歌起舞，表达了追求吉祥幸福生活的美好愿望。场面热烈奔放，民族特色鲜明。农乐舞已融入中国朝鲜族的血脉，成为社会文化生活中的艺术瑰宝。

19. 中国书法

批准时间为 2009 年 10 月。中国书法是以笔、墨、纸等为主要工具材料，通过汉字书写，在完成信息交流实用功能的同时，以特有的造型符号和笔墨韵律，融入人们对自然、社会、生命的思考，从而表现出中国人特有的思维方式、人格精神与性情志趣的一种艺术实践。中国书法伴随着汉字的产生与演变而发展，历经 3000 多年的发展历程，已成为中国文化的代表性符号。

20. 中国篆刻

批准时间为 2009 年 10 月。中国篆刻是以石材为主要材料，以刻刀为工具，以汉字为表象的一门独特的镌刻艺术。它由中国古代的印章制作技艺发展而来，至今已有 3000 多年的历史。它既强调中国书法的笔法、结构，又突出镌刻中自由、酣畅的艺术表达，于方寸间施展技艺、抒发情感，深受中国文人及普通民众的喜爱。篆刻艺术作品既可以独立欣赏，又可以在书画作品等领域被广泛应用。

21. 中国剪纸

批准时间为 2009 年 10 月。中国剪纸是用剪刀或刻刀在纸上剪刻花纹，用于装点生活或配合其他民俗活动的一种民间艺术。在中国，剪纸具有广泛的群众基础，它交融于各族人民的社会生活之中，是各种民俗活动的重要组成部分。其传承赓续的视觉形象和造型格式，蕴涵了丰富的文化历史信息，表达了广大民众的社会认识、道德观念、实践经验、生活理想和审美情趣，具有认知、教化、表意、抒情、娱乐、交往等多重社会价值。

22. 中国传统木结构营造技艺

批准时间为 2009 年 10 月。中国传统木结构营造技艺是以木材为主要建筑材料，以榫卯为木构件的主要结合方法，以模数制为尺度设计和加工生产手段的建筑营造技术体系。营造技艺以师徒之间“言传身教”的方式世代相传。由这种技艺所构建的建筑及空间体现了中国人对自然和宇宙的认识，反映了中国传统社会的等级制度和人际关系，影响了中国人的行为准则和审美意向，凝结了古代科技智慧，展现了中国工匠的精湛技艺。这种营造技艺体系延承 7000 年，遍及中国全境，并传播到日本、韩国等东亚各国，是东方古代建筑技术的代表。

23. 端午节

批准时间为 2009 年 10 月。端午节是中国的传统节日，节期在农历五月初五。迄今已有 2500 余年的历史。由驱毒避邪的节令习俗衍生出各地丰富多彩的祭祀、游艺、保健等民间活动，其中主要有祭祀屈原、纪念伍子胥、插艾蒿、挂菖蒲、喝雄黄酒、吃粽子、龙舟竞渡、除五毒等。各种活动因地区而略有不同，湖北省秭归县的“屈原故里端午习俗”、黄石市的“西塞神舟会”、湖南省汨罗市的“汨罗江畔端午习俗”、江苏省苏州市的“苏州端午习俗”和浙江等全国广大地区均各具特色。端午节是蕴涵独特民族精神和丰富文化内涵的传统节日，对中国民俗生活有重大影响。

24. 妈祖信俗

批准时间为 2009 年 10 月。妈祖是中国最具影响力的航海保护神。公元 987 年，福建省莆田市湄州岛的妈祖因救海难而献身，被该岛百姓立庙祭祀，成为海神。随着航海业的发展，妈祖信俗的影响日益扩大。妈祖信俗是以崇奉和颂扬妈祖的立德、行善、大爱精神为核心，以妈祖宫庙为主要活动场所，以习俗和庙会等为表现形式的民俗文化。该信俗传播到世界 20 多个国家和地区，为 2 亿多民众所崇拜并传承至今。湄州岛是妈祖祖庙所在地。

25. 中国雕版印刷技艺

批准时间为 2009 年 10 月。雕版印刷技艺是运用刀具在木板上雕刻文字或图案，再用墨、纸、绢等材料刷印、装订成书籍的一种特殊技艺。迄今已有 1300 多年的历史，比活字印刷技艺早 400 多年。它开创了人类复印技术的先河，承载着难以计量的历史文化信息，在世界文化传播史上有无与伦比的重要作用。

26. 呼麦

批准时间为 2009 年 10 月。呼麦是蒙古族创造的一种神奇的歌唱艺术：一个歌手纯粹用自己的发声器官，在同一时间里唱出两个声部。在中国各民族的民歌中，它是独一无二的。呼麦主要分布在内蒙古自治区的锡林郭勒、呼伦贝尔、呼和浩特及新疆维吾尔自治区阿尔泰山一带的蒙古族居住地。蒙古国、俄罗斯图瓦共和国等国家和地区也有这种唱法。作为一种特殊的民间歌唱形式，呼麦是蒙古族人杰出的创造。它传达着蒙古族人对自然宇宙和世界万物深层的哲学思考和体悟，表达了蒙古民族追求和谐生存发展的理念和健康向上的审美情趣。

27. 羌年

批准时间为 2009 年 10 月。羌年是中国四川省羌族的传统节日，于每年农历十月初一举行庆祝活动。节日期间，羌族人民祭拜天神、祈祷繁荣，展示与自然的和谐相处和对自然的尊重，并促进社会和谐、家庭和睦。在释比（神父）的细心指引下，村民们身着节日盛装，举行庄严的祭山仪式，杀羊祭神。然后，村民们会在释比的带领下，跳皮鼓舞和萨朗舞。活动期间，释比吟唱羌族的传统史诗，人们则唱歌、喝酒，尽情欢乐。新年之夜，每个家庭的一家之主会主持祭拜仪式，献祭品和供品。通过庆祝新年，羌族的传统、历史积淀和文化信息得以继承和传播，族人的社会习性得以巩固，羌族人民也借以表达了对所有生灵、对祖先和祖国的尊重与崇拜。然而，近年来，由于人们的迁徙活动日益频繁，年轻人对羌族传统文化的兴趣不断减弱，加之外来文化的冲击，庆祝羌历新年的人越来越少。2008 年汶川大地震摧毁了许多羌族村庄，羌族人民聚集区遭到严重破坏，羌历农历新年也因此陷入岌岌可危的状态，被列入《急需保护的非物质文化遗产名录》。

28. 黎族传统纺染织绣技艺

批准时间为 2009 年 10 月。黎族传统纺染织绣技艺是中国海南省黎族妇女创造的一种纺织技艺，它集纺、染、织、绣于一体，用棉线、麻线和其他纤维等材料做衣服和其他日常用品。黎族妇女从小就从母亲那里学习扎染经纱布、双面绣、单面提花织等纺织技艺。母亲们通过言传身教，传授技能。黎族妇女仅凭自己的丰富想象力和对传统样式的了解来设计纺织图案。在没有书面语言的情况下，这些图案便成了黎族历史、文化传奇、宗教仪式、禁忌、信仰、传统和民俗的记录者。黎锦是黎族重要的社交、文化场合中不可或缺的一部分，如一些宗教仪式和各种节日，特别是婚嫁场合。每逢这些重要日子，黎族妇女都会为自己设计服装。作为黎族文化的载体，黎锦的传统纺织技艺是黎族文化遗产中必不可少的一部分。然而，近几十年来，掌握织绣技艺的妇女人数急剧减少，黎锦的传统纺织技艺正濒临灭绝，被列入《急需保护的非物质文化遗产名录》。

29. 中国木拱桥传统营造技艺

批准时间为 2009 年 10 月。中国木拱桥传统营造技艺是采用原木材料，使用传统木建筑工具及手工技法，运用“编梁”等核心技术，以榫卯连接并构筑成极其稳固的拱架桥梁技艺体系。木拱桥的建造工作由一名木匠师傅指挥，其他木匠操作完成。木匠的建造工艺按照严格的程序，通过师傅对学徒的口传心授或是作为家族手艺而代代相传。这些家族在木拱桥的修造、维护和保护方面发挥着不可替代的作用。作为传统工艺的载体，木拱桥既是传播工具，也是传播场所。它们是当地居民重要的聚集场所。人们在木拱桥上交流信息、开展娱乐活动、举行祭拜仪式，从而加深了感情，凸显出它的文化特征。近年来，城市化进程加快、木材稀缺、可用建筑空间不足等因素威胁到了木拱桥工艺的传承与存活，使这一传统技艺有所流失，被列入《急需保护的非物质文化遗产名录》。

第三节　中国世界文化遗产预备名单

“世界遗产预备清单”是世界遗产委员会要求各会员国递交的一份预备列入世界遗产的清单，未列入预备清单的遗产地，将无权被提名为世界遗产。这一程序非常重要，它有助于未来遗产名录的确立以及对候选遗产地进行比较分析，也有利于全球化的专题研究。委员会鼓励各国在国际古迹遗址理事会、国际自然与自然资源保护联盟以及国际文化财产保护与修复研究中心的协助下，对各自的“预备清单”进行地区或专题性质的综合研究，审查其中的差异，确立今后拟申报的文化与自然遗产的优先顺序。

中国于 1986 年首次向联合国教科文组织递交了《中国世界遗产预备名单》，共 31 项遗产地。为履行至少每十年修订一次世界遗产预备清单的公约义务，国家文物局于

2006年年底启动了《中国世界文化遗产预备名单》的重设工作。本次预备清单的重设工作基本仿照了联合国教科文组织世界遗产委员会评审世界遗产的程序，历经各地申报，国家文物局初审，中国世界文化遗产专家委员会初步评估并组织专家赴现场考察，专家委员会会议讨论做出推荐决定，最后报国家文物局审议通过等一道道严格的审核程序。本次清单共计35项，是从全国申报的129个项目中精心遴选出来的，包括古迹类5项、遗址类8项、建筑群类14项、文化景观类2项、文化线路类3项、工业遗产类3项，其中包括1996年预备清单中保留的6项。因此，该名单是在1996年预备清单基础上大刀阔斧的变革，表现了我国遗产的丰富性和多样性，凸显了近年来国际上对于文化遗产的内涵和外延的新认识、新拓展，尤其是将文化线路、工业遗产等新的遗产类型列入其中。这是我国最新的世界遗产预备清单，见表2-1。

表2-1　**中国世界文化遗产预备名单**

序号	名　　称	遗产地分布
1	大运河	北京市、天津市、河北省、山东省、江苏省、安徽省、浙江省、河南省
2	北京云居寺塔、藏经洞及石经	北京市房山区
3	中国白酒酿造古遗址	刘伶醉烧锅遗址（河北省徐水县）
		李渡烧酒作坊遗址（江西省进贤县）
		水井街酒坊遗址（四川省成都市）
		泸州大曲老窖池群（四川省泸州市）
		剑南春天益老号酒坊遗址（四川省绵竹市）
4	晋商大院	乔家大院、渠家大院（山西省祁县）
		王家大院（山西省灵石县）
		曹家大院（山西省太谷县）
5	山陕古民居	丁村古建筑群（山西省襄汾县）
		党家村古建筑群（陕西省韩城市）
6	五台山佛教建筑群	山西省五台县
7	明清城墙	兴城城墙（辽宁省兴城市）
		南京城墙（江苏省南京市）
		西安城墙（陕西省西安市）
8	牛河梁遗址	辽宁省凌源市、建平县
9	元上都、中都遗址	内蒙古自治区正蓝旗
		河北省张北县
10	瘦西湖及扬州历史城区	江苏省扬州市

续表

序号	名　　称	遗产地分布
11	江南水乡古镇	周庄（江苏省昆山市） 角直（江苏省苏州市吴中区） 乌镇（浙江省桐乡市） 西塘（浙江省嘉善县）
12	杭州西湖·龙井茶园	浙江省杭州市
13	良渚遗址	浙江省杭州市余杭区、德清县
14	中国古瓷窑址：上林湖越窑遗址	浙江省慈溪市
15	福建土楼	福建省永定县、南靖县、华安县
16	古铜矿遗址：铜岭铜矿遗址	江西省瑞昌市
17	临淄齐国故都与齐王陵	山东省淄博市
18	丝绸之路中国段	陆路部分：河南省、陕西省、甘肃省、宁夏回族自治区、新疆维吾尔自治区 海路部分：浙江省宁波市、福建省泉州市
19	嵩山古建筑群	河南省登封市
20	凤凰古城	湖南省凤凰县
21	广东开平碉楼及村落	广东省开平市
22	南越国遗迹	广东省广州市
23	灵渠	广西壮族自治区兴安县
24	花山岩画	广西壮族自治区宁明县
25	白鹤梁古水文题刻	重庆市涪陵市
26	古蜀文化遗址：金沙遗址、古蜀船棺合葬墓遗址、三星堆遗址	四川省成都市、广汉市
27	藏、羌碉楼与村寨	四川省丹巴县、理县、茂县
28	黔东南苗族村寨：苗岭山区雷公山麓苗族村寨	贵州省雷山县、台江县、剑河县、从江县
29	黔东南侗族村寨：六洞、九洞侗族村寨	贵州省黎平县、从江县、榕江县
30	哈尼梯田	云南省元阳县
31	坎儿井	新疆维吾尔自治区吐鲁番市
32	“苏州古典园林”扩展项目：苏州古典园林及历史街区	江苏省苏州市

续表

序号	名　称	遗产地分布
33	“皖南古村落”扩展项目：棠樾、理坑、汪口	安徽省歙县
33	“皖南古村落”扩展项目：棠樾、理坑、汪口	江西省婺源县
34	“曲阜孔庙、孔府、孔林”扩展项目：尼山孔庙、孟庙、孟府、孟林、颜庙、曾庙	山东省曲阜市（尼山孔庙和颜庙）
34	“曲阜孔庙、孔府、孔林”扩展项目：尼山孔庙、孟庙、孟府、孟林、颜庙、曾庙	山东省邹城市（孟庙、孟府、孟林）
34	“曲阜孔庙、孔府、孔林”扩展项目：尼山孔庙、孟庙、孟府、孟林、颜庙、曾庙	山东省嘉祥县（曾庙）
35	“明清皇家陵寝”扩展项目：潞简王墓	河南省新乡市

上述清单中，广东开平碉楼及村落、福建土楼、五台山佛教建筑群分别于 2007 年 6 月、2008 年 7 月、2009 年 6 月被列入《世界遗产名录》。

以上的中国世界遗产预备清单主要是针对文化遗产、自然遗产以及文化与自然混合遗产而言的。除此之外，在记忆遗产方面也有预备清单，即《中国档案文献遗产名录》。在世界记忆工程的推动下，我国于 2000 年正式启动了国家记忆工程，称为“中国档案文献遗产工程”，工作机构由“中国档案文献遗产工程”领导小组、国家咨询委员会和办公室组成。中国的国家记忆名录《中国档案文献遗产名录》建立于 2000 年，是世界上第一个国家级记忆名录。2002 年 3 月，国家咨询委员会评审会确定首批 48 件（组）国家级文献遗产入选；2003 年 10 月，第二批 35 件（组）档案文献入选《中国档案文献遗产名录》，这些入选名录可以理解为《世界记忆名录》的预备清单。

总而言之，中国的世界遗产是祖国壮丽河山的缩影，是民族悠久文明的见证，是国土景观和祖国文化宝库的精华，不仅是华夏儿女的骄傲，也是全人类宝贵的财富。

第四节　案例赏析：庐山风景名胜区

庐山地处江西省北部的鄱阳湖盆地，九江市庐山区境内，濒临鄱阳湖畔，雄峙长江南岸，为“三山五岳”中的三山之一。庐山山体呈椭圆形，是典型的地垒式断块山，长约 25 公里，宽约 10 公里，绵延的 90 余座山峰，犹如九叠屏风，屏蔽着江西的北大门。庐山以雄、奇、险、秀闻名于世，素有“匡庐奇秀甲天下”之美誉。巍峨挺拔的青峰秀峦、喷雪鸣雷的银泉飞瀑、瞬息万变的云海奇观、俊奇巧秀的园林建筑，一展庐山的无穷魅力。庐山尤以盛夏如春的凉爽气候为中外游客所向往，是国内久负盛名的风景名胜区和避暑游览胜地。

1996 年，庐山作为文化景观遗产被列入《世界遗产名录》。世界遗产委员会对其的评价是：江西庐山是中华文明的发祥地之一。这里的佛教和道教庙观，代表理学观念的白鹿洞书院，以其独特的方式融会在具有突出价值的自然美之中，形成了具有极高美学价值的，与中华民族精神和文化生活紧密联系的文化景观。

庐山山门（周耀林　摄）

根据罗时叙等人的研究成果，庐山风景名胜区的美学价值主要体现在：

1. 庐山风光体现了中国古典美学的最高境界

庐山屹立在中国最大的河流长江与中国最大的淡水湖鄱阳湖的交汇处，与大江、大湖浑然一体，组合成多层次的博大峻秀的空间自然美。庐山地理条件得天独厚，集中了众多类型的、典型的自然景观，形成了以“雄、奇、险、秀”为主要特征的无限美景，是中华民族美学理想的载体。因此，庐山在古代就被公认为是人们修养道德以及精神得到艺术性自由解放的“神山”，“往来尽仙灵”。中国历代重要的文化名人，几乎没有不来庐山的，其原因就在于此。这正如世界遗产委员会给庐山的评价所指出的：庐山“具有突出价值的自然美”；庐山的自然美与历史遗迹“形成了有着极高美学价值的、与中华民族精神和文化生活紧密相关的文化景观。”

白鹿洞书院全景（周耀林　摄）

仙人洞（周耀林 摄）

庐山松（周耀林 摄）

2. 庐山是以艺术美深化自然美的典型

"天人合一"——庐山千年来，正是遵循着与自然和谐这一原则，以建筑美深化了

秀峰瀑布（周耀林 摄）

自然美的内涵，使自然美更富感染力。正如德国著名建筑师贝歇尔教授所言，“庐山是安静的地方，内省的地方！”精妙的建筑设计者们，“他们懂得大自然的敏感性，他们其实也是为了这一点而来的”。

庐山历来为画家所钟情。晋代顾恺之，唐代吴道子，五代荆浩，宋代李公麟、李龙眠、王涧，明代沈周、唐寅、周臣、王思任、晁补之，清代石涛、戴本孝、许从龙，现代徐悲鸿、黄秋园、张大千、刘海粟，这些中国著名的画家，都曾为庐山创作了不朽的作品。他们的杰作所体现的不凡的审美观，深刻地启发了人们对庐山自然美的理解。

庐山的摩崖石刻和碑刻，将文化、诗歌、书法、镌刻熔于一炉，充分体现了中华民族欣赏自然美的优雅和高超情趣。摩崖石刻、碑刻和名峰、名瀑、名泉、云雾、古树、奇松、奇石等景观融为一体，交相辉映，又构成了极富庐山特色的审美情趣。

三叠泉瀑布（周耀林　摄）

庐山有多类型的神奇景观组合，空间序列对比强烈。在三峡涧仰望，五老峰、含鄱岭、九奇峰、如海浪铺天盖地而来。大峡谷恰似排浪的谷底，此处摩崖石刻“山浪”、“回澜”、“万流归一”等等，便有着强烈的美感效应。

庐山历代的寺、观、亭、阁、桥、塔、楼、台、坊、廊等，也以各具风格的造型美，装点了进而深化了大自然的无限美景。

3. 庐山有着中外美学思想的和谐融会

近代牯岭别墅区及其规划所体现的西方美学观念，以及它与中国传统美学的结合，改变了庐山文化发展一脉相承的单纯性，使庐山的美学长河里，又出现了别具一格的风采。

五老峰第一峰待晴亭（周耀林　摄）

含鄱口（周耀林　摄）

19世纪末到20世纪30年代初，庐山东谷近代别墅区有美国、英国、德国、瑞典、意大利、法国、葡萄牙、芬兰、加拿大、日本、澳大利亚、挪威、奥地利、瑞士、丹麦、爱尔兰、俄国、荷兰、中国等19个国籍业主建造的别墅600多栋。庐山还保留着1905年英美专家编制的《牯岭规划图》(*Plan Estate of Kuling* 1905)。该规划规定别墅的占地面积一般在庭院面积的15%左右。别墅的体量小，隐蔽在绿树之中，不与大自然喧宾夺主，体现了英国传教士李德立在1886年第一次上庐山时的感受："隐遁之风"。该规划吸收了英国的园林思想，尤其是运用了19世纪美国杰出的风景建筑师奥姆斯特德（F. L. Olmsted）的把乡村生活与都市文化结合起来的浪漫主义，在长冲河中段两岸，设计了带状公园"林德赛公园"（Lindsay Park）。

在英国、美国、俄国等别墅区兴建的同时，以中国人兴建的别墅为主的西谷、橄榄山、女儿城、太乙村等别墅区相继建成。这些别墅虽然大多数为西式，但园林布置多为中国文化传统手法。中国古典建筑是以木结构为特色的。而庐山近代别墅绝大多数是用

林德赛公园街心（周耀林　摄）

石头构建，移植了欧洲建筑文化传统。西式的石砌别墅群和谐地分布在中国文化氛围之中，形成了德国当代著名建筑师贝歇尔所说的“庐山的个性”。各国别墅区与原有的中国古典建筑、园林、摩崖石刻融为一体，使庐山成为了中国名山中最具有开放品格的风景名胜区，是中国古典美学与西方近代美学的有趣结合。

美庐（周耀林　摄）

近代牯岭别墅区及其规划所代表的西方美学思潮，改变了庐山文化发展一脉相承的

花径公园（周耀林　摄）

远洋别墅（周耀林　摄）

单纯性和历史纵向的大一统，使庐山在中国美学领域里，有其独特而深刻的美学价值，使庐山的美学长河里，又出现了跌宕起伏、别具一格的风采。

复习与思考

1. 如何认识中国世界遗产的发展道路？
2. 中国世界遗产有何特征？
3. 中国世界遗产的类型有哪些？代表遗产分别是什么？

4. 世界遗产预备清单的作用主要有哪些?
5. 如何科学合理地确立世界遗产预备清单入选标准?
6. 如何加强对中国世界遗产预备清单的管理?
7. 中国世界遗产大国的地位体现在何处?
8. 如何分析庐山风景名胜区的遗产价值?

第三章
外国的世界遗产

本章要点

1. 五大洲世界遗产的特点
2. 各国世界遗产的分布
3. 遗产大国
4. 世界遗产的检测
5. 濒危世界遗产
6. 《濒危世界遗产名录》

关键词 五大洲 世界遗产 濒危世界遗产 分布 名录

不同国家和民族在自身的发展历史中，都留下了极具个性的遗产。这些遗产，不仅是一个国家和民族独立存在的真实见证，而且是人类共同的珍贵遗产。世界遗产遍布全球，本书第二章详细介绍了中国的世界遗产，本章以外国的世界遗产为主题进行粗略的介绍，旨在让读者总揽全球世界遗产的概貌。

第一节 世界遗产的全球分布

在世界各国，分布着数量众多、类型迥异却又不可相互替代的世界遗产。从遗产地的分布来看，意大利、西班牙、中国、法国都是世界遗产大国。从入选各类世界遗产名录的总量来看，中国、意大利、西班牙、德国和法国则位列前茅。为表述方便，本节从五大洲的视角对其进行统计和分析。

一、亚洲的世界遗产分布

截至2009年年底，亚洲共有216项遗产地被列入《世界遗产名录》，占全球总数的24.27%。从广义的世界遗产角度看，亚洲国家共有各类世界遗产349项，占全球总量的29.53%。亚洲各国中，中国是拥有世界遗产数量最多的国家，共有38项遗产地被列入《世界遗产名录》，29项遗产被列入《人类非物质文化遗产代表作名录》(含与蒙古共有的一项)，5项遗产被列入《世界记忆名录》；其次为印度，共有27项遗产地被列入《世界遗产名录》，5项遗产被列入《人类非物质文化遗产代表作名录》(含一项共有的)，5项遗产被列入《世界记忆名录》；第三是日本，共有14项遗产地被列入《世界遗产名录》，16项遗产被列入《人类非物质文化遗产代表作名录》。此外，两个及以上国家联合申报的项目为4项，其中3项为非物质文化遗产，1项为自然遗产。亚洲各国世界遗产的分布情况见表3-1。

表3-1 **亚洲的世界遗产分布** (单位：项)

所属国家	文化遗产	自然遗产	混合遗产	记忆遗产	非物质文化遗产
阿富汗	2	0	0	0	0
阿曼	4	0	0	0	0
阿塞拜疆	2	0	0	1	2
阿塞拜疆、印度、伊朗、吉尔吉斯斯坦、乌兹别克斯坦、巴基斯坦、土耳其	0	0	0	0	1
巴基斯坦	6	0	0	1	0
巴勒斯坦	0	0	0	0	1
巴林	1	0	0	0	0
不丹	0	0	0	0	1
朝鲜	1	0	0	0	0
菲律宾	3	2	0	3	2
格鲁吉亚	3	0	0	0	1
哈萨克斯坦	2	1	0	2	0
韩国	8	1	0	6	8
吉尔吉斯斯坦	1	0	0	0	1
柬埔寨	2	0	0	0	2
老挝	2	0	0	0	0
黎巴嫩	5	0	0	2	0
马来西亚	1	2	0	3	1
蒙古	1	0	0	0	4
蒙古、俄罗斯	0	1	0	0	0

续表

所属国家	文化遗产	自然遗产	混合遗产	记忆遗产	非物质文化遗产
孟加拉国	2	1	0	0	1
尼泊尔	2	2	0	0	0
日本	11	3	0	0	16
塞浦路斯	3	0	0	0	1
沙特阿拉伯	1	0	0	1	0
斯里兰卡	6	1	0	0	0
乌兹别克斯坦	4	0	0	2	2
乌兹别克斯坦、塔吉克斯坦	0	0	0	0	1
塔吉克斯坦	0	0	0	1	0
泰国	3	2	0	1	0
土耳其	7	0	2	3	4
土库曼斯坦	3	0	0	0	0
叙利亚	5	0	0	0	0
亚美尼亚	3	0	0	1	1
耶路撒冷	1	0	0	0	0
也门	3	1	0	0	1
伊拉克	3	0	0	0	1
伊朗	10	0	0	2	1
以色列	6	0	0	0	0
印度	22	5	0	3	4
印度尼西亚	3	4	0	0	4
约旦	3	0	0	0	1
越南	3	2	0	0	4
中国	27	7	4	5	28
中国、蒙古	0	0	0	0	1

二、欧洲的世界遗产分布

截至2009年年底，欧洲国家共有381项遗产被列入《世界遗产名录》，占该名录所列遗产总数的42.81%。从各类遗产总体统计看，欧洲国家共拥有各类世界遗产493项，占全球总量的41.71%。欧洲各国中，拥有世界遗产数量最多的国家是意大利，共有44项遗产被列入《世界遗产名录》，2项遗产被列入《人类非物质文化遗产代表作名录》，1项遗产被列入《世界记忆名录》；其次是西班牙，共有41项遗产被列入《世界遗产名录》，5项遗产列入《人类非物质文化遗产代表作名录》，1项遗产列入《世界记忆名录》；第三为德国，共有33项遗产被列入《世界遗产名录》，9项遗产列入《世界记忆名录》。欧洲遗产中，共有19项遗产为联合申报，其中世界文化遗产“斯特鲁维地理探测弧线”为白俄罗斯、爱沙尼亚、芬兰、拉脱维亚、立陶宛、摩尔多瓦、挪威、俄罗斯、瑞典、乌克兰共10个国家联合申报。欧洲各国的世界遗产分布情况见表3-2。

表3-2　**欧洲的世界遗产分布**　（单位：项）

所属国家	文化遗产	自然遗产	混合遗产	记忆遗产	非物质文化遗产
阿尔巴尼亚	2	0	0	1	1
爱尔兰	2	0	0	0	0
爱沙尼亚	1	0	0	0	2
安道尔	1	0	0	0	0
奥地利	7	0	0	9	0
奥地利、匈牙利	1	0	0	0	0
白俄罗斯	2	0	0	0	1
白俄罗斯、爱沙尼亚、芬兰、拉脱维亚、立陶宛、摩尔多瓦、挪威、俄罗斯、瑞典、乌克兰	1	0	0	0	0
白俄罗斯、波兰	0	1	0	0	0
保加利亚	7	2	0	0	3
比利时	9	0	0	1	2
比利时、法国	1	0	0	0	1
冰岛	1	1	0	0	0
波兰	11	0	0	6	0
波兰、俄罗斯、斯洛文尼亚	0	0	0	1	0
波斯尼亚和黑塞哥维那	2	0	0	0	0
丹麦	3	1	0	6	0
德国	29	1	0	8	0
德国、英国	1	0	0	0	0
德国、波兰	1	0	0	0	0

续表

所属国家	文化遗产	自然遗产	混合遗产	记忆遗产	非物质文化遗产
德国、荷兰	0	1	0	0	0
俄罗斯	13	7	0	7	2
法国	29	2	0	4	4
法国、西班牙	0	0	1	0	0
法国、英国	0	0	0	1	0
芬兰	5	1	0	1	0
格鲁吉亚	0	0	0	0	1
荷兰	7	0	0	1	0
荷兰、印度、印度尼西亚、南非、斯里兰卡	0	0	0	1	0
黑山	1	1	0	0	0
捷克	12	0	0	2	1
克罗地亚	6	1	0	0	7
拉脱维亚	1	0	0	1	1
拉脱维亚、爱沙尼亚、立陶宛	0	0	0	0	1
立陶宛	2	0	0	0	1
立陶宛、俄罗斯	1	0	0	0	0
卢森堡	1	0	0	1	0
罗马教廷	1	0	0	0	0
罗马尼亚	6	1	0	0	2
马耳他	3	0	0	0	0
马其顿	0	0	1	0	0
挪威	5	1	0	3	0
葡萄牙	12	1	0	2	0
瑞典	11	1	1	4	0
瑞士	6	3	0	0	0
瑞士、意大利	1	0	0	0	0
塞尔维亚	4	0	0	2	0
圣马力诺	1	0	0	0	0
斯洛伐克	5	0	0	3	1
斯洛伐克、乌克兰	0	1	0	0	0

续表

所属国家	文化遗产	自然遗产	混合遗产	记忆遗产	非物质文化遗产
斯洛文尼亚	0	1	0	0	0
乌克兰	2	0	0	1	0
西班牙	36	3	1	0	5
西班牙、葡萄牙	0	0	0	1	0
希腊	15	0	2	0	0
匈牙利	6	0	0	1	1
匈牙利、意大利、德国、法国、美国、奥地利	0	0	0	1	0
匈牙利、克罗地亚	0	0	0	1	0
匈牙利、斯洛伐克	0	1	0	0	0
意大利	40	2	0	1	2
意大利、罗马教廷	1	0	0	0	0
英国	22	3	1	2	0

三、非洲的世界遗产分布

截至2009年年底，非洲国家拥有世界遗产地116项，约占全球世界遗产的13.03%。从各类遗产的总拥有量看，非洲国家共拥有遗产152项，占全球总数的12.86%。非洲各国中，南非拥有的遗产数最多，共有8项遗产被列入《世界遗产名录》，3项遗产被列入《世界记忆名录》；其次是摩洛哥，共有8项遗产被列入《世界遗产名录》，2项遗产被列入《人类非物质文化遗产代表作名录》；第三为埃塞俄比亚，共有8项遗产被列入《世界遗产名录》，1项遗产被列入《世界记忆名录》。此外，非洲多国联合申报的遗产项目共5项。非洲各国的世界遗产分布情况见表3-3。

表3-3 **非洲世界遗产分布** （单位：项）

所属国家	文化遗产	自然遗产	混合遗产	记忆遗产	非物质文化遗产
阿尔及利亚	6	0	1	0	1
埃及	6	1	0	3	1
埃塞俄比亚	7	1	0	1	0
贝宁	1	0	0	1	0

续表

所属国家	文化遗产	自然遗产	混合遗产	记忆遗产	非物质文化遗产
贝宁、尼日利亚、多哥	0	0	0	0	1
博茨瓦纳	1	0	0	0	0
布基纳法索	1	0	0	0	0
多哥	1	0	0	0	0
佛得角	1	0	0	0	0
冈比亚	1	0	0	0	0
冈比亚、塞内加尔	1	0	0	0	1
塞内加尔	2	2	0	1	0
刚果	0	5	0	0	0
几内亚	0	0	0	0	1
科特迪瓦、几内亚	0	1	0	0	0
科特迪瓦	0	2	0	0	1
加纳	2	0	0	0	0
加篷	0	0	1	0	0
津巴布韦	3	1	0	0	1
喀麦隆	0	1	0	0	0
肯尼亚	2	2	0	0	1
利比亚	5	0	0	0	0
马达加斯加	1	2	0	0	1
马拉维	1	1	0	0	1
马拉维、莫桑比克、赞比亚	0	0	0	0	1
马里	3	0	1	0	4
毛里求斯	2	0	0	1	0
毛里塔尼亚	1	1	0	0	0
摩洛哥	8	0	0	0	2
莫桑比克	1	0	0	0	1
纳米比亚	1	0	0	1	0
南非	4	3	1	3	0
尼日尔	0	2	0	0	0
尼日利亚	2	0	0	0	2

续表

所属国家	文化遗产	自然遗产	混合遗产	记忆遗产	非物质文化遗产
塞舌尔	0	2	0	0	0
苏丹	1	0	0	0	0
坦桑尼亚	3	4	0	2	0
突尼斯	7	1	0	0	0
乌干达	1	2	0	0	1
赞比亚	0	0	0	0	1
赞比亚、津巴布韦	0	1	0	0	0
中非共和国	0	1	0	0	1

（注：除上述统计外，非洲尚有一项记忆遗产“诗人克里斯托弗·奥基博的手稿”所属国别不详。）

四、美洲的世界遗产分布

截至2009年年底，美洲拥有世界遗产地154项，约占全球总数的17.30%。此外，美洲国家共拥有各类世界遗产157项，占全球总量的13.28%。美洲各国中，拥有世界遗产数量最多的国家为墨西哥，共有29项遗产被列入《世界遗产名录》，3项遗产被列入《人类非物质文化遗产代表作名录》，6项遗产被列入《世界记忆名录》；其次为美国，共有20项遗产被列入《世界遗产名录》，2项遗产被列入《世界记忆名录》；第三为巴西，共有17项遗产被列入《世界遗产名录》，2项遗产被列入《人类非物质文化遗产代表作名录》，1项遗产被列入《世界记忆名录》。美洲各国世界遗产的总体分布情况见表3-4。

表3-4 **美洲的世界遗产分布** （单位：项）

所属国家	文化遗产	自然遗产	混合遗产	记忆遗产	非物质文化遗产
阿根廷	2	4	0	2	0
阿根廷、乌拉圭	0	0	0	0	1
阿根廷、巴西	1	0	0	0	0
巴巴多斯	0	0	0	1	0
巴拉圭	1	0	0	0	0
巴拿马	2	2	0	0	0
巴西	9	7	0	1	2
玻利维亚	5	1	0	0	2

续表

所属国家	文化遗产	自然遗产	混合遗产	记忆遗产	非物质文化遗产
玻利维亚、智利、秘鲁	0	0	0	0	1
玻利维亚、哥伦比亚、墨西哥、秘鲁	0	0	0	1	0
伯利兹	0	1	0	0	0
伯利兹、危地马拉、洪都拉斯、尼加拉瓜	0	0	0	0	1
多米尼加共和国	1	0	0	0	2
多米尼克国	0	1	0	0	0
厄瓜多尔	2	2	0	0	0
厄瓜多尔、秘鲁	0	0	0	0	1
哥伦比亚	4	2	0	1	4
哥斯达黎加	0	2	0	0	1
哥斯达黎加、巴拿马	0	1	0	0	0
古巴	7	2	0	1	1
海地	1	0	0	0	0
洪都拉斯	1	1	0	0	0
加拿大	6	7	0	2	0
加拿大、美国	0	2	0	0	0
美国	8	10	0	1	0
美国、德国	0	0	0	1	0
秘鲁	7	2	2	0	1
墨西哥	25	4	0	6	3
尼加拉瓜	1	0	0	1	1
萨尔瓦多	1	0	0	0	0
圣克里斯托弗、尼维斯	1	0	0	0	0
圣卢西亚	0	1	0	0	0
苏里南	1	1	0	0	0
特立尼达、多巴哥	0	0	0	3	0
危地马拉	2	0	1	0	1
委内瑞拉	2	1	0	3	0
乌拉圭	1	0	0	1	1
牙买加	0	0	0	0	1
智利	5	0	0	2	0

五、大洋洲的世界遗产分布

截至2009年年底，大洋洲共有5个国家的23处遗产地被列入《世界遗产名录》，约占该名录所列遗产总数的2.58%，另外，大洋洲共有4个国家拥有2项非物质文化遗产和6项记忆遗产，其全部遗产占全球世界遗产总数的2.62%。在大洋洲各国中，拥有世界遗产数量最多的是澳大利亚，共有17项遗产地被列入《世界遗产名录》，4项遗产被列入《世界记忆名录》；其次为新西兰，共有3项遗产被列入《世界遗产名录》，2项遗产被列入《世界记忆名录》；第三为瓦努阿图，共有1项遗产被列入《世界遗产名录》，1项遗产被列入《人类非物质文化遗产代表作名录》。大洋洲尚没有联合申报的遗产。大洋洲各国的世界遗产分布见表3-5。

表3-5　**大洋洲的世界遗产分布**　（单位：项）

所属国家	文化遗产	自然遗产	混合遗产	记忆遗产	非物质文化遗产
澳大利亚	2	11	4	4	0
巴布亚新几内亚	1	0	0	0	0
所罗门群岛	0	1	0	0	0
汤加	0	0	0	0	1
瓦努阿图	1	0	0	0	1
新西兰	0	2	1	2	0

（注：上述各表中，文化遗产中涵盖了文化景观遗产。2007年列入《世界记忆名录》的第一次世界大战战俘档案由红十字国际委员会保存，因此未归入任何一个洲。）

第二节　濒危世界遗产名录

《保护世界文化和自然遗产公约》的实施，为全人类共同保护具有突出、普遍价值的文化和自然遗产建立了一个有效的保护制度。遗产地被列入世界遗产名录，不仅是“金榜题名”，更意味着保护的责任。根据上述公约，自1994年始，世界遗产委员会加强了世界遗产的检测工作。检测工作是根据国际公认的文化遗产保护准则对各个世界遗产地的保护状况定期进行专业检查、审议和评估，向世界遗产委员会提出详尽的报告。世界遗产委员会根据报告对该遗产地保护状况作出评定，包括肯定与鼓励、情况通报、建议国际援助或合作，乃至将存在严重保护问题的世界遗产地列入《濒危世界遗产名录》等，以保障该国的世界遗产被持续、永久地保存。在这种背景下,《濒危世界遗产名录》应运而生。

一、濒危世界遗产的界定

濒危世界遗产是针对世界文化遗产、自然遗产以及混合遗产而言的。世界遗产委员会依据检测结果进行评估，一旦该遗产地具备如下条件，则它可以被认定是濒危世界遗产。这些条件包括：

第一，遗产地具备世界遗产的资格，即遗产地本身就是世界遗产。

第二，由于以下原因，面临被毁坏的危险：（1）蜕变加剧；（2）大规模公共或私人工程的威胁；（3）城市或旅游业迅速发展计划造成的消失危险；（4）土地的使用变动或易主造成的破坏；（5）未知原因造成的重大变化；（6）随意摒弃；（7）武装冲突的爆发或威胁；（8）灾害和灾变，如火灾、地震、山崩、火山爆发、水位变动、洪水、海啸等。

第三，有关该遗产保护的国际合作已经十分必要。

第四，要有本国濒危遗产地的援助申请，这种援助必须是有效的。要求援助的申请可以由世界遗产委员会任何一名成员或其秘书处——世界遗产中心提出。

一旦被评定为濒危遗产，该遗产地就被列入《濒危世界遗产名录》。

面对是否列入《濒危世界遗产名录》，各国的态度不一。有的国家将是否列入该名录与本国的名誉和主权联系在一起，只肯被列入《世界遗产名录》，不肯被列入《濒危世界遗产名录》；有的国家的主管机构或专家为了促进本国政府和公众关注本国的世界遗产，改善世界遗产的管理条件，乐意将那些管理不力的世界遗产列入《濒危世界遗产名录》。不论遗产地所在国的态度如何，客观地讲，《濒危世界遗产名录》的确立对各缔约国政府和公众起到了警示、约束和督促的作用。一旦某一遗产地被列为濒危世界遗产，该遗产地所有国在国际舞台上的形象将受到一定的影响，对该国遗产地管理机构和政府也会产生一定的压力。

当然，如果濒危世界遗产遭遇的威胁解除，也可将其从名单上去除。以德国科隆大教堂为例，它于2004年被列入《濒危世界遗产名录》。此后，科隆市当局更改了在大教堂周围修建高层建筑的计划，提高了大教堂周围地区的市政管理水平，这些措施改变了科隆大教堂所处的危险处境。于是，两年后科隆大教堂脱离了《濒危世界遗产名录》。

二、《濒危世界遗产名录》

从1982年耶路撒冷古城及其城墙被列入《濒危世界遗产名录》算起，至今已有38个国家的48处世界遗产地列入该名录，占全部世界遗产地（文化遗产、自然遗产以及混合遗产）的5%。到2009年10月底，尚有25个国家或地区的31处世界遗产被列入《濒危世界遗产名录》。关于列入和脱离《濒危世界遗产名录》的情况见表3-6。

表 3-6 **濒危世界遗产名录**

所属国家	遗产地名称	列入时间	脱离时间
阿尔巴尼亚	布特林特	1997	2005
阿尔及利亚	提帕萨考古遗址	2002	2006
阿富汗	查姆回教寺院尖塔和考古遗址	2002	—
	巴米扬山谷的文化景观和考古遗址	2003	—
阿塞拜疆	城墙围绕的巴库城及其希尔凡王宫和少女塔	2003	2009
阿曼	巴赫莱要塞	1988	2004
埃及	阿布米那基督教遗址	2001	—
埃塞俄比亚	塞米恩国家公园	1996	—
巴基斯坦	拉合尔古堡和夏利玛尔公园	2000	—
贝宁	阿波美皇宫	1985	2007
秘鲁	昌昌城考古地区	1986	—
伯利兹	堡礁保护区	2009	—
德国	科隆大教堂	2004	2006
	德累斯顿的埃尔伯峡谷	2006	2009
厄瓜多尔	桑盖国家公园	1992	2005
	加拉帕戈斯群岛	2007	—
菲律宾	科迪勒拉山的水稻梯田	2001	—
哥伦比亚	洛斯卡蒂奥斯国家公园	2009	—
格鲁吉亚	姆茨赫塔古城	2009	—
刚果	维龙加国家公园	1994	—
	加兰巴国家公园	1996	—
	卡胡兹-别加国家公园	1997	—
	俄卡皮鹿野生动物保护地	1997	—
	萨隆加国家公园	1999	—
洪都拉斯	雷奥普拉塔诺生物圈保留地	1996	2007
柬埔寨	吴哥窟	1992	2004
科特迪瓦	宁巴山自然保护区（与几内亚共有）	1992	—
	科莫埃国家公园	2003	—
几内亚	宁巴山自然保护区（与科特迪瓦共有）	1992	—
马里	廷巴克图	1990	2005
美国	大沼泽国家公园	1993	2007

续表

所属国家	遗产地名称	列入时间	脱离时间
尼泊尔	加德满都河谷	2003	2007
尼日尔	阿德尔和泰内雷自然保护区	1992	—
塞内加尔	尼奥科罗-科巴国家公园	2007	—
塞内加尔	朱贾国家鸟类保护区	2000	2006
塞内加尔	朱贾国家鸟类保护区	1984	1988
塞尔维亚	科索沃的中世纪建筑	2006	—
坦桑尼亚	基卢瓦基斯瓦尼遗址和松戈马拉遗址	2004	—
突尼斯	伊其克乌尔国家公园	1996	2006
委内瑞拉	科罗及其港口	2005	—
乌干达	鲁文佐里山国家公园	1999	2004
印度	马纳斯野生生物保护区	1992	—
印度	汉比古迹群	1999	2006
伊朗	巴姆古城和文化景观	2004	—
伊拉克	亚述古城	2003	—
伊拉克	萨迈拉考古城	2007	—
耶路撒冷	耶路撒冷古城及其城墙	1982	—
也门	宰比德古城	2000	—
中非	马诺沃—贡达圣弗洛里斯国家公园	1997	—
智利	亨伯斯通和圣劳拉硝石采石场	2005	—

（注：“脱离时间”一栏中“—”表示该遗产尚没有脱离《濒危世界遗产名录》）

从表3-6中可以看到，被列入《濒危世界遗产名录》的遗产主要分布在经济不发达国家，例如秘鲁、刚果等。有的发达国家也被列入该名录，例如美国、德国。对濒危遗产的评定，充分考虑主权国的意见，但也不完全取决于主权国的意见。总体看来，检测全球的世界遗产并评定为濒危世界遗产，不仅对该国该遗产地保护的促进作用十分明显，而且对于全球的文化遗产保护都起到了很大的推动作用。

第三节 案例赏析：巴黎塞纳河畔

1991年，法国巴黎塞纳河畔（Les Quais de la Seine）的名胜古迹作为文化遗产被联合国教科文组织列入《世界遗产名录》。世界遗产委员会是这样评价它的：“从罗浮宫到埃菲尔铁塔或是从协和广场到大小凡尔赛宫，巴黎的历史变迁被看作源于塞纳河。当豪斯曼的宽阔广场和林荫道影响着19世纪末和20世纪全世界城市主义的时候，巴黎圣母院和圣徒教堂成为了建筑上的杰作。”“巴黎的塞纳河沿岸，景色秀美，优雅别致的公园遍布其中，构成一幅美丽的自然画卷。古老的塞纳河孕育了不可胜数的名胜古迹，著名的国际性都市巴黎最初只是她的一个小岛而已，而今这只‘丑小鸭’已经出落得美丽大方，变成了人见人爱的美天鹅。”

塞纳河本身就是一道优美的风景线，塞纳河畔拥有众多名胜古迹，包括罗浮宫、协和广场、爱丽舍宫、戴高乐广场、埃菲尔铁塔、巴黎圣母院等。这些名胜古迹及其收藏的艺术珍品构成了世界上最著名和最大的艺术宝库，也是人类共同的珍贵财富。

1. 塞纳河

塞纳河（La Seine）是法国最负盛名的河流，全长 776 公里，从西向东北流经巴黎市区，约有 13 公里流经巴黎市区内。塞纳河川流不息，细润、呵护着法兰西大地，人们也无限热爱、依恋着这条母亲河。

约 2000 年前，巴黎还是塞纳河中西岱岛上的一个小渔村。公元前 1 世纪，罗马人在此定居并逐渐将其发展成城市，公元 3—4 世纪时命名为“巴黎”。从公元 6 世纪起，巴黎开始成为法国的国都。11—12 世纪时，巴黎沿着塞纳河发展起来，从此历代国王大兴土木，相继建成教堂、博物馆、桥梁等各种建筑，不断向外扩张蔓延，成就了今天的巴黎。从这个意义上讲，塞纳河是巴黎的发祥地，巴黎是“塞纳河的女儿”。

巴黎塞纳河沿岸名胜古迹众多，塞纳河自身及其两岸的风光构成了温馨、祥和、丰富的人文景观。河左岸有埃菲尔铁塔、奥赛博物馆等名胜；河右岸有罗浮宫、协和广场、香榭丽舍、凯旋门、星形广场等景观；河中西岱岛上有巴黎圣母院；西南部有凡尔赛宫；西北部蒙马特高地上有圣心教堂以及露天画廊等。

白天游览塞纳河，四周风景如画，岸上的座座建筑色彩分明，罗浮宫、奥赛博物馆、巴黎圣母院、埃菲尔铁塔等名胜一一尽收眼底，各具特色的桥梁一座座迎面而来，使人目不暇接。夜游塞纳河则别有一番情趣。岸上灯光闪烁、熠熠如画，河中风清水澄、优雅宁静。两岸的名胜被灯光照得通明，不但建筑物的外形清晰可见，连上面的装饰与雕塑在游人的目光中都不会被漏过。

2. 埃菲尔铁塔

埃菲尔铁塔（La Tour Eiffel）始建于 1886 年，竣工于 1889 年，是巴黎的地标。它是为纪念法国大革命 100 周年与迎接 1889 年的万国博览会而建的，以设计者居斯塔夫·埃菲尔的名字命名。埃菲尔铁塔高 320. 7 米，直到 1931 年美国纽约帝国大厦落成前，它一直是世界最高建筑物。铁塔的塔基占地约 1 万平方米，四座塔墩均为水泥浇筑，塔身全部为钢架镂空结构，分三层，共有 1. 8 万个金属部件，用 250 万个铆钉连接，总重 9000 吨左右，全靠 4 根粗大的水泥浇灌的塔墩支撑。每当天气晴朗，站在铁塔上，巴黎城就在脚下，70 公里以内的景色尽收眼底，心情将会变得格外轻松。

美国科学家爱迪生赞誉铁塔设计者埃菲尔为“宏伟建筑的勇敢建造者”；画家毕加索曾为铁塔画了一幅美丽的图画；音乐家阿波利内尔则为铁塔谱写了不朽的颂歌《桥梁之父》，这都体现了这座铁桥让人难以割舍的魅力。

3. 巴黎圣母院——法国中心点

塞纳河风光（周耀林　摄）

埃菲尔铁塔（周耀林　摄）

如果说埃菲尔铁塔是现代巴黎的标志，那么巴黎圣母院（Notre Dame de Paris）无疑是古老巴黎的见证者。巴黎圣母院始建于公元1163年，历经180多年才建成，其后200年仍继续进行增建工程，是法国建筑史上工期最长的建筑之一。巴黎圣母院是一座著名的天主教教堂，坐落在巴黎市中心塞纳河的西岱岛（Ile de la Cité）上，全部采用石材建造。整座建筑高耸挺拔、辉煌壮丽、庄严和谐。正面塔楼高68米，屋顶正中直插蓝天的尖塔高达 90 余米。教堂内大厅可容纳 9000 人，教堂的外形庄严宏伟，雕刻细致，结构对称秀丽，别具美感。它是巴黎第一座哥特式建筑，开创了欧洲建筑史的先河，因而具有划时代的意义。

圣母院位处巴黎的中心，市内发展均环绕着西岱岛，并以此为焦点向外扩展，法国人便把圣母院的入口位置设为原点，然后将法国其他城市的坐标以此算起。所以，当人们站在圣母院前，亦即处于法国的中心点，由此可见圣母院在法国人心目中的地位。

法国大文豪雨果的《巴黎圣母院》不但畅销全球，更令圣母院闻名于世。此书出版后，引起很大的反响，许多人都希望修建当时残旧不堪的圣母院，因而发起募捐计划，结果圣母院亦得以重放光彩。

巴黎圣母院（周耀林　摄）

4. 罗浮宫

罗浮宫或称罗浮宫博物馆（Musée du Louvre），是一个令人羡慕和神往的地方，建于 11 世纪末，是菲利普·奥古斯特二世为保护巴黎不受诺曼人及英国人入侵所建的城堡。13 世纪时，罗浮宫变成一座关押国家重刑犯的监狱。法兰西斯一世喜欢这里，遂将之改为宫殿。此后的几个世纪里，王权都集中于此。直到 17 世纪时法王路易十四兴建凡尔赛宫后，罗浮宫才有了分庭抗礼的对手。

罗浮宫的建筑排列，原有点像巨大的“日”字，但 16 世纪的一把大火烧毁了北厢后，迄今尚未重建，因此看起来有点像“凹”字。此“凹”字庭院称为拿破仑庭院，院中一个完全用透明玻璃建筑起来的金字塔，是华人建筑师贝聿铭的杰作。罗浮宫博物馆内藏古埃及至 19 世纪的艺术珍品，贝聿铭以简约而富现代感的金字塔，意喻人类文明由古埃及文明进化开始，一直探索到近代的艺术演变。

现在的罗浮宫已成为举世闻名也是当今世上最大的博物馆，占地面积 45 万平方米。馆里藏有雕刻、绘画、珍宝、陶器、铜器、工艺品等逾 40 万件，号称“万宝之宫”，包括埃及、美索不达米亚、希腊、罗马、伊斯兰、意大利等国家不同时期的艺术珍品，是世界著名的艺术殿堂。其中最重要的“镇宫三宝”分别是：断臂美神“米洛斯岛的维纳斯”雕像、无头折臂但却飘飘欲仙的“胜利女神”雕像、达·芬奇最为著名的画作《蒙娜丽莎》。

塞纳河右岸的罗浮宫外景（周耀林　摄）

罗浮宫（周耀林　摄）

5. 桥

巴黎全市大小桥共计35座，总长度可达5公里，这些桥均有着各自的发展史，桥的规模及建筑风格也大相径庭，许多桥的命名是与历史上的重大事件有关，如亚历山大三世桥，也有一些桥的名字取之于著名人物，如戴高乐桥、拿破仑三世桥（现国家桥）。由于塞纳河将巴黎分成两半，南北之间主要靠桥梁沟通，桥在巴黎人生活中的重要作用便显而易见。横跨于塞纳河上的各式各样的桥梁仿如一道道彩虹，为巴黎添上美丽的色调。

要饱览河道的旖旎风光，最宜在黄昏时分乘坐观光船，这时候可以欣赏到斜阳下巴黎的醉人景色。穿过一座又一座富有特色的大桥，无论是石建的、钢造的或砖砌的，建筑各具风格。其中，有两座桥尤其值得游览。其一是闻名中外的新桥（Pont Neuf）。新桥其实是巴黎现存的最古老的桥之一，建于1578至1604年间，是由两座独立的桥梁组成的。其中之一是与左岸相连的一座五孔拱桥，另一侧与右岸相连的是一座七孔拱桥。两桥之间是一座自然沉积的沙洲所形成了河中小岛，其上是路易十四大帝的青铜雕像。其二是金碧辉煌的亚历山大三世桥（Pont Alexandre III）。这座桥建成于1900年，当时为了纪念法俄联盟，故以沙皇亚历山大的名字为之命名。这是巴黎最为雍容气派和富贵堂皇的桥，它的两端分别立有两座金色的桥头雕塑，饰以浮雕的底座将它们烘托得高高在上，格外醒目。走在桥面上，但见栏杆上、栏杆间均是精致的雕饰，其华丽的风格，远非其他桥梁所能及。

新桥（周耀林　摄）

亚历山大桥（周耀林　摄）

坐过船后，可以沿着塞纳河的堤岸漫步。放眼望去，美丽的塞纳河，河上彩虹般的一座座大桥，河边辉煌耸立的建筑，携带着历史的痕迹，游人久久不肯离去……

复习与思考

1. 亚洲世界遗产分布及其特点是什么？
2. 欧洲世界遗产分布及其特点是什么？
3. 非洲世界遗产分布及其特点是什么？
4. 美洲世界遗产分布及其特点是什么？
5. 大洋洲世界遗产分布及其特点是什么？
6. 分析世界遗产大国的分布。
7. 如何认识濒危世界遗产？
8. 分析从《濒危世界遗产名录》中能得到什么启示？

下　篇

中国国家遗产

中华民族孕育了举世瞩目的文明成果。这些成果反映了中华民族独特的个性、气韵与风格，并形成了具有历史意义和现实价值的独具民族特色的遗产，这为我们追寻自己文明的源头，为我们养成不同思想、信仰、道德、文化、科学、技术乃至审美心理等提供了依据，同时也构成了当代中国在国际竞争中不可多得的重要软实力。

“中国国家遗产”具有狭义和广义之分。狭义的中国国家遗产是指列入《中国国家自然遗产、国家自然与文化双遗产预备名录》的遗产地。广义的中国国家遗产是一个与广义的世界遗产概念相衔接的界定，泛指我国的国家级遗产，是文化遗产和自然遗产、物质遗产和非物质文化遗产、可移动文化遗产和不可移动文化遗产的有机组合。了解中国国家遗产，尊重和爱护国家遗产，既是尊重和爱护我们的先人和传统，也是尊重和爱护我们自己。在当代国际化浪潮中，保护和传承我国优秀的遗产对于保持和彰显中华民族的个性尤为重要。

第四章
中国国家遗产

本章要点

1. 国家遗产概念的形成与意义
2. 国家遗产的内涵
3. 国家遗产与世界遗产的关系
4. 国家自然遗产预备名录
5. 国家自然与文化双遗产预备名录
6. 国家遗产管理

关键词　国家遗产　概念　名单　管理

悠久的历史、众多的民族和多彩的文化构成了表征中华民族形象的突出“要素”。在全球化背景下，如何保持自己的民族形象，提升中华民族在国际舞台上的地位，遗产有着无可替代的作用。正因为如此，不仅中国的世界遗产备受瞩目，而且中国的国家遗产也日益成为关注的焦点。作为世界遗产的候选，中国国家遗产已经成为国家可持续发展战略中不可缺少的重要内容之一。

第一节　中国国家遗产概述

“中国国家遗产”是一个全新的概念，它是世界遗产评选制度改革后的产物，不仅代表着一种新的遗产保护制度的诞生，而且丰富了我国遗产资源的内涵，同时也标志着我国遗产保护工作进入了一个崭新的阶段。

一、中国国家遗产概念的形成

我国目前至少有200多处遗产地在排队申请世界遗产，但世界遗产委员会规定一个国家一次只能提出一处申请，且一年只可申报两项。这一规定使得我国世界遗产的遴选变得异常艰巨。为了适应世界遗产委员会的这一要求，最大限度地保护我国具有全球性重要意义的遗产地，由建设部牵头，各部委参与，我国设立了《中国国家自然遗产、国家自然与文化双遗产预备名录》，旨在通过这一举措将我国世界遗产申报、保护和管理工作建立在中国国家遗产预备名录、世界遗产预备名单、世界遗产名录的三级管理制度上，以符合联合国教科文组织倡导与支持的世界遗产保护要求。从这个意义上理解，中国国家遗产主要是指被列入《中国国家自然遗产、国家自然与文化双遗产预备名录》的遗产地，这是保护中华民族优秀遗产资源、完善我国遗产保护机制、实现我国遗产资源可持续利用的重要举措，是履行《保护世界文化和自然遗产公约》、保护全人类利益的一项伟大策略。到目前为止，全国共有30处遗产地被列入《中国国家自然遗产、国家自然与文化双遗产预备名录》。可见，我国国家遗产直接与"申遗"相关联，是我国申报世界自然遗产、世界文化、文化与自然混合遗产项目过程中遵循世界遗产委员会"申遗"条件的必然选择，它关系着国家遗产保护的可持续发展战略的实施。归根结底，国家遗产预备名单的制定，目的就是从中国国家遗产预备名录阶段开始就对各申报地加强指导，提升这些遗产地的管理能力，为这些遗产地进一步申报世界遗产奠定良好的基础。

《中国国家自然遗产、国家自然与文化双遗产预备名录》没有终身制，建设行政主管部门每年都要对列入预备名录的遗产资源价值及保护状况进行定期监测，根据监测结果实行动态管理。对于遗产资源保护工作存在明显不足的，由建设部提出限期整改的要求。一旦遗产资源退化或遭受严重破坏，该遗产地将从上述名录中被除名。

二、中国国家遗产的界定

"中国国家遗产"概念在我国正式出现的时间并不长，从其形成过程中不难看到，"中国国家遗产"其实是一个与"世界遗产"相衔接的概念。究其实质，"中国国家遗产"不仅是本国最具典型意义的遗产代表，而且是仅次于《世界遗产名录》收录的遗产地、拟申报列入《世界遗产名录》的后备名单。

因为"世界遗产"具有广泛的含义，"中国国家遗产"也可以从广义的角度进行理解。正如法国历史学家诺拉（Pierre Nora）所言，"在过去的大约20年间，'遗产'的概念已经扩大——抑或爆炸——到如此程度，致使概念都发生了变化。较老的词典把它定义为父母传给子女的财物，而新近的词典定义它是历史的证据……当今社会的整体继承物。"既然是社会的"整体继承物"，就表明了遗产并非是这些遗产的所有者有意地流传给某一个人或组织，也没有现代意义上个人之间明确的财产遗留、赠与及归属关系。从这个层面上看，今天的华夏儿女及其后世子孙同样具有对这些遗产的继承权。因此，我国遗产所呈现的价值和意义，原则上说是属于整个中华民族的。不论遗产的形态如何，也不论它形成于何时、属于谁管，都应当纳入国家遗产的范畴。从这个角度看，"国家遗产"具有非常宽泛的外延，是指国家所拥有的、具有国家意义的全部遗产的总和。

中华文明发展历程中遗留了无以数计的遗产，这些遗产属于整个民族，构成了我国的国家遗产。从类别上看，我国国家遗产包括自然遗产、文化遗产、自然与文化混合遗产、历史文化名城、重点文物保护单位、记忆遗产、非物质文化遗产等多种类型；从级别上看，则可以分为国家级、省级、市（县）级等多个级别。由此可见，“国家遗产”也可以指代国家级的遗产，是我国珍贵的，有独特或重要自然生态、历史文化特征以及特殊价值的自然和文化遗存的总称。截至目前，国家自然遗产预备名录 17 处、国家自然与文化双遗产预备名录 13 处、国家级自然保护区 303 处、国家级风景名胜区 187 处、国家级森林公园 423 处、全国重点文物保护单位 1276 处、国家历史文化名城 103 个、记忆遗产 90 项、非物质文化遗产 1175 项。这些遗产是从不同的方面进行概括和评选出来的，代表着我国各类遗产的最高水平，构成了国家遗产的整体印象。其中，有些遗产已经被列入《世界遗产名录》或类似的世界级遗产名录或清单，成为中国的世界遗产（详见第二章）。

三、中国国家遗产的特点

我国是世界公认的遗产大国，在数千年的民族融合发展过程中，创造了人类史上灿烂辉煌的中华文明。同时，我国幅员辽阔，山河壮丽，拥有众多体现大自然杰作的自然景观。从国家遗产的层面考察，我国的国家遗产具有非常鲜明的特点，例如数量众多、类型齐全、特色鲜明，不仅在世界同类遗产中占据重要地位，而且是人类不可替代、不可再生的宝贵资源。

此外，我国国家遗产具有丰富的科学文化内涵。遗产地包含有丰富的历史、文化、科学和美学信息，已经成为人类探索自然奥秘、保护自然多样性、追寻古代文明、陶冶个人情操的重要基地，因此国家遗产更能代表我国的民族身份，是国家特有的资源，不仅构成了增进国家认同感、提升民族凝聚力的重要因素，而且也是国家综合实力的重要组成部分。

以建筑为例，中国建筑不仅具有等级特征，讲究风水，而且经过长期探索并吸收其他传统艺术如绘画、雕塑、工艺美术等的养分，创造了自己独特的艺术形象。这种艺术特征主要表现在如下几个方面：

（1）单座建筑造型上将理性精神与审美情趣、浪漫情调相结合，从而达到建筑的功能、结构和艺术的统一。中国古代建筑的艺术造型，外观分为台基、屋身和屋顶三个部分。台基是建筑物的下部基础，高大的台基不仅可以增强房屋外观的稳定感并使上部建筑华丽壮观，而且也有防潮去湿的作用。屋身是建筑物的主体部分，以柱子、墙壁构成各种形式的室内空间。至于屋顶，其艺术造型最富特色并形成中国建筑最强烈的个性。中国古代建筑艺术家们很早就发现了利用屋顶以取得艺术效果的可能性。《诗经·小雅》里就有“如鸟斯革，如翚斯飞”的句子，意为周王宫室造型舒展如鸟翼（革）、动态如雉（翚）飞。汉唐时期，描绘建筑屋顶的诗赋就更多了，其中最著名的要算《阿房宫赋》中“檐牙高啄……钩心斗角”的名句了。汉代时，后世的五种基本屋顶式样——庑殿顶、攒尖顶、硬山顶、悬山顶和歇山顶形成，古人充分运用木结构特点，创造了十分柔和美观的反凹曲线屋面和翼角的起翘、出翘。宋代建筑屋顶发展到成熟的阶段，一个屋顶上几乎找不到一条直线，这种飞动轻快、如鸟展翼的造型，配以宽厚的屋身和阔大的台基，使建筑物稳固踏实而毫无头重脚轻之感，富有一种情理协调、舒展轻快的韵律美。再加上色彩艳丽并具有光泽的琉璃瓦以及各种精美的动物装饰和图案花纹，更使屋顶艺术造型醒目，给人以美的愉悦。

（2）组群建筑的艺术处理。中国古代建筑特别重视组群布局，如宫殿、坛庙等高级建筑多以各种附属建筑来衬托主体建筑。大型建筑群入口处的华表、牌坊、照壁、石狮等，就是具有典型意义的艺术性附属建筑物。换言之，中国古代建筑更多地致力于群体序列设计和经营而不是单体建筑的造型。中国古代建筑之美主要在于它的整体神韵风采。

（3）色彩的运用。中国古代匠师在建筑装饰中敢于使用色彩也善于使用色彩。宫殿、坛庙、官衙等建筑，多用对比强烈、色调鲜明的色彩。白石台基，红色的墙、柱、门、窗，黄绿蓝各色琉璃屋顶以及屋檐下金、青、绿等色的彩画，其色彩艺术效果极其动人。而在山清水秀、四季常绿的南方，房屋色彩一方面为建筑等级制度所局限，另一方面为了与自然环境相协调，多用白墙、灰瓦和栗、黑、墨绿等色的梁柱，形成秀丽淡雅的格调。色彩是古代建筑等级和个性的表现手段。屋顶的色彩有严格的等级规定，如黄色琉璃瓦为帝王及其特许的建筑所用；宫殿以下，寺庙、王府按等级用黄绿混合色、绿色、绿灰混合色；民居、私家园林杂用红、绿、黑、棕等色。古建筑梁的枋、斗拱、椽子等多有彩画，琳琅满目，美不胜收。

除此之外，雕塑、书画、室内装饰、家具陈设等，都是中国古代建筑艺术美的重要组成部分，它们与建筑物本身浑然一体，相得益彰。也正是因为如此，中国建筑成为世界三大建筑体系之一，其鲜明的个性体现了先人对建筑与园林哲学和艺术的执著追求和孜孜求索，折射出先民对精神与文化的思考和演变，构成中华民族永不磨灭的生活与艺术的伟大结晶。

当然，以上所述仅仅是以建筑遗产为例进行了说明，每一类国家遗产，都具有无法替代的作用。但是随着全球化态势一浪盖过一浪以及随之而来的各国开放程度的不断提高，不少民族担忧自己的民族特性不断弱化，甚至在“西化”的浪潮中被覆盖、抹杀。因此，各个国家都在开展保护自己民族文化遗产（不论是有形的还是无形的文化遗产）的运动，以增强民族的特性。建筑遗产正是证明自己民族特性“不可替代”的客观存在，成为证明其存在的最有效的手段。作为中国优秀的文化遗产，建筑遗产尽管只是中华文明的碎片，但它却犹如一条大河，引导我们追寻自己文明的源头，也为我们形成不同思想、信仰、道德、文化、科学、技术乃至审美心理等提供了依据。如同其他类型的文化遗产一样，建筑与园林遗产镌刻着中华民族文化生命的基因密码，蕴涵着民族特有的文化，并以其独特的方式表现了中华民族的存在，是中华民族的“名片”。

第二节 中国国家自然遗产预备名录

中国国家遗产地是中华民族和全人类的宝贵财富，保护并完整真实地传承给后人，是历史赋予我们义不容辞的责任。2006 年 5 月，国家建设部宣布设立《中国国家自然遗产预备名录》，并公布了我国第一批国家自然遗产预备名录，具体包括：

1. 黑龙江五大连池风景名胜区

五大连池风景名胜区由当地 14 座火山两次喷发出的玄武岩流堰塞纳谟尔河支流——白河河谷所形成。五大连池由五个相连的火山堰塞湖组成。五池池池相连，共长 5250 米。五湖自南向北依次数：四池、五池为泥沙底；三池部分为泥沙底，部分为熔岩底；二池大部分为熔岩底，少部分为泥石底；一池全部为熔岩底。1982 年，五大连池以黑龙江五大连池风景名胜区的名义，被国务院批准列入第一批国家级风景名胜区名单。中国目前已建立 12 个火山地貌景观类型的国家公园，但仅有五大连池被选入世界地质公园之列。

2. 吉林长白山植被垂直景观及火山地貌景观

长白山是我国少见的、比较典型的火山地貌区域。区内分布着河谷、沼泽、台地、山坡、高原、高山湖泊、火山口等地貌类型。复杂的环境条件，构成了植物分布的垂直地带性和多样性。据调查，区内分布有野生植物 2540 多种、野生动物 364 种，这在整个东北地区都非常少见。丰富的自然资源和得天独厚的自然环境，使长白山成为一座天然的自然博物馆。

3. 福建海坛风景名胜区

海坛风景名胜区包括北、东、南面的长江澳、海坛湾、坛南湾三大海滨沙滩，沙质细白，海水清澈湛蓝。平潭的海蚀地貌甲天下，被专家誉为“海蚀地貌博物馆”。岛上海蚀崖、海蚀洞、海蚀穴、海蚀平台、海蚀阶地等星罗棋布，形态各异，风光旖旎，百态千姿，造型奇特，形象逼真，是世界上最大的天然花岗岩球状风化造型。

4. 江西三清山风景名胜区

三清山风景名胜区为历代道家修炼场所，自晋朝葛云、葛洪来山以后，便渐为信奉道学的名家所向往。从登山处步云桥直至天门三清福地，共兴建宫观、亭阁、石刻、石雕、山门、桥梁等 200 余处，使道教建筑遍布全山，其规模与气势，可与青城山、武当山、龙虎山媲美，三清山因此有“露天道教博物馆”之称。2008 年 8 月，三清山风景名胜区被列入《世界遗产名录》。

5. 江西武功山风景名胜区

武功山风景名胜区风光旖旎，海拔高差 1600 米，为景观奇特的花岗岩、混合岩地貌，红壤、黄壤、黄棕壤、高原草甸沿海拔高度梯形分布。气候属中亚热带季风气候，气候温和，雨量充沛，四季分明。区内河流纵横，水系发达，天然落差较大，形成众多的溪流。它的高山垂直型自然植被景观为江西省境内罕见，高山草甸、黄山松群落为江南罕见。

6. 河南云台山风景名胜区

云台山风景名胜区素以“三步一泉、五步一瀑、十步一潭”而著称。落差 314 米的全国最高大瀑布——云台天瀑犹如擎天玉柱，蔚为壮观。天门瀑、白龙潭、黄龙瀑、丫字瀑皆飞流直下，形成了云台山独有的瀑布景观。多孔泉、珍珠泉、王烈泉、明月泉清洌甘甜，让人流连忘返。汉献帝的避暑台和陵基、魏晋“竹林七贤”的隐居故里、唐代药王孙思邈的采药炼丹遗迹、唐代大诗人王维写出“每逢佳节倍思亲”千古绝唱的茱萸峰以及众多名人墨客的碑刻文物，形成了云台山丰富深蕴的文化内涵。

7. 湖南崀山风景名胜区

崀山境内多奇峰异石、溶洞幽谷，扶夷江蜿蜒贯穿南北，风光如画，有桂林之美、青城山之幽、泰山之雄奇。景区植被繁茂，珍稀动植物众多。崀山丹霞地貌造型惟妙惟肖，栩栩如生，跌宕起伏动感强，一景多姿，移步换形，形色气质和谐协调。青山、绿水、红崖交相辉映，犹如天下第一巷之高和长，亚洲第一桥跨度之宽。八角寨之险，蜡烛峰之峭，红华赤壁之艳，将军石之俊，骆驼峰之状等在同类地貌中绝无仅有，具有极高的美景观赏价值。

8. 重庆天坑地缝风景名胜区

天坑口部最大直径 626 米，最小直径 537 米，坑底最大直径 522 米，垂直高度 666. 2 米，总容积 11934. 8 万立方米，是世界上深度和容积最大的岩溶漏斗。从坑口到坑底有一条蜿蜒曲折的梯道，总 2800 余步台阶、2. 7 公里长。地缝是两座平行山峦间凹下去呈“V”字形的一条大裂缝，全长 37 公里。地缝上段地势开阔，林木繁茂，小桥流水。地缝天井峡一段，上部宽 10~30 米，谷底宽仅 1~30 米，悬崖最深处达 300 米，是一条罕见的“一线天”景观。

9. 重庆金佛山风景名胜区

金佛山风景名胜区以其独特的自然风貌，品种繁多的珍稀动植物，雄险怪奇的岩体造型，神秘而幽深的洞宫地府，变幻莫测的气象景观和珍贵的文物古迹而闻名。金佛山自然保护区素有“植物王国”之称，共有植物 5099 种，属国家保护植物 52 种。银杉、古银杏、大叶茶、方竹、杜鹃王树均属国家一类保护植物，被誉为“金佛山五绝”。

10. 四川贡嘎山风景名胜区

贡嘎山海拔 7556 米，是四川省最高的山峰，被称为“蜀山之王”，在登山运动和科学研究中占有十分重要的地位。景区内垂直带谱十分明显，植被完整，生态环境原始，植物区系复杂，已查明的植物有 4880 种。属国家一、二、三类保护的动物有 20 多种。景区内温泉点有数十处，水温介于 40~80℃之间，有的达到 90℃。著名的有康定二道桥温泉和海螺沟温泉。景区内还有跑马山，有贡嘎寺、塔公寺等藏传佛教寺庙，有藏族、彝族等丰富多彩的民族风情等。

11. 四川若尔盖湿地

若尔盖湿地有植物（包括菌类）207 种，其中星叶草、冬虫夏草为国家重点保护植物；脊椎动物有 218 种，其中国家重点保护野生动物有黑颈鹤、胡兀鹫、秃鹫、大天鹅等 30 多种，是黑颈鹤的集中繁殖区之一，种群数量达 480 只左右。该区还是重要的水源涵养区，黑河和白河两条黄河上游的支流纵贯全区。自然保护区的建立，对于保护高寒湿地生态系统和黑颈鹤等珍稀动物，研究自然环境变迁和古老生物物种保存、繁衍、分化具有重要的意义。

12. 贵州织金洞风景名胜区

织金洞是一个多层次、多阶段、多类别、多形态的完整岩溶系统。洞内相对高差150余米，最宽跨度175米，洞内一般高宽均在60~100米之间，总面积达70多万平方米，堆积物的高度平均在40米左右，最高堆积物有70米。织金洞已开发的洞厅47个，洞厅最宽处173米，一般高50~60米，最高达150米。洞内地形复杂，有迎宾厅、万寿宫等10个景点、40多种岩溶形态，有“岩溶博物馆”之称。洞外则有地面岩溶、峡谷、溪流、瀑布等自然景观与布依、苗、彝族村寨。

13. 贵州马岭河峡谷风景名胜区

马岭河峡谷风景名胜区，以万峰、百瀑、六河、两湖网织而成，为云贵高原喀斯特地貌的典型地带，具雄、奇、险、幽的特征。景区内主要景观有彩崖峡、石窟崖、飞虹锁天、瀑布群、奇泉、万峰林等。景区内可入地缝进行“神州第一漂”。马岭河两岸有瀑布近100条，是由两岸众多的支流、地下河、泉水，从100~200米高的陡崖上坠入主谷而成，其中有30多条集中在2000余米长的天星画廊。

14. 贵州平塘风景名胜区

平塘风景名胜区总体上分布在四大片区，共72个景物景观。第一片区为平舟河，包括京舟、玉水金盆（县城）、六硐峡谷、打密河峡谷、甲青天生桥，共有景物景观25个，以世外桃源般的村寨田园和河谷风光为主。第二片区为龙塘，包括龙塘湖、青龙洞、青龙峡、卧龙洞、松茶瀑布群、炼石峡、红岩河谷、摆浪河峡谷和黄土坝布依族民族村寨等，共有景物景观20个，以山、水、峡谷、洞、林、湖、瀑、石集于一身、融为一体。第三片区是西凉拉安河，以滩多湍急的峡谷、保持完美的原始森林以及幽深神奇的溶洞为主题，包括拉安河峡谷、十六道浪偏坡天生桥、岜令河谷等，共有景物景观15个。第四片区是甲茶，包括有甲茶瀑布、十里竹溪、阴阳洞、九曲十八湾和拉七峡谷等，共有景物景观12个，以瀑布、竹林和亚热带南国风光为主要特色。

15. 云南澄江动物化石群保护地

1984年7月1日“纳罗虫”化石的发现，向人类揭示了沉睡5.3亿年的寒武纪早期世界。到目前为止，云南澄江动物化石群保护地共发现化石点30余处，采集化石3万余块，科学鉴定认为其有40个门类、100多种的古生物化石，涵盖了现代生物的各个门类，同时还发现多种过去曾大量存在现已灭绝的动物新种，它们都已超出现有动物分类体系，只能以发掘地名来命名。最近在玉溪与昆明交界的滇池海口又出现了地球上最古老的脊柱动物——海口鱼，其结构和功能较云南虫还复杂。

16. 青海青海湖风景名胜区

青海湖中的海心山和鸟岛都是游览胜地。海心山又称龙驹岛，面积约1平方千米。鸟岛位于青海湖西部，在流注湖内的第一大河布哈河附近，春夏季节栖息着10万多只候鸟。湖中盛产湟鱼，是我国西北地区最大的天然鱼库。

17. 新疆喀纳斯湖风景名胜区

喀纳斯湖不仅自然资源和生物物种非常丰富，而且旅游环境和人文资源也别具异彩。喀纳斯具有北国风光之雄浑，又具有南国山水之娇秀。每至秋季，万木争辉，林中灌木叶茂，枯叶朽木上苔藓、野草遍生。林间空地草甸如茵，山花鲜艳。七八月份雨后清晨登上湖南段的骆驼峰则可观赏佛光奇景。

第三节　中国国家自然与文化双遗产预备名录

国家建设部于2006年5月发布了《中国国家自然与文化双遗产预备名录》，共录入遗产13项，具体包括：

1. 山西五台山风景名胜区

五台山是驰名中外的佛教名胜之地、大智文殊师利菩萨的道场。五台山还以建寺历史悠久和规模宏大而居佛教四大名山之首，故有“金五台”之称。在唐代全盛时期，五台山共有寺庙300余座，经历几次变迁，寺庙建筑遭到破坏，目前尚存寺庙47座。其中，佛光寺和南禅寺是中国现存最早的两座木结构建筑。显通寺、塔院寺、菩萨顶、殊像寺、罗睺寺被列为“五台山五大禅处”，是当今中国唯一兼有汉地佛教和藏传佛教的佛教道场。2009年6月底，五台山风景名胜区被列入《世界遗产名录》。

2. 安徽九华山风景名胜区

九华山是中国四大佛教名山之一、地藏菩萨道场，素有“东南第一山”、“江南第一山”之誉。山间遍布深沟峡谷，垂涧渊潭，流泉飞瀑，气象万千。九华山处处有景，移步换景，清代就流传有“九华十景”之说。对外开放后，新辟八大景区、百余处新景点。新老景点交相辉映，自然秀色与人文景观相互融合，加之四季分明的时景和日出、晚霞、云海、雾凇、雪霰、佛光等天象奇观，美不胜收，令人流连忘返。

3. 福建清源山风景名胜区

清源山风景名胜区内流泉飞瀑，奇岩异洞，峰峦叠翠，万木竞秀，以宗教寺庙宫观、文人书院石室以及石雕石构石刻等文物为主的人文景观几乎遍布清源山的每个角落，现存完好的宋、元时期道教、佛教大型石雕共7处9尊，历代摩崖石刻近500方，元、明、清三代花岗岩仿木结构佛像石室3处以及近代高僧弘一法师（李叔同）舍利塔、广钦法师塔院。清源山老君岩造像被列为全国重点保护文物，是我国道教石刻中独一无二的艺术瑰宝。它刻于宋代，历经千年风雨沧桑，依然栩栩如生，神采奕奕。

4. 江西龙虎山风景名胜区

龙虎山原名云锦山，张道陵于龙虎山修道炼丹大成后，从汉末第四代天师张盛始，历代天师华居此地，守龙虎山寻仙觅术，坐上清宫实施布化，居天师府修身养性，世袭道统63代，奕世沿守1800余年，他们均得到历代封建王朝的崇奉和册封，官至一品，形成中国文化史上传承世袭“南张北孔（夫子）”两大世家。上清宫和嗣汉天师府得到历代王朝无数次的赐银，进行了多次的扩建和维修，宫府的建筑面积、规模、布局、数量、规格创道教建筑史之最。龙虎山在鼎盛时期，建有道观80余座、道院36座、道宫数个，是名副其实的“道都”。

5. 江西高岭—瑶里风景名胜区

瑶里古名“窑里”，因是景德镇陶瓷发祥地而得名。瑶里位于举世闻名的瓷都东北端，地处三处世界遗产地（黄山、庐山、西递和宏村）的中心，素有“瓷之源，茶之乡，林之海”的美称，是国家重点风景名胜区、国家历史文化名镇、国家 AAAA 级风景区、国家矿山公园、国家森林公园、国家重点文物保护单位。

6. 河南嵩山风景名胜区

嵩山被誉为我国历史发展的博物馆，儒、释、道三教会集，拥有众多的历史遗迹。其中有中国六最：禅宗祖庭—少林寺；现存规模最大的塔林——少林寺塔林；现存最古老的塔——北魏嵩岳寺塔；现存最古老的阙——汉三阙；树龄最高的柏树——汉封“将军柏”；现存最古老的观星台——告城元代观星台。此外，太室山黄峰盖下的中岳庙始建于秦，极盛于唐宋，是河南现存规模最大的寺庙建筑群。嵩阳书院气宇恢宏、古朴高雅，再加之苍翠清幽的法王寺、回环险绝的轩辕关、慧可断臂求法的立雪亭等，皆为中国人文风物的瑰宝。

7. 湖南南岳衡山风景名胜区

南岳之秀在于无山不绿、无山不树。据统计，南岳有植物 1700 多种。南岳的胜景概括为“南岳八绝”：祝融峰之高、藏经殿之秀、方广寺之深、磨镜台之幽、水帘洞之奇、大禹碑之古、南岳庙之雄、会仙桥之险。正因为“南岳八绝”的出类拔萃，才使它赢得“五岳独秀”的美称。

8. 湖南紫鹊界—梅山龙宫风景名胜区

梅山龙宫拥有四大世界溶洞景观之绝：一是洞府云天绝世景观，其上下高达 80 米的层楼空间结构，规模宏大，布局天成；二是哪吒出世绝世景观，由一个从中裂开的巨大的天然钟乳石莲、一叶剥落的花瓣以及带有红色血团的哪吒肉身组成，天然钟乳石莲似乎可分可合；三是由毛细管力作用形成的雾淞式白色非重力水沉积物，这种沉积物全世界独一无二，具有极高的科研价值；四是水中金山绝世景观，景点顶部有数百万根洁白无瑕的鹅管和姿态各异的钟乳石。

紫鹊界及周边的奉家山一带，群山环绕，形成 30 余座 1000 多米高的山峰，山岳、梯田、溪流、岩石、道路、板屋等组成一幅优美的田园风光，因山就势和古树环抱的木架板屋的民居，组成了紫鹊界“天人合一”的美妙自然景观。

9. 贵州黄果树风景名胜区及屯堡文化

黄果树大瀑布高 74 米，宽 81 米。瀑布河水的流量，最小时只有几个流量，最大时可达 1000 多个流量。水大时，瀑布溅珠飞洒到 100 多米高的黄果树街上，两三里外都能听到雷鸣般的响声。水小时河水仍然分成四支，铺展在整个岩壁上，不失其“阔而大”的气势。瀑布后有一长达 134 米的水帘洞拦腰横穿瀑布而过，由六个洞窗、五个洞厅、三股洞泉和六个通道组成。位于黄果树瀑布下游两公里处的螺丝滩瀑布，以滩面逶迤绵长见长。河水从拦河坝翻下，分成两股，环绕石间梯田、绿洲，最后作方形交汇，形成左右相对的两个瀑布，左大而缓，右小而陡。瀑布最高处为 31 米，滩面逶迤长达350米。

10. 云南大理苍山与南诏历史文化遗存

苍山雪是素负盛名的大理“风花雪月”四景之一，也是苍山景观中的一绝。苍山云景变幻万千，其中最有名的是“望夫云”和“玉带云”。望夫云每年冬春季节常出现于玉局峰顶，出现后洱海随即狂风大作掀起阵阵惊涛骇浪，渔船不能出海，因此望夫云又被称为“无渡云”。玉带云不仅妩媚动人，而且按白族农谚所说，她还是丰收的预兆。南诏历史文化遗存由崇圣寺三塔、太和城遗址、石钟山石窟等名胜古迹组成，分布于大理市、漾濞县、剑川县、弥渡县境内。

11. 陕西华山风景名胜区

华山上的观、院、亭、阁皆依山势而建，一山飞峙，恰似空中楼阁，且有古松相映，更显别具一格。山峰秀丽，形象各异。峪道的潺潺流水，山涧的水帘瀑布，更是妙趣横生。华山还以其巍峨挺拔屹立于渭河平原。东、南、西三峰拔地而起，如刀一次削就。正如唐朝诗人张乔所言，“谁将依天剑，削出倚天峰。”

12. 甘肃麦积山风景名胜区

麦积山石窟保留北朝时期的西方净土变、涅槃变、地狱变等故事，壁画中描绘的内容多具有汉文化特色。尤其是飞天，多彩多姿更具特色，有泥塑、雕刻、绘画以及薄肉塑四种形式的飞天。虽然飞天的故乡在印度，但麦积山的飞天却是中外文化共同孕育的艺术结晶，是印度佛教天人和中国道教神仙融合而成的中国文化的飞天。

13. 宁夏贺兰山—西夏王陵风景名胜区

西夏王陵内现存9座帝陵，为裕陵、嘉陵、泰陵、安陵、献陵、显陵、寿陵、庄陵、康陵，坐北面南，按照穆宗庙依序排列，形成东西两行，有254座陪葬墓。西夏王陵不仅吸收了秦汉以来，特别是唐宋皇陵之所长，同时又受到佛教建筑的影响，使汉族文化、佛教文化与党项民族文化有机地结合在一起，构成了我国陵园建筑中别具一格的形式。西夏王陵规模宏伟，布局严整，每座帝陵均由阙台、神墙、碑亭、角楼、月城、内城、献殿、灵台等部分组成。

第四节　中国国家遗产的管理

从上述《中国国家自然遗产、国家自然与文化双遗产预备名录》不难看到，被列入该预备名录的遗产地分布广泛，类型多样，其管理归属于不同的部门。如果在更加广泛地范围内考察，例如从国家级遗产的管理来看，这种管理则更加分散，国家建设部、中央宣传部、国家国土资源部、国家环保局、国家水利部、国家林业局、国家文化部等多部委分别负责管理和指导各种类型的国家遗产工作，国家遗产管理工作呈现高度分散的状态，见表4-1。此外，还有一些部门（如宗教事务管理）和企事业单位也有相当的管理使用权，部分资金渠道又由旅游部门控制。以上是国家遗产的宏观管理，具体管理与建设的决策权却在各级地方政府及其管理单位，这就造成了中国国家遗产管理决策政出多门、难以协调的现象，导致人、财、物的浪费。

表 4-1　　**国家遗产管理机构**

名　　称	主管机构
国家风景名胜区	国家建设部
国家自然遗产	
中国历史文化名城/镇/村	
国家城市湿地公园	
全国重点红色旅游资源	中央宣传部
国家地质公园	国家国土资源部
世界地质公园	
国家级生态功能保护区	国家环境保护局
人与生物圈保护区	
国家水利风景区	国家水利部
国家森林公园	国家林业局
国家湿地公园	
国家非物质文化遗产	国家文化部
世界非物质文化遗产	
国家重点文物保护单位	国家文物局
记忆遗产	国家档案局
世界文化与自然遗产	中央宣传部、国家文物局
国家自然保护区	国家环保局、国家林业局、中国科学院

2007 年，国务院批准了新中国成立以来第一个在国家层面上以遗产地（包括文化、自然和混合遗产地）为对象的专项保护规划纲要《国家文化和自然遗产地保护“十一五”规划纲要》。该规划采取“国家组织、专家参与、地方配合、多方协作”的方式进行，由国家发展和改革委员会会同财政部、国土资源部、建设部、国家环境保护总局、国家林业局、国家旅游局、国家文物局历时一年多组织编制完成。该纲要的颁布，表明了国家遗产管理体制的改革与发展，为未来的国家遗产管理指明了改革的方向。

第五节　案例赏析：少林寺

少林寺位于河南登封城西少室山，素有“禅宗祖廷”、“天下第一名刹”之誉，是中国佛教禅宗祖庭。2006 年，少林拳被收录入第一批《国家非物质文化遗产名录》，同年，以少林寺为典型代表的嵩山风景名胜区被列入国家自然与文化双遗产预备名录。2007 年 5 月 8 日，登封市嵩山少林景区经国家旅游局正式批准为国家 5A 级旅游景区。

少林寺始建于太和二十年（公元 496 年），敕就少室山为佛陀立寺，供给衣食。寺处少室山林中，故名少林。北周建德三年（公元 574 年）武帝禁佛，寺宇被毁。大象年间重建，易名陟岵寺。进入隋代，佛教大兴，敕令复少林之名，赐柏谷坞良田百顷，成为北方一大禅寺。及至唐初，少林寺已拥有一支勇猛善战的僧侣队伍，并开始习武，以后各朝相沿成习。由于朝廷的大力支持，少林寺很快发展成为驰名中外的大佛寺，博得“天下第一名刹”的称号。宋代的少林武术又有很大提高，寺僧多达 2000 余人。元朝初年，少林寺方丈福裕曾被元世祖忽必烈封为晋国公。在明朝，少林寺到达鼎盛时期，从清朝开始衰落。中华人民共和国成立后，少林寺屡加修缮，千年古刹重放光彩。

少林寺古老的建筑见证了少林寺的发展，也孕育了少林寺闻名于世的禅、武、佛、茶、艺、书法等。

1. 建筑风格

少林寺常住院建筑在河南登封少溪河北岸，寺院规模宏大，遥遥望去，红墙绿瓦，绿树掩映，呈现出“深山藏古寺，碧溪锁少林”的清幽意境。从山门到千佛殿，共七进院落，总面积达 3 万平方米。山门的正门是一座面阔三间的单檐歇山顶建筑，它坐落在 2 米高的砖台上，左右配以硬山式侧门和八字墙，整体配置高低相衬，十分气派。门额上有清康熙帝亲笔所题“少林寺”三个大字，上有“康熙御笔之宝”方印一枚，更添一道辉煌的景色。

少林寺大门（周耀林　摄）

一进山门，便见弥勒佛供于佛龛之中，神龛后面立有作为少林寺护院神的韦驮木雕像。过了山门，便是甬道，两旁碑石如林，故称“碑林”，均为唐宋以来的著名原始碑刻。碑林的西面是锤谱堂，内设泥塑和木雕群像，演绎着少林武术的缘起、发展史及其显赫功绩。

大雄宝殿是全寺的中心建筑，是僧人进行佛事活动的重要场所。殿内供奉着释迦牟尼、阿弥陀佛、药师佛的神像，屏墙后面悬塑观音像，两侧有十八罗汉侍立。大雄宝殿之后，又有藏经阁，这是寺僧藏经说法的场所。殿前甬道有明万历年间铸造的一口大铁钟，重约650公斤。藏经阁的东南面是禅房，是僧人参禅打坐的地方，对面的西禅房，则是负责接待宾客的堂室。

大雄宝殿前两侧的建筑为钟、鼓二楼，东南为钟楼，西南为鼓楼。“晨钟暮鼓”是寺僧起居和进行佛事活动的一种信号。

过了法堂便来到方丈室，这是方丈起居与理事的地方。乾隆曾西渡洛水至少林寺，即宿于此，并赋诗一首：“明日瞻中岳，今宵宿少林。心依六禅静，寺据万山深。树古风留籁，地灵夕作阴。应教半岩雨，发我夜窗吟。”室内有1980年日本赠送的铜质达摩像。东侧放置的是弥勒佛铜像，墙上挂有“佛门八大僧图”、“达摩一苇渡江图”。达摩亭在方丈室后，是一座单檐庑殿式建筑，相传是二祖慧可立候达摩、雪地断臂之所。东配殿位于达摩亭西侧，于1983年重建，殿内有“阿弥陀佛”的石像和“达摩面壁影石”。

少林寺西面不远处，就是国内现存的最大塔林。这些古塔是少林寺历代高僧的墓塔，共计240余座，占地面积约1.4万平方米，南临少溪河，北靠五乳峰，依山傍水，环境优美。古塔丛立，势如密林，故有“塔林”之称，也称为“古塔艺术博物馆”，国务院于1996年公布其为国家级重点文物保护单位。塔高一般在15米以下，由一级到七级不等，明塔的高低、大小、层级、形制是根据和尚生前在佛教的地位、佛学造诣、佛徒数量、威望高低等而定，展示了自唐以来不同时期墓塔造型、艺术风格的变化，表现出了历史上佛教禅宗文化与多种文化的交流与融合。少林寺塔林是中国现存古塔数量最多、规模最大、持续时间最长的塔群，是综合研究中国建筑发展史、雕刻艺术发展史和宗教发展史的实物资料宝库。

塔林（周耀林　摄）

从塔林北行约一公里，就到达初祖庵。它三面临壑，背连五乳峰，景色幽雅秀丽，是河南省现存最古老、价值最高的一座木结构建筑，是为纪念达摩面壁而修建的。殿的檐柱、内柱、墙下雕石以及神台周围都有精美的浮雕。大殿神龛内供着达摩祖师像。

从初祖庵出发，沿山路登上五乳峰，即可到达摩洞。洞内有达摩及其弟子的石像四尊，洞外有一座明代万历年间建造的石牌坊。传说达摩曾在此面壁十年，由于功夫深厚，他的身影形状被印在山石上，留下了极富传奇色彩的“达摩影石”，故此洞名为“达摩洞”或“达摩面壁洞”。

从少林寺往西南方向登钵盂峰，峰顶有一座佛殿，这就是二祖庵。相传禅宗二祖慧可向菩提达摩学佛，断臂得到衣钵真传后，曾在此养伤。殿前有四眼井，传说是慧可所凿。这四眼井相距甚近，但水味各异，名为“卓锡井”，当地人也称“苦、辣、酸、甜四眼井”。

二祖庵（周耀林　摄）

2. 少林禅宗

东汉末年，大乘佛教传入嵩洛地区。“乘”是乘载，小乘佛教说的是自我解脱，大乘佛教讲的是普度众生。少林寺落成三十多年后，菩提达摩于北魏孝昌三年从南天竺国渡海来到东土，开始了禅宗在中华大地上的传播。

达摩首先到了金陵，一月之后来到几十里外的嵩山少林寺，落迹于此，终日面壁。这时嵩山有位名叫神光的僧人，听说达摩大师住在少林寺，于是前往拜谒。

达摩面壁端坐，不置可否。神光没有气馁，他暗自思忖：“古人求道，无不历尽艰难险阻，忍常人所不能忍。古人尚且如此，我有何德何能？当自勉励！”时置寒冬腊月，纷纷扬扬飘起漫天大雪。夜幕降临，神光仍在寺外站立不动，天明积雪已没过他的双膝。达摩这时才开口问道：“你久立雪中，所求何事？”神光泪流满面说道：“只愿和尚慈悲，为我传道。”达摩担心神光只是一时冲动，难以持久，略有迟疑。神光明白达摩心思，就取利刃自断左臂，置于达摩面前，达摩被他的诚意所感动，于是就留他在自己的身边，并为他取名慧可。此后，达摩禅师便以四卷《楞伽经》授予慧可，而慧可

卓锡井（周耀林　摄）

便是日后禅宗在东土的第二代祖师。自此，禅宗在中国有了传法世系。少林寺内的立雪亭，便是为纪念慧可断臂求法的事迹而建。

禅宗是印度佛教传入中国后与中国文化充分融合的结晶，由二十八祖菩提达摩祖师初创，经二祖慧可、三祖僧璨、四祖道信、五祖弘忍、六祖慧能等大力弘扬，终于一花五叶，盛开秘苑，成为中国佛教最大宗门。禅宗所传习的不是古来传习的次第禅，而是“直指人心，见性成佛，不立文字，教外别传”的顿修顿悟的祖师禅，它讲究在现实的日常生活中修行，实现学佛的目标。

3. 少林功夫

南北朝时，北魏孝文帝太和年间，达摩大师从南朝梁国北来，面壁于嵩山少林寺，历时九年，首传禅宗。随之功成的还有《易筋经》、《洗髓经》二经，奠定了少林功夫的基础。

立雪亭（周耀林 摄）

少林功夫是指在嵩山少林寺这一特定佛教文化环境中形成，以佛教神力信仰为基础，充分体现佛教禅宗智慧，并以少林寺僧人修习的武术为主要表现形式的传统文化体系。少林功夫的要旨是禅武合一。少林功夫智慧信仰的最初形态是禅定。6世纪印度高僧菩提达摩在少林寺首传禅宗教法，后世尊少林寺为“禅宗祖庭”。禅宗以明心见性、顿悟成佛为要旨。在佛门眼中，参禅是正道，拳勇一类乃是末技，僧众们不过是借练功习武达到收心敛性、屏虑入定的目的，同时也可收到强壮身体，益寿延年的效果。经过千年的延续和不断努力，少林功夫中的武与禅已经有机地结合在一起，这是少林功夫与其他派系武术的不同之处。禅与武的优越之处，就是少林功夫已经形成人人可以演练的很具体的参禅程式，提倡武术禅的真正价值，为人们提供了一个有效的参禅程式。

中国武学源于少林寺，自古就有“天下武功出少林”之说，少林功夫具有完整的技术和理论体系。它以武术技术和套路为其表现形式，以佛教信仰和禅宗智慧为其文化内涵。

据历史文献记载，少林功夫是历史悠久、体系完备、技术境界很高的武术门类之一，是中国武术各个流派中，历史悠久、门类最多、体系最大的一个门派。少林功夫不是一般意义上的“门派”或“拳种”，而是一个博大精深的武术体系，内容极为丰富。按类别，它可分为徒手和器械两大类，后者又可分为长兵器、短兵器、软兵器等。按技法，它可分为拳术、棍术、刀术、枪术、剑术、技击、气功等几十种。以少林拳为例，有罗汉拳、小洪拳、大洪拳、老洪拳、少林五拳、五战拳、昭阳拳、连环拳、功力拳、潭腿、柔拳、六合拳、圆功拳、内功拳、太祖长拳、炮拳、地躺拳、少林拳、梅花拳、通背拳、观潮拳、金刚拳、七星拳、练步拳、醉八仙、猴拳、心意拳、长锤拳、五虎拳、伏虎拳、黑虎拳、大通臂、长关东拳、青龙出海拳、翻子拳、鹰爪拳等，对练拳术有三合拳、咬手六合拳、开手六合拳、耳把六合拳、踢打六合拳、走马六合拳、十五合里外横炮、二十四炮、少林对拳、一百零八对拳、华拳对练、接潭腿等。少林拳刚健有力，刚中有柔，朴实无华，利于实战，招招势势非打即防，其风格体现一个“硬”字，攻防兼备，以攻击为主。拳势不强调外形的美观，只求技击的实用。步法进退灵活、敏捷，有冲拳一条线之说。在身段与出拳上，要求手法曲而不曲，直而不直，进退出入，一切自如。步法要求稳固而灵活，眼法讲究以目视目，运气要气沉丹田。其动作迅如闪电，转似轮旋，站如钉立，跳似轻飞。在其后的发展中，少林拳分南北两派，南派重拳，北派重腿，每派还分许多小派。其他少林功夫莫不如此，在经过长期的演变后形成了众多的套路。据少林寺内流传下来的拳谱记载，历代传习的少林功夫套路有708套，拳术和器械套路为552套，其中流传有绪的拳械精品有数十种。另外有七十二绝技以及擒拿、格斗、卸骨、点穴、气功等各类独特的功法156套。现存少林功夫套路有拳术178套，器械193套，对练59套，其他115套，合计545套。这些内容，按不同的类别和难易程度有机地组合成一个庞大有序的少林功夫体系。

4. 少林医药

少林药局始建于金元时代（约公元1217年），距今近800年之久。元朝方丈福裕大和尚住持少林寺期间，倡导“主伤科兼修内科、儿科，医众僧兼俗疾，方为普度众生”的僧医方针，使少林医药学获得了长足的发展。少林医药的总纲是：活血化瘀抗衰老，疏经通络祛百病。它以通为补，以通为用。其典型代表是少林黑膏，这是少林寺历代高僧不断实践总结的圣方，被称为“寺内三大镇寺秘方”之一。

“少林黑膏（手工）”古称“少林断续膏”，渊源于北魏年间，是劳动人民长期用来治疗骨折、腰腿劳损、风湿痹痛、跌打损伤的民间验方，药方被少林寺长老汲取，经过少林寺武僧们千百年来的提炼改造，对各种治疗风湿病、关节炎、腰腿疼、肩周炎、腰肌劳损、坐骨神经疼等各类骨病有神奇的康复功能，是中华传统医学宝库中的一颗明珠。但由于古寺戒律，方药秘不外传，只有虔诚的佛教信徒，才能得到少林寺的赠药。目前，“少林黑膏”已被中国武术协会、中国郑州国际少林武术节作为指定用品，成为国内武术团体的馈赠礼品。

按照“少林医药”理论，方剂配伍、中草药采集的地点、季节、时间、气候都有严格的要求，时间、气候、温度均影响药的疗效。如少林古方通络灵、少林黑膏等药品使用的药材有些需在春天采集，有些则需在细雨蒙蒙的夏季，还有些必须在深秋或是在冬季大山阴面采集。在传统的制作过程中，既要掌握温度、时间，又要掌握药膏的黏度、颜色、气味，既要让它黏而易揭，又能使其拔丝纤细而不断，为此，需要遵循严谨的传统工艺和独特秘传的制作方法。每副少林黑膏都要经过20多道工艺，时间长达2个多月才能完成。可见，少林系列产品是历代少林僧人千锤百炼积累下来的经验与智慧的结晶，是中华民族传统医药学的宝典。

复习与思考

1. 如何理解中国国家遗产的概念？
2. 中国国家遗产和世界遗产有何关联？

3. 如何理解国家遗产在遗产体系中的定位和作用？
4. 国家自然与文化双遗产预备名录包含哪些？
5. 试析中国国家遗产的文化内涵？
6. 简述我国国家遗产的管理体制。
7. 试析中国国家自然遗产的价值。
8. 如何认识少林寺文化遗产的价值？

第五章
自 然 遗 产

本章要点

1. 中国遗产地保护体系
2. 自然遗产分类
3. 国家级风景名胜区
4. 自然保护区
5. 国家森林公园
6. 国家地质公园
7. 普达措国家森林公园

关键词 自然遗产　国家级自然保护区　国家级风景名胜区　国家森林公园　国家地质公园　类型　分布　普达措

自然遗产是大自然馈赠给人类的最珍贵的自然财富，也是人类先祖世世代代珍视自然，与自然和谐相处的历史见证。联合国教科文组织于1972年11月16日通过了《保护世界文化和自然遗产公约》(*Convention Concerning the Protection of the World Cultural and Natural Heritage*)，该公约第2条明确规定了“自然遗产”的内涵，从而界定了“世界自然遗产”的内涵（详见第一章）。

除世界遗产外，各国拥有独特的自然遗产。在我国，1956年就建立了第一个自然保护区——广东鼎湖山自然保护区。改革开放以来，我国在自然遗产保护方面初步建立了国家自然遗产地管理体系：在管理体制上，形成了与现行行政体制相对应的部门分工负责的管理方式；在法律法规上，基本形成了“国际公约—国家法律法规—地方政策法规”三级框架；在规划管理上，基本形成了覆盖各类遗产地的规划体系。进一步划分，我国的自然遗产主要分为风景名胜区、自然保护区、森林公园和地质公园四种类型。

第一节　风景名胜区

一、风景名胜区的含义和类型

1985年，国务院发布了《风景名胜区管理暂行条例》，这是新中国第一份关于国家风景名胜资源管理的法规性文件，对我国风景名胜区的内涵、主管部门、管理机构、规划和保护等工作都给出了原则性的规定。《风景名胜区管理暂行条例》第2条规定，凡具有观赏、文化或科学价值，自然景物、人文景物比较集中，环境优美，具有一定规模和范围，可供人们游览、休息或进行科学、文化活动的地区，应当划为风景名胜区。国务院2006年第474号令《风景名胜区条例》沿用了这一释义。《风景名胜区规划规范》（GB50298-1999）将“风景名胜区”简要定义为：风景名胜区指风景资源集中、环境优美、具有一定规模和游览条件，可供人们游览欣赏、休憩娱乐或进行科学文化活动的地域，也称风景区，海外的国家公园相当于国家级风景区。建立风景名胜区，目的就是要为国家保留一批珍贵的风景名胜资源（包括生物资源），同时科学地建设管理，合理地开发利用，实现“严格保护，统一管理，合理开发，永续利用”的十六字方针。

1872年，美国政府通过《黄石法案》（*Yellowstone Act*）建立了国际上第一个国家公园——黄石国家公园，并于1916年成立了全球最早的国家公园管理局，这为全球自然遗产的管理与保护提供了范例。在我国，由于历史原因，风景名胜区一直未被当作国家的重要资源，也没有形成科学统一的管理体系。在文化大革命时期，各地风景名胜资源更是遭到严重破坏。党的十一届三中全会以后，风景名胜区事业取得长足进展，呈现出有史以来未曾有过的兴盛局面。1978年，国务院在城市工作会议上要求加强风景名胜区和文物古迹的管理。之后，国家建委提出建立全国风景名胜区体系，实施分级管理。1979年，国家建委着手开展了全国风景名胜区的保护和规划工作。中共中央办公厅、国务院办公厅1983年和1984年先后五次发文，解决杭州西湖风景名胜区、庐山风景名胜区和骊山风景名胜区的保护管理问题。各地也采取措施，抢救恢复了一批濒于倒塌、湮灭的名胜古迹，风景名胜资源保护工作取得显著成绩。

1981年，国务院批转国家城建总局等单位《关于加强风景名胜保护管理工作的报告》，要求各地对风景名胜资源进行调查评价。在各省、自治区、直辖市人民政府申报的基础上，1982年，国务院审定公布了我国第一批国家重点风景名胜区44处。1988年，国务院审定公布了第二批国家重点风景名胜区40处。此后，国务院又分别于1994年、2002年、2004年和2006年分五批公布了103处国家重点风景名胜区，六批共计187处。

我国风景名胜区类型众多，自然景观奇特，自然景观与人文遗迹融为一体，相当一部分风景名胜区的景观在世界上具有代表性。根据不同的标准，风景名胜区可以分为不同的类型。

按用地规模区分，风景名胜区可分为小型风景区（$20km^2$以下）、中型风景区

（21～100km²）、大型风景区（101～500km²）、特大型风景区（500km² 以上）四类；

按景观区分，有山岳型、岩洞型、江河型、湖泊型、山水结合型、历史圣地型、名胜古迹型、现代工程型风景名胜区；

按结构区分，有单一型、复合型和综合型风景名胜区；

按布局区分，有集中型、线型、组团型、放射型、链珠型和星座型风景名胜区；

按功能区分，有观光型、游憩型、休闲型、民俗型、生态型和综合型风景名胜区；

按风景主要构成要素区分，有天然风景名胜区和人工风景名胜区。

《风景名胜区分类标准》（征求意见稿）中将风景名胜分为历史圣地类、山岳类、岩洞类、江河类、湖泊类等 15 类，见表 5-1。

表 5-1　**风景名胜区分类**

类别代码	类别名称		类别特征
	中文名称	英文名称	
SHA1	历史圣地类	Sacred Places	指中华文明始祖遗存集中或重要活动的发生地，以及与中华文明形成和发展关系密切的风景名胜区。不包括一般的名人或宗教胜迹
SHA2	山岳类	Mountains	以山岳地貌为主要特征的风景名胜区。此类风景名胜区具有较高生态价值和观赏价值。包括一般的人文胜迹
SHA3	岩洞类	Caves	以岩石洞穴为主要特征的风景名胜区。包括溶蚀、侵蚀、塌陷等成因形成的岩石洞穴
SHA4	江河类	Rivers	以天然及人工河流为主要特征的风景名胜区。包括季节性河流、峡谷和运河
SHA5	湖泊类	Lakes	以宽阔水面为主要特征的风景名胜区。包括天然或人工形成的水体
SHA6	海滨海岛类	Seashores and Islands	以海滨地貌为主要特征的风景名胜区。包括海滨基岩、岬角、沙滩、滩涂、泻湖和海岛岩礁等
SHA7	特殊地貌类	Specified Landforms	以典型、特殊地貌为主要特征的风景名胜区。包括火山熔岩、热田汽泉、沙漠碛滩、蚀余景观、地质珍迹、草原、戈壁等
SHA8	城市风景类	Urban Landscapes	指位于城市边缘，兼有城市公园绿地日常休闲、娱乐功能的风景名胜区。其部分区域可能属于城市建设用地
SHA9	生物景观类	Bio-landscapes	以特色生物景观为主要特征的风景名胜区
SHA10	壁画石窟类	Grottos and Murals	以古代石窟造像、壁画、岩画为主要特征的风景名胜区

续表

类别代码	类别名称		类别特征
	中文名称	英文名称	
SHA11	纪念地类	Memorial Places	以名人故居，军事遗址、遗迹为主要特征的风景名胜区。包括其历史特征、设施遗存和环境
SHA13	陵寝类	Emperor and Notable Tombs	以帝王、名人陵寝为主要内容的风景名胜区。包括陵区的地上、地下文物和文化遗存，以及陵区的环境
SHA14	民俗风情类	Folkways	以特色传统民居、民俗风情和特色物产为主要特征的风景名胜区
SHA15	其他类	Others	未包括在上述类别中的风景名胜区

二、风景名胜区的管理

我国的风景名胜区实行分级制度。1985 年《风景名胜区管理暂行条例》第 3 条规定我国的风景名胜区按其景物的观赏、文化、科学价值和环境质量、规模大小、游览条件等划分为市、县级风景名胜区，省级风景名胜区和国家重点风景名胜区三级。2006 年《风景名胜区管理暂行条例》第 8 条规定，我国的风景名胜区划分为国家级风景名胜区和省级风景名胜区。自然景观和人文景观能够反映重要自然变化过程和历史文化发展过程，基本处于自然状态或者保持历史原貌，具有国家代表性的，可以申请设立国家级风景名胜区；具有区域代表性的，可以申请设立省级风景名胜区。国家级风景名胜区，由省、自治区、直辖市人民政府提出申请，最终由国务院批准公布。省级风景名胜区，由县级人民政府提出申请，最终由省、自治区、直辖市人民政府批准公布。如湖北武汉东湖风景名胜区为国家级风景名胜区，湖北西山—东坡赤壁风景名胜区为省级风景名胜区。

在管理机构方面，1985 年《风景名胜区管理暂行条例》第 4 条规定，城乡建设环境保护部主管全国风景名胜区工作，地方各级人民政府城乡建设部门主管本地区的风景名胜区工作。2006 年《风景名胜区管理暂行条例》第 5 条规定，国务院建设主管部门负责全国风景名胜区的监督管理工作，省、自治区人民政府建设主管部门和直辖市人民政府风景名胜区主管部门负责本行政区域内风景名胜区的监督管理工作。

为加强风景名胜资源的保护与宣传，更好地树立国家级风景名胜区的统一品牌形象，国家建设部于 2007 年 4 月制定了《国家级风景名胜区徽志使用管理办法》。该办法规定，未经建设部授权，任何组织和个人不得使用国家级风景名胜区徽志。经建设部授权使用国家级风景名胜区徽志的国家级风景名胜区主要入口的标志物上，必须镶嵌由建设部统一设计并监制的国家级风景名胜区徽志。

国家级风景名胜区徽志为圆形图案，中间部分系万里长城和自然山水缩影，象征伟大祖国悠久、灿烂的名胜古迹和如画的自然风光；两侧由银杏树叶和茶树叶组成的环形镶嵌，象征风景名胜区和谐、优美的自然生态环境。图案上半部英文“NATIONAL

国家级风景名胜区徽志

PARK OF CHINA”，直译为“中国国家公园”，即“国家级风景名胜区”；下半部为汉语“中国国家级风景名胜区”全称。

三、国家级风景名胜区的分布

我国国家级风景名胜区的英文名称为 National Park of China，是我国风景名胜区的最高级别，基本含义与国际上常用的国家公园（National Park）相对应，同时又有自己的特点。

截至目前，我国 187 处国家级风景名胜区分布在我国大陆的 30 个省、直辖市和自治区。目前，建立国家级风景名胜区数量最多的是浙江，共 17 处，约占全部数量的 9.1%，数量较多的还有四川省、福建省、贵州省、云南省和江西省，分别拥有 16 处、13 处、13 处、12 处和 11 处。其中，四川黄龙寺—九寨沟、湖南武陵源、云南三江并流、江西三清山、山东泰山、安徽黄山、四川峨眉山、福建武夷山、江西庐山等多处国家级风景名胜区被联合国教科文组织列为世界自然遗产、世界自然与文化混合遗产（详见第三章）。

现将我国大陆地区 187 处国家级风景名胜区按其所在直辖市、省或自治区排序进行统计（按归属地汉语拼音字母顺序排列），见表 5-2。

表 5-2 **国家级风景名胜区概况**

归属地	数量	名 城
安徽	10	黄山、九华山、天柱山、琅琊山、齐云山、采石、巢湖、花山谜窟—渐江、太极洞、花亭湖
北京	2	八达岭—十三陵、石花洞
重庆	3	缙云山、芙蓉江、天坑地缝
福建	13	武夷山、清源山、鼓浪屿—万石山、太姥山、桃源洞—鳞隐石林、金湖、鸳鸯溪、海坛、冠豸山、鼓山、玉华洞、十八重溪、青云山

续表

归属地	数量	名　　城
甘肃	3	麦积山、崆峒山、鸣沙山—月牙泉
广东	7	肇庆星湖、西樵山、丹霞山、白云山、惠州西湖、罗浮山、湖光岩
广西	3	桂林漓江、桂平西山、花山
贵州	13	黄果树、织金洞、潕阳河、红枫湖、龙宫、荔波樟江、赤水、马岭河峡谷、都匀斗篷山—剑江、九洞天、九龙洞、黎平侗乡、紫云格凸河穿洞
海南	1	三亚热带海滨
河北	7	承德避暑山庄外八庙、秦皇岛北戴河、野三坡、苍岩山、嶂石岩、西柏坡—天桂山、崆山白云洞
河南	8	鸡公山、洛阳龙门、嵩山、王屋山—云台山、石人山、林虑山、青天河、神农山
黑龙江	2	镜泊湖、五大连池
湖北	6	武汉东湖、武当山、长江三峡、大洪山、隆中、九宫山、陆水
湖南	10	衡山、武陵源、岳阳楼—洞庭湖、韶山、岳麓、崀山、猛洞河、桃花源、紫鹊界梯田—梅山龙宫、德夯
吉林	4	松花湖、“八大部”—净月潭、仙景台、防川
江苏	5	太湖、南京钟山、云台山、蜀岗瘦西湖、三山
江西	11	庐山、井冈山、三清山、龙虎山、仙女湖、三百山、梅岭—滕王阁、龟峰、高岭—瑶里、武功山、云居山—柘林湖
辽宁	9	千山、鸭绿江、金石滩、兴城海滨、大连海滨—旅顺口、凤凰山、本溪水洞、青山沟、医巫闾山
内蒙古	1	扎兰屯
宁夏	1	西夏王陵
青海	1	青海湖
山东	5	泰山、青岛崂山、胶东半岛海滨、博山、青州
山西	4	黄河壶口瀑布、五台山、恒山、北武当山、五老峰
陕西	5	华山、临潼骊山—秦兵马俑、宝鸡天台山、黄帝陵、合阳洽川
四川	16	四川峨眉山、黄龙寺—九寨沟、青城山—都江堰、剑门蜀道、贡嘎山、金佛山、蜀南竹海、西岭雪山、四面山、四姑娘山、石海洞乡、邛海—螺髻山、白龙湖、光雾山—诺水河、天台山、龙门山
天津	1	盘山
西藏	1	雅砻河

续表

归属地	数量	名　城
新疆	4	天山天池、库木塔格沙漠、博斯腾湖、赛里木湖
云南	12	路南石林、大理、西双版纳、三江并流、昆明滇池、丽江玉龙雪山、腾冲地热火山、瑞丽江—大盈江、九乡、建水、普者黑、阿庐
浙江	17	杭州西湖、富春江—新安江、雁荡山、普陀山、天台山、嵊泗列岛、楠溪江、莫干山、雪窦山、双龙、仙都、江郎山、仙居、浣江—五泄、方岩、百丈漈—飞云湖、方山—长屿硐天

（注：黄河壶口瀑布风景名胜区位于山西省吉县和陕西省宜川县之间，长江三峡风景名胜区位于四川省东部和湖北省西部，均为跨省的国家级风景名胜区）

第二节　自然保护区

一、自然保护区的含义和类型

自然保护区建设是人类面对生存环境发生巨大变化做出的明智选择，对于保护自然资源和生物多样性、维持生态平衡和促进国民经济可持续发展都具有重要的战略意义。世界各国划出一定的范围来保护珍贵的动、植物及其栖息地已有很长的历史渊源，从1864年在美国加利福尼亚州西边山谷为保护当地的红杉树建立全球最早的自然保护区开始，世界各国陆续开始了自然保护区的建设工作。

中国建立自然保护区的工作，是新中国成立以后才开始的，此后至今的半个多世纪以来，我国自然保护区经历了数量从无到有、规模从小到大、功能从单一到综合的光辉历程，对保护国家战略资源、维护国家生态安全、促进人与自然和谐、保障经济社会可持续发展发挥了重要作用。1956年第一届全国人民代表大会第3次会议通过了“请政府在全国各省（区）划定天然林禁伐区，保存自然植被以供科学研究的需要提案”，从此开始了自然保护区的建设工作。1956年广东肇庆鼎湖山自然保护区是我国建立的第一个自然保护区。这一阶段建立的自然保护区还有福建省万木林自然保护区、云南省西双版纳勐养自然保护区、黑龙江省丰林自然保护区、吉林省长白山自然保护区即广西壮族自治区花坪自然保护区等20多个。在文化大革命时期，自然保护区的建设和发展工作基本处于停滞状态，已建立的自然保护区普遍受到严重破坏，初建阶段建立的20多处自然保护区锐减到15个，有些自然保护区由于破坏严重而失去保护价值。改革开放以后，自然保护区工作进入了新的发展阶段。保护区数量迅速增加、类型逐渐丰富，建设和管理水平有所改进，自然保护区事业逐渐步入正轨，并进入迅速增长和高速发展阶段。

在自然保护区的管理制度建设方面，我国逐步健全了自然保护区工作的规章制度，初步形成了自然保护区法律法规体系。国务院先后发布了《关于进一步加强自然保护区管理工作的通知》、《关于进一步加强自然保护区建设和管理工作的通知》，针对自然保护区发展中的突出问题，提出具体改进措施和要求。全国人大先后颁布了环境保护法、野生动物保护法、森林法、草原法、渔业法、海洋环境保护法等与自然保护区相关的法律。1994 年，国务院发布实施了我国第一部自然保护区专门法规——《中华人民共和国自然保护区条例》。该条例规定，自然保护区指对有代表性的自然生态系统、珍稀濒危野生动植物物种的天然集中分布区、有特殊意义的自然遗迹等保护对象所在的陆地、陆地水体或者海域，依法划出一定面积予以特殊保护和管理的区域。有关部门也相继制定了有关部门规章。这些法律法规的制定初步形成了自然保护区法律法规体系，使自然保护区建设管理有法可依，有章可循，有力推进了自然保护区事业的发展。

在自然保护区的建设规划方面，1987 年，原国务院环境保护委员会公布了《中国自然保护纲要》，这是我国在保护自然资源和自然环境方面第一部较为系统的、具有宏观指导作用的纲领性文件。它规定了中国生物多样性保护的总体战略和基本原则，并提出了一般性对策。其中，对“自然保护区”的定义为：“自然保护区是指为了自然保护的目的，把包含保护对象的一定面积的陆地或水体划分出来，进行特殊保护和管理的区域。”保护对象主要包括有代表的自然生态系统、珍稀濒危动植物的天然集中分布区、水源涵养区；有特殊意义的地质建造、地质剖面和化石产地等。经国务院同意，原国家环保局、国家计委于 1997 年发布实施了《中国自然保护区发展规划纲要（1996—2010 年）》。2005 年，国家环保总局又会同有关部门编制了《全国自然保护区发展规划》，提出了今后一个时期自然保护区的发展目标和主要任务。另外，绝大多数国家级自然保护区还认真编制并组织实施了总体规划，加强了管护基础设施建设，提高了管护水平和管理成效。

在标准建设方面，原国家环境保护局和国家技术监督局于 1993 年 7 月发布了国家标准《自然保护区类型与级别划分原则》(GB/T 14529—93)，标准中规定，自然保护区是指国家为了保护自然环境和自然资源，促进国民经济的持续发展，将一定面积的陆地和水体划分出来，并经各级人民政府批准而进行特殊保护和管理的区域。

在自然保护区的管理机构设置方面，《中华人民共和国自然保护区条例》规定，国家级自然保护区，由其所在地的省、自治区、直辖市人民政府有关自然保护区行政主管部门或者国务院有关自然保护区行政主管部门管理。地方级自然保护区，由其所在地的县级以上地方人民政府有关自然保护区行政主管部门管理。全国自然保护区管理的技术规范和标准，由国务院环境保护行政主管部门组织国务院有关自然保护区行政主管部门制定。

我国的自然保护区类型是在自然保护区逐步发展的过程中建立的。最早建立的自然保护区（1956 年的广东鼎湖山自然保护区、1957 年的福建建瓯万木林自然保护区等）都是森林类型自然保护区。随着自然保护区数量的增加，保护区的保护对象也由原来的森林类型慢慢扩大到森林、野生动物和野生植物类型。1980 年年底全国共建 72 处自然保护区，包括两种生态系统类型（森林生态系统和湿地生态系统）及野生动物类型、野生植物类型、地质遗迹类型五种。进入20世纪80年代，中国自然保护区进入快速发展的第一个阶段，自然保护区的类型也在逐步扩大。除上述提到的五种以外，又出现了荒漠生态系统、草原生态系统、海洋生态系统和古生物化石类型的自然保护区。

1993年《自然保护区类型与级别划分原则》第3条对我国自然保护区的类型划分进行了规定。根据自然保护区的主要保护对象，将自然保护区分为三个类别九个类型，见表5-3。

表5-3 **自然保护区类型划分表**

类别	类型
自然生态系统类	森林生态系统类型
	草原与草甸生态系统类型
	荒漠生态系统类型
	内陆湿地和水域生态系统类型
	海洋和海岸生态系统类型
野生生物类	野生动物类型
	野生植物类型
自然遗迹类	地质遗迹类型
	古生物遗迹类型

表5-3中，生态系统类如广东鼎湖山自然保护区，保护对象为亚热带常绿阔叶林；甘肃连古城自然保护区，保护对象为沙生植物群落；吉林查干湖自然保护区，保护对象为湖泊生态系统。野生生物类自然保护区如黑龙江扎龙自然保护区，保护以丹顶鹤为主的珍贵水禽；福建文昌鱼自然保护区，保护对象是文昌鱼；广西上岳自然保护区，保护对象是金花茶。自然遗迹类自然保护区如湖南张家界森林公园，保护对象是砂岩峰林风景区；黑龙江五大连池自然保护区，保护对象是火山地质地貌。

根据保护目的和对象，自然保护区可以分为六类：①以保护完整的综合自然生态系统为目的的自然保护区，如以保护温带山地生态系统及自然景观为主的长白山自然保护区，以保护亚热带生态系统为主的武夷山自然保护区和保护热带自然生态系统的云南西双版纳自然保护区等；②以保护某些珍贵动物资源为主的自然保护区，如四川卧龙和王朗等自然保护区以保护大熊猫为主，黑龙江扎龙和吉林向海等自然保护区以保护丹顶鹤为主，四川铁布自然保护区以保护梅花鹿为主等；③以保护珍稀孑遗植物及特有植被类型为目的的自然保护区，如广西花坪自然保护区以保护银杉和亚热带常绿阔叶林为主，黑龙江丰林自然保护区及凉水自然保护区以保护红松林为主，福建万木林自然保护区则主要保护亚热带常绿阔叶林等；④以保护自然风景为主的自然保护区和国家公园，如四川九寨沟、缙云山自然保护区、江西庐山自然保护区、台湾省的玉山国家公园等；⑤以保护特有的地质剖面及特殊地貌类型为主的自然保护区，如以保护近期火山遗迹和自然景观为主的黑龙江五大连池自然保护区，保护珍贵地质剖面的天津蓟县地质剖面自然保护区，保护重要化石产地的山东临朐山旺万卷生物化石保护区等；⑥以保护沿海自然环境及自然资源为主要目的的自然保护区，主要有台湾省的淡水河口保护区，兰阳、苏花海岸等沿海保护区，海南省的东寨港保护区和清澜港保护区等。

如果根据管理归属划分，则可以分为林业部门管理的自然保护区、环境保护部门管理的自然保护区、建设部门管理的自然保护区、海洋部门管理的自然保护区、农业部门管理的自然保护区、地矿部门管理的自然保护区、科教部门管理的自然保护区和文化部门管理的自然保护区。不同类型的自然保护区隶属于不同的行政机构，从而形成了当前我国自然保护区多头管理的现状。

截至2008年年底，全国已建立各种类型、不同级别的自然保护区2538个，保护区总面积约149万平方公里。其中，国家级自然保护区303个，面积9120万公顷，分别占全国自然保护区总数和总面积的11.9%和61.2%，形成了布局较为合理、类型较为齐全的自然保护区体系，在保护国家战略资源、维护国家生态安全、促进人与自然和谐、保障经济社会可持续发展等方面发挥了重要作用。在我国众多自然保护区中，有28处加入联合国教科文组织“人与生物圈保护区网络”，有7处被列入世界自然遗产。

二、自然保护区的管理

我国的自然保护区也实行等级制度。1993年发布的《自然保护区类型与级别划分原则》规定自然保护区分为国家级、省（自治区、直辖市）级、市（自治州）级和县（自治县、旗、县级市）级四级，其中国家级自然保护区指在全国或全球具有极高的科学、文化和经济价值，并经国务院批准建立的自然保护区。1994年10月公布的《中华人民共和国自然保护区条例》第11条则规定自然保护区分为国家级自然保护区和地方级自然保护区。在国内外具有典型意义、在科学上有重大国际影响或者有特殊科学研究价值的自然保护区列为国家级自然保护区，其他具有典型意义或者重要科学研究价值的自然保护区列为地方级自然保护区。地方级自然保护区可分级管理。低一级自然保护区通过评审和批准后可以晋升为高一级自然保护区。一般情况下，自然保护区的晋级大多为县市级自然保护区晋升为省级自然保护区和省级自然保护区晋升为国家级自然保护区两种。

为更好地保护我国丰富独特的自然环境和宝贵的自然遗产，规范自然保护区的建设和管理，使其在社会上产生更广泛的积极影响，2006年10月27日，原国家环保总局、国家林业局、农业部、国土资源部联合发布了中国自然保护区区徽。

自然保护区区徽的主体前景是一双手，背景是地球的图形。通过相互交握的手，利用明暗以及色彩的差异，勾勒出一条由远及近奔腾不息的河流。远处的蓝天一望无际，近处的绿地欣欣向荣，体现了自然环境的优美和谐。双手体现出保护的含义，既是对自然保护区的保护，又是对地球环境的保护，同时表达了自然保护需要人人参与的深层含义。标识周边是自然保护区的中英文名称，底纹用中国传统图案——云水纹作为装饰，强调了地域性和唯一性。

中国自然保护区区徽

2007年6月8日，原国家环保局、国家林业局、农业部、国土资源部联合印发了《中国自然保护区区徽使用管理暂行办法》。办法规定，自然保护区的主要及次要出入口附近的显著位置应使用中国自然保护区区徽，国家级自然保护区应在2007年年底之前启用中国自然保护区区徽。

三、国家级自然保护区的分布

截至2008年年底，我国大陆地区已建立各种类型和级别的自然保护区2538个。从布局上看，大陆各省、直辖市和自治区都有自然保护区。数量较多的是内蒙古（23处）、四川（22处）、黑龙江（20处）、云南（16处）、广东（15处）等省，面积较大的是西藏、新疆、青海、内蒙、甘肃、四川等西部省区。全部自然保护区中，国家级自然保护区有303个，约占12%，其分布见表5-4（按归属地汉语拼音字母顺序排列）。

表5-4　**国家级自然保护区概况**

归属地	数量	国家级自然保护区
安徽	6	鹞落坪、古牛绛、扬子鳄、金寨天马、升金湖、铜陵淡水豚
北京	2	北京松山、北京百花山
重庆	4	缙云山、大巴山、金佛山
福建	12	厦门珍稀海洋物种、将乐龙栖山、天宝岩、深沪湾海底古森林遗迹、漳江口红树林、虎伯寮、武夷山、梁野山、梅花山、戴云山、闽江源、君子峰
甘肃	13	兴隆山、祁连山、敦煌西湖、安西极旱荒漠、民勤连古城、白水江、莲花山、尕海—则岔、太统—崆峒山、连城、小陇山、盐池湾、安南坝野骆驼
广东	11	南岭、车八岭、丹霞山、内伶仃岛—福田、珠江口中华白海豚、湛江红树林、鼎湖山、象头山、惠东港口海龟、徐闻珊瑚礁、雷州珍稀水生动物

续表

归属地	数量	国家级自然保护区
广西	15	大明山、花坪、猫儿山、山口红树林生态、合浦营盘港—英罗港儒艮、北仑河口、防城金花茶、十万大山、弄岗、大瑶山、木论、千家洞、岑王老山、九万山、金钟山黑颈长尾雉
贵州	8	习水中亚热带常绿阔叶林、赤水桫椤、梵净山、麻阳河、草海、雷公山、茂兰、宽阔水
海南	9	三亚珊瑚礁、东寨港、铜鼓岭、大洲岛海洋生态、大田、尖峰岭、五指山、坝王岭、吊罗山
河北	11	昌黎黄金海岸、小五台山、泥河湾、大海坨、雾灵山、围场红松洼、衡水湖、柳江盆地地质遗迹、塞罕坝、茅荆坝、滦河上游
河南	11	黄河湿地、豫北黄河故道湿地鸟类、焦作太行山猕猴、南阳恐龙蛋化石群、伏牛山、宝天曼、鸡公山、董寨、连康山、小秦岭、丹江湿地
黑龙江	20	扎龙、兴凯湖、黑龙江宝清七星河、饶河东北黑蜂、丰林、凉水、三江、洪河、八岔岛、挠力河、牡丹峰、五大连池、呼中、南瓮河、凤凰山、乌伊岭、胜山、双河、珍宝岛湿地、红星湿地
湖北	9	青龙山恐龙蛋化石群、神农架、五峰后河、石首麋鹿、长江天鹅洲白鱀豚、长江新螺段白鳍豚、星斗山、九宫山、七姊妹山
湖南	14	炎陵桃源洞、东洞庭湖、壶瓶山、张家界大鲵、八大公山、莽山、永州都庞岭、小溪、黄桑、乌云界、鹰嘴界、南岳衡山、借母溪、八面山
吉林	11	伊通火山群、龙湾、鸭绿江上游、莫莫格、向海、天佛指山、长白山、大布苏狼牙坝、珲春东北虎、查干湖、雁鸣湖
江苏	3	盐城沿海滩涂珍禽、大丰麋鹿、泗洪洪泽湖湿地
江西	8	鄱阳湖、桃红岭梅花鹿、九连山、武夷山、井冈山、官山、鄱阳湖南矶湿地、马头山
辽宁	12	大连斑海豹、成山头海滨地貌、蛇岛—老铁山、仙人洞、桓仁老秃顶子、白石砬子、丹东鸭绿江口滨海湿地、医巫闾山、双台河口、北票鸟化石、努鲁儿虎山、海棠山
内蒙古	23	赛罕乌拉、达里诺尔、白音敖包、黑里河、大黑山、大兴安岭汗马、红花尔基樟子松林、辉河、达赉湖、科尔沁、图牧吉、大青沟、锡林郭勒草原、鄂尔多斯遗鸥、西鄂尔多斯、乌拉特梭梭林—蒙古野驴、贺兰山、额济纳胡杨林、阿鲁科尔沁草原、哈腾套海、额尔古纳、鄂托克恐龙遗迹化石、大青山
宁夏	6	贺兰山、沙坡头、罗山、灵武白芨滩、六盘山、哈巴湖

续表

归属地	数量	国家级自然保护区
青海	5	循化孟达、青海湖、可可西里、隆宝、三江源
山东	7	马山、黄河三角洲、长岛、山旺古生物化石、滨州贝壳堤岛与湿地、荣成大天鹅、昆嵛山
山西	5	阳城莽河猕猴、芦芽山、庞泉沟、历山、五鹿山
陕西	9	周至、太白山、长青、佛坪、牛背梁、汉中朱鹮、子午岭、化龙山、天华山
上海	2	九段沙湿地、崇明东滩鸟类
四川	22	龙溪—虹口、白水河、攀枝花苏铁、画稿溪、王朗、唐家河、马边大风顶、长宁竹海、蜂桶寨、卧龙、九寨沟、小金四姑娘山、若尔盖湿地、贡嘎山、察青松多白唇鹿、亚丁、美姑大风顶，长江上游珍稀·特有鱼类*，米仓山、雪宝顶、花萼山、海子山
天津	3	古海岸与湿地，蓟县中、上元古界地层剖面，八仙山
西藏	9	雅鲁藏布江中游河谷黑颈鹤、芒康滇金丝猴、珠穆朗玛峰、色林错、羌塘、雅鲁藏布大峡谷、察隅慈巴沟、拉鲁湿地、类乌齐马鹿
新疆	9	阿尔金山、罗布泊野骆驼、巴音布鲁克、托木尔峰、西天山、甘家湖梭梭林、哈纳斯、塔里木胡杨、艾比湖湿地
云南	16	哀牢山、高黎贡山、大山包黑颈鹤、大围山、金平分水岭、黄连山、文山、无量山、西双版纳、西双版纳纳版河流域、苍山洱海、白马雪山、南滚河、药山、会泽黑颈鹤、永德大雪山
浙江	9	清凉峰、天目山、南麂列岛海洋、乌岩岭、大盘山、古田山、凤阳山—百山祖、九龙山、长兴地质遗迹

（*长江合江—雷波段珍稀鱼类国家级自然保护区后更名为长江上游珍稀·特有鱼类国家级自然保护区，保护区范围调整后地域涉及四川、贵州、云南、重庆。）

第三节 森林公园

一、森林公园的含义和类型

森林公园是以森林旅游为主体的特殊地域和景区。中国森林公园跨越了5个气候带，几乎囊括了中国所有类型的森林景观资源。森林公园为人们提供了合适的观光、避暑、野营、度假、科考、探险等活动场所，因此吸引着越来越多的游客。自1990年以来，我国森林旅游人数每年都保持30%的高增长率。全国已涌现出张家界、千岛湖、太白山、瓦屋山等一批旅游收入超千万、上亿元的国家森林公园，成为带动当地旅游业乃至整个社会经济发展的龙头产业。森林公园使人们在游览休闲的过程中拓宽了对自然的认知，自觉或不自觉地受到自然生态知识的科普教育。

我国的森林公园建设大致经历了两个阶段：

第一阶段从1982年至1990年，以我国第一个森林公园——张家界国家森林公园的建成为起点，其特点为：(1) 每年批建的森林公园数量少，9年来共批建16个，其中包括湖南张家界国家森林公园、山东泰山国家森林公园、浙江千岛湖森林公园和安徽黄山国家森林公园等。(2) 国家对森林公园建设的投入相对较大。(3) 行业管理较弱。

第二阶段从1991年开始，特点是：(1) 森林公园数量快速增长，从1991年至2000年的10年时间里，共批建国家森林公园328个。2001年至2008年底，又批建了国家森林公园360余个。(2) 国家对森林公园的投入减少，主要通过地方财政投入、招商引资、贷款及林业系统自身投入等方式进行建设。(3) 行业管理加强，开始走向法制化、规范化、标准化。表现在：1992年7月，原林业部成立了森林公园管理办公室，各省（市、区）也相继成立了管理机构；1994年1月，原林业部颁布了《森林公园管理办法》；同年12月，又成立了"中国森林风景资源评价委员会"，规范了国家森林公园的审批程序，制定了森林公园风景资源质量评价标准；1996年1月，原林业部颁布了《森林公园总体设计规范》，为森林公园的总体设计提供了标准。

1993年12月11日林业部第3号令《森林公园管理办法》第2条规定，森林公园是指森林景观优美，自然景观和人文景物集中，具有一定规模，可供人们游览、休息或进行科学、文化、教育活动的场所。统计表明，截至2008年年底，全国共建立各级森林公园2277处，总经营面积1629.83万公顷。其中，国家级森林公园709处，国家级森林旅游区1处，经营面积1143.26万公顷，基本形成了以国家级森林公园为骨干，国家级、省级、市（县）级森林公园相结合的我国森林公园发展框架，初步建立了对我国林区独具特色而又多样化的森林风景资源的保护管理和开发建设体系。森林公园的建立与发展，使我国林区一大批珍贵的自然文化遗产得到有效的保护，在很大程度上满足了日益增长的森林游憩的需要，促进了森林旅游产业的迅猛发展。许多森林公园已经成为传播生态文化、弘扬生态文明的重要阵地。

我国森林公园的建设工作起步较晚，还没有统一的分类方法。一般而言，可以从不同角度对森林公园进行分类：

按规模区分，有特大型、大型、中型和小型森林公园；

按管理区分，有国家级、省级和市县级森林公园；

按景观区分，有山岳型、江湖型、海岸—岛屿型、沙漠型、火山型、冰川型、洞穴型、草原型、瀑布型和温泉型森林公园；

按区位区分，有城市型、近郊型、郊野型和山野型森林公园；

按开发目的区分，有公益型、旅游目的地型和过渡型森林公园；

按景观特点区分，有自然景观型、历史名胜型和综合型森林公园。自然景观型的森林公园主要是以森林、山脉、湖泊、瀑布、冰川等自然景观为主，如湖南省张家界森林公园、四川省九寨沟森林公园等；历史名胜型的森林公园以森林景观为依托，以历史遗迹、名胜建筑、革命历史等人文景观为主，如陕西省楼观台森林公园、四川省剑门关森林公园；综合性的森林公园集自然景观、人文景观和游乐设施于一体，公园多位于大、中城市的近郊，如四川省龙池森林公园、九龙山国家森林公园等。

按风景资源区分，有地文资源、水文资源、生物资源、人文资源和天象资源森林公园五类。地文资源，包括典型地质构造、标准地层剖面、生物化石点、自然灾变遗迹、名山与火山熔岩景观、蚀余景观、奇特与象形山石、沙（砾石）地、沙（砾石）滩、岛屿、洞穴及其他地文景观；水文资源，包括风景河段、漂流河段、湖泊、瀑布、泉、冰川及其他水文景观；生物资源，包括各种自然或人工栽植的森林、草原、草甸、古树名木、奇花异草等植物景观，野生或人工培育的动物及其他生物资源及景观；人文资源，包括历史古迹、古今建筑、社会风情、地方产品及其他人文景观；天象资源，包括雪景、雨景、云海、朝晖、夕阳、佛光、蜃景、极光、雾凇及其他天象景观。

二、国家级森林公园的分布

截至2008年年底，全国已建立的2277处各级森林公园，遍布我国大陆地区的31个省、自治区、直辖市。目前，国家级森林公园最多的省是黑龙江省，共56处；其次为江西，41处；除此之外，超过30处的省份有山东、陕西、辽宁、浙江、湖南和四川。709处国家级森林公园分布情况见表5-5（按归属地汉语拼音字母顺序排列）。

表5-5 **国家级森林公园数量分布**

归属地	数量（处）	国家级森林公园名称
安徽	29	黄山、琅琊山、天柱山、九华山、皇藏峪、徽州、大龙山、紫蓬山、皇甫山、天堂寨、鸡笼山、冶父山、太湖山、神山、妙道山、天井山、舜耕山、浮山、石莲洞、齐云山、韭山、横山、敬亭山、八公山、万佛山、青龙湾、水西、上窑、马仁山
北京	15	西山、上方山、蟒山、小龙门、云蒙山、鹫峰、大兴古桑、大杨山、霞云岭、黄松峪、北宫、八达岭、崎峰山、天门山、喇叭沟门
重庆	24	黄水、仙女山、茂云山、双桂山、小三峡、金佛山、黔江、青龙湖、梁平东山、武陵山、桥口坝、铁峰山、红池坝、雪宝山、玉龙山、黑山、歌乐山、茶山竹海、九重山、大园洞、重庆南山、观音峡、天池山、金银山
福建	25	福州、天柱山、华安、猫儿山、龙岩、旗山、三元、灵石山、平坛海岛、东山、将乐天阶山、德化石牛山、厦门莲花、三明仙人谷、上杭、武夷山、乌山、漳平天台、王寿山、九龙谷、支提山、天星山、闽江源、九龙竹海、董奉山

续表

归属地	数量（处）	国家级森林公园名称
甘肃	21	吐鲁沟、石佛沟、松鸣岩、云崖寺、徐家山、贵清山、麦积、鸡峰山、渭河源、天祝三峡、冶力关、沙滩、官鹅沟、大峪、腊子口、文县天池、莲花山、寿鹿山、周祖陵、小陇山、大峡沟
广东	24	梧桐山、万有、小坑、南澳海岛、南岭、新丰江、韶关、东海岛、流溪河、南昆山、西樵山、石门、圭峰山、英德、广宁竹海、北峰山、大王山、神光山、观音山、御景峰、三岭山、雁鸣湖、天井山、大北山
广西	20	桂林、良凤江、三门江、龙潭、大桂山、元宝山、八角寨、十万大山、龙胜温泉、姑婆山、大瑶山、黄猄洞天坑、飞龙湖、太平狮山、大容山、阳朔、九龙瀑布群、平天山、红茶沟、龙滩大峡谷
贵州	21	百里杜鹃、竹海、燕子岩、长坡岭、凤凰山、九龙山、尧人山、玉舍、雷公山、习水、黎平、朱家山、紫林山、潕阳湖、赫章夜郎、仙鹤坪、青云湖、毕节、大板水、龙架山、九道水
海南	8	尖峰岭、蓝洋温泉、吊罗山、海口火山、七仙岭温泉、黎母山、海上、霸王岭
河北	26	海滨、塞罕坝、磬棰峰、金银滩、石佛、清东陵、辽河源、山海关、五岳寨、白草洼、天生桥、黄羊山、茅荆坝、响堂山、野三坡、六里坪、大茂山、白石山、武安、狼牙山、前南峪、驼梁山、木兰围场、蝎子沟、仙台山、丰宁
河南	28	嵩山、寺山、风穴寺、石漫滩、薄山、开封、亚武山、花果山、云台山、白云山、龙峪湾、五龙洞、南湾、甘山、淮河源、神灵寨、铜山湖、黄河故道、郁山、金兰山、玉皇山、嵖岈山、天池山、始祖山、黄柏山、燕子山、棠溪源、大鸿寨
黑龙江	56	牡丹峰、火山口、大亮子河、乌龙、哈尔滨、街津山、齐齐哈尔、北极村、长寿、大庆、一面坡、龙凤、金泉、乌苏里江、驿马山、三道关、绥芬河、五顶山、龙江三峡、茅兰沟、鹤岗、丹清河、石龙山、勃利、望龙山、胜山要塞、五大连池、完达山、横头山、仙翁山、威虎山、五营、亚布力、桃山、日月峡、兴隆、梅花山、凤凰山、雪乡、八里湾、青山、大沾河、回龙湾、溪水、方正龙山、镜泊湖、金山、佛手山、小兴安岭石林、六峰山、珍宝岛、伊春兴安、红松林、七星峰、呼中、加格达奇
湖北	26	九峰、鹿门寺、玉泉寺、大老岭、神农架、龙门河、大口、薤山、清江、大别山、柴埠溪、潜山、八岭山、沧水、太子山、三角山、中华山、红安天台山、坪坝营、吴家山、双峰山、千佛洞、大洪山、虎爪山、五脑山、沧浪山

续表

归属地	数量（处）	国家级森林公园名称
湖南	35	张家界、神农谷、莽山、大围山、云山、九疑山、阳明山、南华山、黄山头、桃花源、天门山、天际岭、天鹅山、舜皇山、东台山、夹山寺、不二门、河洑、岣嵝峰、大云山、花岩溪、大熊山、中坡、云阳、金洞、幕阜山、百里龙山、千家峒、两江峡谷、雪峰山、五尖山、桃花江、蓝山、月岩、峰峦溪
吉林	28	净月潭、五女峰、龙湾群、白鸡峰、帽儿山、半拉山、三仙夹、大安、长白、临江、拉法山、图们江、朱雀山、图们江源、延边仙峰、官马莲花山、肇大鸡山、寒葱顶、满天星、吊水壶、露水河、通化石湖、红石、江源、鸡冠山、泉阳泉、白石山、松江河
江苏	14	虞山、上方山、徐州环城、宜兴、惠山、东吴、云台山、盱眙第一山、南山、宝华山、西山、南京紫金山、铁山寺、大阳山
江西	41	三瓜仑、庐山山南、梅岭、三百山、马祖山、灵岩洞、明月山、翠微峰、天柱峰、泰和、鹅湖山、龟峰、上清、武功山、铜钹山、鄱阳湖口、三叠泉、阁皂山、永丰、梅关、阳岭、天花井、五指峰、柘林湖、陡水湖、万安、三湾、安源、九连山、岩泉、云碧峰、景德镇、瑶里、峰山、清凉山、九岭山、岑山、五府山、军峰山、碧湖潭、怀玉山
辽宁	30	旅顺口、海棠山、大孤山、首山、凤凰山、桓仁、本溪、陨石山、天桥沟、盖州、元帅林、仙人洞、大连大赫山、长山群岛国家海岛森林公园、普兰店、大黑山、沈阳、金龙寺、本溪环城、冰砬山、猴石、千山仙人台、清原红河谷、大连天门山、三块石、章古台沙地、大连银石滩、大连西郊、医巫闾山、和睦
内蒙古	26	红山、察尔森、黑大门、海拉尔、乌拉山、乌素图、马鞍山、二龙什台、兴隆、黄岗梁、贺兰山、好森沟、额济纳胡杨、旺业甸、桦木沟、五当召、红花尔基樟子松、喇嘛山、阿尔山、达尔滨湖、莫尔道嘎、伊克萨玛、乌尔旗汉、兴安、绰源、阿里河
宁夏	4	苏峪口、六盘山、花马寺、火石寨
青海	7	坎布拉、北山、大通、群加、仙米、麦秀、哈里哈图
山东	36	崂山、抱犊崮、黄河口、昆嵛山、罗山、长岛、沂山、尼山、泰山、徂徕山、鹤伴山、孟良崮、柳埠、刘公岛、槎山、药乡、原山、灵山湾、双岛、蒙山、仰天山、伟德山、珠山、腊山、日照海滨、岠嵎山、牛山、鲁山、五莲山、莱芜华山、艾山、龙口南山、新泰莲花山、招虎山、牙山、寿阳山

续表

归属地	数量（处）	国家级森林公园名称
山西	18	五台山、天龙山、关帝山、恒山、云岗、龙泉、禹王洞、赵杲观、方山、交城山、太岳山、五老峰、老顶山、乌金山、中条山、太行峡谷、黄崖洞、管涔山
陕西	30	南宫山、王顺山、朱雀、天台山、太白山、骊山、楼观台、汉中天台、金丝大峡谷、通天河、黎坪、天华山、终南山、延安、五龙洞、木王、榆林沙漠、劳山、太平、鬼谷岭、玉华宫、千家坪、蟒头山、上坝河、黑河、洪庆山、牛背梁、天竺山、紫柏山、少华山
上海	4	佘山、东平、上海海湾、上海共青
四川	31	都江堰、剑门关、瓦屋山、高山、西岭、二滩、海螺沟、七曲山、天台山、九寨、黑竹沟、夹金山、龙苍沟、福宝、白水河、美女峰、华蓥山、五峰山、千佛山、措普、米仓山、二郎山、广元天台、镇龙山、雅克夏、天马山、空山、云湖、铁山、荷花海、凌云山
天津	1	九龙山
西藏	7	巴松湖、色季拉、玛旁雍错、班公湖、然乌湖、热振、姐德秀
新疆	14	照壁山、天池、那拉提、巩乃斯、贾登峪、白哈巴、唐布拉、奇台南山、科桑溶洞、金湖杨、巩留恰西、哈密天山、哈日图热格、乌苏佛山
云南	27	巍宝山、天星、清华洞、东山、来凤山、花鱼洞、磨盘山、龙泉、菜阳河、金殿、章凤、十八连山、鲁布格、珠江源、五峰山、钟灵山、棋盘山、灵宝山、小白龙、圭山、五老山、铜锣坝、紫金山、飞来寺、新生桥、西双版纳、宝台山
浙江	34	千岛湖、大奇山、兰亭、午潮山、富春江、紫微山、天童、雁荡山、溪口、九龙山、双龙洞、华顶、青山湖、玉苍山、钱江源、铜铃山、竹乡、花岩、龙湾潭、遂昌、五泄、双峰、石门洞、四明山、仙霞、大溪、松阳卯山、牛头山、三衢、径山（山沟沟）、南山湖、大竹海、仙居、桐庐瑶琳

三、森林公园的管理

我国《森林公园管理办法》规定，林业部主管全国森林公园工作，县级以上地方人民政府林业主管部门主管本行政区域内的森林公园工作。同时，《森林公园管理办法》第 6 条规定森林公园分为国家级、省级和市、县级三个级别，其中国家级森林公园必须具备的条件是“森林景观特别优美，人文景物比较集中，观赏、科学、文化价值高，地理位置特殊，具有一定的区域代表性，旅游服务设施齐全，有较高的知名度”。

为树立国家级森林公园形象，促进国家级森林公园规范化、标准化建设，国家林业局于 2006 年 2 月 28 日发出通知，决定自即日起启用“中国国家森林公园专用标志”，同时印发了《中国国家森林公园专用标志使用暂行办法》。中国国家森林公园专用标志为圆形，外圈图案为“中国国家森林公园”中、英文名称，内圈图案展现的是典型的春夏季森林景观：透过高大的原始针叶林可以看到远处蓝天映衬下的皑皑雪山，雪山下层峦叠嶂的苍翠青山、茂密的阔叶林和蜿蜒曲折的河流，充分展示了我国多样的森林类型和优美的森林自然风光；在林间自由飞翔的小鸟，不仅为森林增添了生机，也突出了和谐自然的森林生态环境。同时，弯曲的河流也可以看作林间小路，欢迎和引导公众走进大森林，亲近大自然，体现了森林公园为公众提供生态游憩服务的宗旨。

中国国家森林公园标志

国家林业局 2006 年 8 月 31 日下发《国家林业局关于公布首批获得中国国家森林公园专用标志使用授权的国家级森林公园名单的通知》，同意首批授权湖南张家界等 230 处国家级森林公园使用中国国家森林公园专用标志。2007 年，国家林业局下发《关于公布第二批获得中国国家森林公园专用标志使用授权的国家级森林公园名单的通知》（林场发〔2007〕151 号），公布北京西山等 114 处国家级森林公园获得第二批中国国家森林公园专用标志使用授权。

第四节　地质公园

一、地质公园的含义和类型

地质遗迹不仅是自然资源的重要组成部分，更是珍贵的、不可再生的地质自然遗产。我国的地质公园是以具有特殊地质科学意义、较高的美学观赏价值的地质遗迹为主体，并融合其他自然景观与人文景观而构成的一种独特的自然区域，是由国家行政管理部门组织专家审定，由国土资源部正式批准授牌的地质公园。

我国于1985年建立了第一个国家级地质自然保护区——“中上元古界地层剖面”（天津蓟县）。此后，地质遗迹保护区的建立得到了一定的发展。1985年11月，原地矿部在长沙召开了“首届地质自然保护区区划和科学考察工作会议”，与会代表考察了武陵源风景区，鉴于武陵源砂岩峰林地质地貌景观独特优美，提出建立“武陵源国家地质公园”的建议，在国内形成一定影响。1987年7月，原地矿部以地发〔1987〕311号文下发的《关于建立地质自然保护区规定的通知（试行）》中，把地质公园作为保护区的一种方式提了出来。1995年5月，原地矿部颁布了《地质遗迹保护管理规定》，进一步以条文形式把地质公园作为地质遗迹保护区的一种方式列入其中，但是由于种种原因，1999年以前建立的86处地质自然保护区（其中国家级12处），都不是以地质公园命名的。

联合国教科文组织“世界地质公园计划”（UNESCO Geopark Program）的提出，对中国建立地质公园体系起到了重要的推动作用。1999年4月联合国教科文组织第156次常务委员会议提出了建立地质公园计划，目标是在全球建立500个世界地质公园，其中每年拟建20个，并确定中国为建立世界地质公园计划试点国之一。同年12月，国土资源部在山东威海召开了“全国地质地貌保护会议”，传达了联合国要开展世界地质公园计划的信息，引起了与会代表的极大关注。

2000年我国开始实施国家地质公园计划后，2001年，国土资源部批准公布了我国第一批国家地质公园11处，之后又分别于2002年、2004年、2005年公布了127处国家地质公园。至2008年年底，我国共批准建立138处国家地质公园，其中20处分别于2004年、2005年、2006年和2008年被联合国教科文组织批准为世界地质公园。

在地质公园的分类问题上，国家尚未出台有关法规或文件。我国很多学者在研究地质公园建设历史和现状的基础上对我国国家地质公园的类型划分提出了自己的见解，如有的学者提出，根据地质公园的功能，可以将其分为科研科考型地质公园和审美观光型地质公园。

二、国家级地质公园的分布

由于受地质遗迹这一必要条件的限制，与风景名胜区、自然保护区、森林公园相比，国家地质公园的数量相对较少。至2008年年底，我国大陆地区已批准建立138处国家级地质公园，分布于大陆地区的31个省、直辖市和自治区。从单个省份来看，批准建立国家地质公园最多的省份为四川，共12处，国家地质公园数量在10个以上的仅四川省和河南省（11处）。现将已批准建立的四批国家地质公园进行统计，见表5-6（按归属地汉语拼音字母顺序排列）。

表 5-6　　**国家地质公园概况**

归属地	数量	国家地质公园名称
安徽	7	黄山、齐云山、浮山、淮南八公山、祁门牯牛降、大别山（六安）地质公园、天柱山
北京	3	北京石花洞、北京十渡、北京延庆硅化木
重庆	3	武隆岩溶、黔江小南海、云阳龙缸
福建	8	漳州滨海火山、大金湖、晋江深沪湾、福鼎太姥山、宁化天鹅洞群、屏南白水洋、永安桃源洞、德化石牛山
甘肃	4	敦煌雅丹、刘家峡恐龙、景泰黄河石林、平凉崆峒山
广东	7	丹霞山、湛江湖光岩、佛山西樵山、阳春凌霄岩、恩平地热、封开、深圳大鹏半岛
广西	5	资源丹霞、乐业县天坑群、北海涠洲岛火山、凤山喀斯特地貌、鹿寨香桥
贵州	6	关岭化石群、兴义、织金洞、绥阳双河洞、六盘水乌蒙山、平塘
海南	1	海口石山火山群
河北	7	涞源白石山、秦皇岛柳江、阜平天生桥、涞水野三坡、赞皇嶂石岩、临城、武安
河南	11	嵩山、焦作云台山、内乡宝天幔、王屋山、西峡伏牛山、驻马店嵖岈山河南关山、黄河、洛宁神灵寨、洛阳黛眉山、信阳金刚台
黑龙江	5	五大连池、嘉荫恐龙、伊春花岗岩石林、镜泊湖、兴凯湖
湖北	4	长江三峡、木兰山、神农架、郧县恐龙蛋化石群
湖南	6	张家界、郴州飞天山、莨山、凤凰、古丈红石林、酒埠江
吉林	1	靖宇火山矿泉群
江苏	2	苏州太湖西山、六合
江西	4	庐山、龙虎山、三清山、武功山
辽宁	4	朝阳鸟化石、本溪、大连冰峪、大连海滨
内蒙古	3	赤峰市克什克腾、阿尔山、阿拉善沙漠
宁夏	1	西吉火石寨
青海	4	尖扎坎布拉、互助嘉定、久治年宝玉则、昆仑山
山东	6	山旺、枣庄熊耳山、东营黄河三角洲、长山列岛、沂蒙山、泰山
山西	4	黄河壶口瀑布、壶关太行山大峡谷、宁武万年冰洞、五台山
陕西	3	翠华山山崩、洛川黄土、延川黄河蛇曲

续表

归属地	数量	国家地质公园名称
上海	1	上海崇明长江三角洲
四川	12	自贡恐龙、龙门山、海螺沟、大渡河峡谷、安县生物礁—岩溶、九寨沟、黄龙 、兴文石海、华蓥山、江油、射洪硅化木、四姑娘山
天津	1	天津蓟县
西藏	2	易贡、札达土林
新疆	3	布尔津喀纳斯湖、奇台硅化木—恐龙、富蕴可可托海
云南	6	石林、澄江动物化石群、腾冲火山、禄丰恐龙、玉龙黎明—老君山、大理苍山
浙江	4	常山、临海、雁荡山、新昌硅化木

（注：黄河壶口瀑布国家地质公园地跨山西和陕西两省；长江三峡国家地质公园地跨湖北和重庆两省。）

三、地质公园的管理

在“世界地质公园计划”的推动下，国土资源部环境司于2000年3月向国土资源部提出了开展国家地质公园工作的报告，从2000年起在全国组织实施国家地质公园计划。2000年8月，国土资源部下发了《关于国家地质遗迹（地质公园）领导小组机构及人员组成的通知》（国土资厅发〔2000〕68号），正式成立了“国家地质遗迹保护（地质公园）领导小组”，财政部、国家环保总局、中国地质调查局、国家旅游局、国土资源部、中国地质科学院、中国地质学会等部门的15位司长级领导为小组成员，领导小组下设办公室，同时成立了国家地质遗迹（地质公园）评审委员会。2000年9月，国土资源部又下发了《关于申报国家地质公园的通知》（国土资厅发〔2000〕77号），详细规定了国家地质公园申报、评审、批准等一系列工作的要求和内容，使中国国家地质公园从开始建立就步入规范化道路。

1995年颁布的《地质遗迹保护管理规定》指出，地质遗迹是“在地球演化的漫长地质历史时期，由于各种内外动力地质作用，形成、发展并遗留下来的珍贵的、不可再生的地质自然遗产”。对具有国际、国内和区域性典型意义的地质遗迹，可建立国家级、省级、县级地质遗迹保护段、地质遗迹保护点或地质公园。对其还可以理解为，地质公园是以具有特殊地质科学意义，稀有的自然属性、较高的美学观赏价值，以具有一定规模和分布范围的地质遗迹景观为主体，并融合其他自然景观与人文景观而构成的一种独特的自然区域。

我国《地质遗迹保护管理规定》规定，国务院地质矿产行政主管部门在国务院环境保护行政主管部门协助下，对全国地质遗迹保护实施监督管理。县级以上人民政府地质矿产行政主管部门在同级环境保护行政主管部门协助下，对本辖区内的地质遗迹保护实施监督管理。同时，还规定我国的地质公园实行分级制度。1995年《地质遗迹保护管理规定》规定我国的地质公园有国家级、省级、县级三个级别。其中，国家级地质公园应是“能为一个大区域甚至全球演化过程中某一重大地质历史事件或演化阶段提供重要地质证据的地质遗迹，具有国际或国内大区域地层（构造）对比意义的典型剖面、化石及产地，或者具有国际或国内典型地学意义的地质景观或现象”。

我国的国家地质公园也采用了相应的徽志。

中国国家地质公园徽志

中国国家地质公园的徽志为正圆形，圆徽上缘半圆为“中国国家地质公园”，下缘半圆为英文“NATIONAL GEOPARK OF CHINA”。中间以中国特色的象形字“山”、“水”及恐龙组成，它代表着构成地质公园的基本要素：山、水、涧、地质、构造、古生物等。圆徽庄重大方，形简意赅。

第五节　案例赏析：普达措国家公园

香格里拉普达措国家公园位于云南省迪庆藏族自治州香格里拉县东22公里处，2007年正式开放。“普达措”藏语意为神助乘舟到达湖的彼岸。普达措现以碧塔海和属都湖为主要组成部分，海拔在3500~4000米之间，属省级自然保护区，是“三江并流”风景名胜区的重要组成部分。规划区管理总面积1313平方公里，按七大板块进行开发，目前开发出来的面积仅占总面积的3‰。公园拥有地质地貌、湖泊湿地、森林草甸、河谷溪流、珍稀动植物等，原始生态环境保存完好。

碧塔海、属都湖两个美丽的淡水湖泊素有“高原明珠”之称。“碧塔”在藏语中是“栎树繁盛的地方”。碧塔海位于中甸县城东25公里处的高山峻岭中，四周群山环抱，林木苍翠，雪峰连绵，它是藏族人民心目中的“神山圣水”，其神奇宏伟的自然山水风光，显现了藏传佛教中的“吉祥八宝”和众生颂扬佛经的景象。碧塔海为断层构造湖，湖面呈海螺形状，长约3公里，宽约1公里，海拔3504米，水深40米，面积60公顷。湖的四周生长着浓密的杜鹃花林，每年杜鹃花盛开的季节，花瓣落入湖水，被鱼误食，不时有一条条鱼被醉倒，白色鱼肚皮漂浮在杜鹃花之中，随波荡漾，形成“杜鹃醉鱼”的奇观。而“湖中之岛”则构成了碧塔海的另一景致。碧塔海由四周山上流下的涓涓细流汇成，水清如镜，恬静安谧。湖中有一孤岛。乘船至岛上，小岛路径曲幽，芳草袭人，花香鸟语，一片天籁之音，使人想起蓬莱仙岛。

碧塔海（周耀林　摄）

“属”藏语为奶酪，“都”意为石头。传说古代有一位高僧云游到此，牧民给他供奉奶酪，他见属多岗湖牛场的奶酪很结实，如同石头一样，大喜，于是祈愿道：“愿这里的奶酪永远如同石头一样的结实”，“属都”由此得名。属都湖距香格里拉县县城35公里，海拔3705米，水面积约15平方公里，是全县最大的湖泊之一。湖水清澈透亮，湖中盛产“属都裂腹鱼”，鱼身金黄，腹部有一条裂纹，鱼肉细腻鲜美。湖上还栖息着大量的野鸭、水葫芦、黄鸭等飞禽。湖的四周则青山郁郁，原始森林遮天蔽日。湖东面成片的白桦林，秋天一片金黄。山中云杉、冷杉高大粗壮，直指云霄，树冠浓绿茂密，可遮风避雨。林中栖息着麝、熊、豹、金猫、毛冠鹿、藏马鸡等多种珍禽异兽。

属都湖畔是中甸有名的牧场，这里草场广阔，水草丰茂，每年春夏之际，成群的牛羊游弋于湖畔，牧棚星星点点，置身湖畔，背负青山，面临绿水，牛群点点黔黑，牧笛声声入耳。沿着湖面在一圈木头栈道上漫步，让人深切地感受到高原人闲放、悠游的生活情趣。

普达措景区雨量充沛、气候宜人。有时云天飘渺，时隐时现，宛如仙境；有时则云海茫茫，有如腾云驾雾一般，情趣异常。这样的自然条件，使得植物生长茂盛，植被丰富，俨然就是一个天然的植物园。此外，还有多处断层崖、林间小涧、深沟峡谷等一些独特小景交错分布，具有极高的地理科学价值与旅游观赏价值。

属都湖（周耀林　摄）

高山草甸（周耀林　摄）

湿地植被（周耀林　摄）

复习与思考

1. 如何理解自然遗产的概念？

2. 中国自然遗产主要类型有哪些？

3. 风景名胜区、自然保护区、森林公园、地质公园四者之间的关系是怎样的？

4. 简述国家级风景名胜区、国家级自然保护区、国家森林公园、国家地质公园的分布情况以及特点。

5. 如何认识我国国家自然遗产管理的特点？

6. 普达措国家公园的美学价值表现在哪些方面？

第六章
大　遗　址

本章要点

1. 大遗址的概念
2. 大遗址的特点
3. 大遗址的分类
4. 大遗址面临的威胁
5. 大遗址保护的意义
6. 百处大遗址名单
7. 金沙遗址

关键词　大遗址　特点　分类　保护　百处大遗址名单　金沙遗址

我国是一个具有五千多年历史的文明古国，在漫长的历史进程中，中华文明经历了兴衰更替、不断迁徙的过程，留下了众多的遗址。这些遗址构成了我国文物古迹的主体，见证了中华民族辉煌的历史及其对世界各国文明与进步产生的巨大影响。因此，遗址最能体现我国历史文明的特色和优势，是中华民族优秀的文化遗产。

第一节　大遗址概述

“大遗址”是我国文物工作者根据文化的特征及其保护与管理工作的实际需要而提出的重要概念。我国大遗址起讫年代久远、分布地域广阔、气魄宏大、埋藏丰富，综合并直接体现了中华民族文明的起源、形成和发展，是我国几千年文明史的重要载体，也是我国文化遗产资源的精髓。

一、什么是大遗址

大遗址的概念是我国独有的，反映了现代中国保存的历史文化遗产的基本特色。大遗址的概念最初由苏秉琦在20世纪80年代提出。20世纪90年代初，在河北省秦皇岛市南戴河首次召开了关于大遗址的会议，提出了什么是大遗址，如何从遗址中划分出大遗址以及大遗址保护等诸多议题。1997年，国务院在《关于加强和改善文物工作的通知》中，正式对“大遗址保护”这一概念进行了规范。

什么是“大遗址”？通常把占地面积在5平方公里以上的范围较大、有居民生活、具有较高历史文化价值的、不可移动的地下文物遗迹称为大遗址。《“十一五”期间大遗址保护总体规划》中将“大遗址”表述为：“主要包括反映中国古代历史各个发展阶段涉及政治、宗教、军事、科技、工业、农业、建筑、交通、水利等方面历史文化信息，具有规模宏大、价值重大、影响深远的大型聚落、城址、宫室、陵寝、墓葬等遗址、遗址群。”

综上所述，大遗址是指年代跨度长、占地面积广、价值重大，在文明发展历程中具有特殊或重大意义，具有资源优势转换内在潜力的大型遗址或遗址群，主要包括大型聚落遗址、古城址、陵墓群等。

二、大遗址的特点

大遗址不是文物分类意义上的大型古遗址、古墓葬或大型古文化遗址的简称。它不仅包括上述单位个体，更包括与地理环境相关联的遗址及包含有文物、建筑群的遗址的群体综合系统，是文化意义上的完整体现。

大遗址的特点主要体现在以下几个方面：

① 由遗存及其相关环境组成；

② 一般在我国考古学文化上年代跨度长、规模较大、文化遗产价值突出，在古代文明发展历程中具有特殊或具有重大意义或在我国历史上占有政治、经济、文化、军事重要地位；

③ 范围广泛，包括原始聚落、古代都城、宫殿、陵墓和墓葬群、宗教遗址、水利设施遗址、交通设施遗址、军事设施遗址、手工业遗址、其它建筑遗迹等；

④ 通常占地面积在5平方公里以上，面积通常有几十万平方米、几百万平方米，甚至几十平方公里、几百平方公里，例如长城、古运河、秦始皇陵、楼兰遗址、殷墟、汉长安城遗址和良渚遗址等。

国家有关部门根据大遗址的密集程度、重要程度、专家认知程度和文化的关联性等，确定了我国大遗址相对集中的四大文化片区。这四大文化片区分别是：洛阳文化片区、新疆吐鲁番片区、西安周原片区、吉林集安沿渤海湾片区，它们集中体现了大遗址的特点。

三、大遗址的分类

我国目前所界定的大遗址种类繁多，包括大的聚落遗址、城址、墓葬、陵寝、寺庙基址及窑址等多种类型。根据我国大遗址的历史文化内涵，大致可分为以下八大类型：

1. 原始聚落和猿人化石遗址

原始聚落和猿人化石遗址一般存在于与古河流相接的冲积平原地带，主要包括新石器时代、旧石器时代以及远古时代的人类遗址与遗迹。例如丁村遗址、元谋猿人遗址、蓝田猿人遗址、周口店遗址、良渚遗址、河姆渡遗址、万寿岩遗址、大汶口遗址、大地湾遗址、屈家岭遗址等。

原始聚落和猿人化石遗址的特点是：①时间跨度较长，从3000年前的仰韶村遗址、5000年前的大地湾遗址，到2万年前的北京山顶洞遗址，向上可以追溯到几十万年以前的泥河湾遗址。②是先民的重要居住活动场所，能够代表当时建筑及社会发展的水平。③单体面积较小，分布面积较广，大部分遗址观赏性较差。④部分遗址虽上部结构已毁，但基址部分保存较好，具有极高的建筑成就，如大地湾遗址。⑤文献材料较少，考古资料可相互佐证。

2. 古代都城遗址

从春秋战国时期的诸侯国都到晚期的城市遗址，从江南吴越城址到丝绸古城，各类古城遗址遍布全国，典型的例子有二里头遗址、安阳殷墟、郑州商城遗址、临淄齐国故城、曲阜鲁国故城、赵国邯郸故城、燕下都遗址、秦咸阳城遗址、汉长安城遗址、汉魏洛阳城遗址、隋唐洛阳城遗址、交河故城、高昌故城、楼兰遗址、扬州城遗址、北宋东京城遗址、辽上京城遗址、元上都遗址、明中都皇城遗址等。

古代都城遗址的特点是：①它们都是当时地域政治、经济、文化的中心；②虽然平面布局有所不同，但都体现了一定的规划思想，尤其是王城都体现了以宫城为主体的规划思想。

3. 古墓和墓葬群

我国古代朝权更替频繁，各类墓穴和墓群散布在各个风水绝佳之处，这些陵墓遗存至今成为大遗址的重要组成部分。这类遗址包括陕西秦始皇陵、西汉帝陵、唐代帝陵、宋代帝陵、成吉思汗陵、西夏陵、明代帝陵、清代帝陵、印山越国王陵、汉楚王墓群、广西合浦汉墓、广西靖江王陵、四川安丙家族墓地、纪山楚墓群、阿斯塔那古墓群、李家山古墓群等。

4. 手工业遗址

各类作坊遗址代表了不同时期我国手工业的发展水平，具有重要的科研价值。这类遗址涉及范围较广，目前公布为国家重点文物保护单位的作坊遗址以陶瓷窑类遗址较多，例如铜绿山古铜矿遗址、铜陵古铜矿遗址、河北定窑遗址、河南汝窑遗址、陕西耀州窑遗址、上林湖越窑遗址、寿州窑遗址、长沙窑遗址、钧台钧窑遗址、龙泉窑遗址、古荥阳冶铁遗址等。

5. 军事设施遗址

军事设施遗址有长城、玉门关烽燧遗址、孔雀河烽燧群遗址等。自春秋战国时期各诸侯国开始修筑长城，到明长城，我国累计修筑长城 10 万余里，长城遗址遍布我国北方地区。不同地段的长城采用了不同材料、不同的修筑方式和工程做法，体现了古代先民高超的建筑水平。另外，壕沟、烽燧等军事设施与城墙一起形成了完备的军事防御体系，是军事研究的重要实物资料。

6. 交通和水利设施遗址

代表性的交通和水利设施遗址主要有郑国渠遗址、都江堰遗址、大运河遗址等。

7. 宗教遗址

这类遗址分布较广泛，涉及儒、释、道三教及边疆少数民族宗教信仰场所遗迹等。例如龙门石窟、敦煌莫高窟、大足石窟、云冈石窟等。

8. 其他建筑和设施遗迹

其他建筑和设施遗迹包括北京的圆明园遗址、西安华清宫遗址、西安大明宫遗址、北戴河秦行宫遗址等。

第二节　大遗址保护

大遗址作为古代文化遗产的重要组成部分，包含极为丰富的遗迹和遗物，蕴藏着极为重要的历史文化信息，同时，大遗址又具有不可再生的特点，任何形式的破坏都将造成不可挽回的损失。

一、大遗址面临的威胁

我国大遗址的遗存本体主要以土遗址为主要存在形式。所谓土遗址，是指遗存本体为土质的遗址。由于土遗址的承载力和防水能力十分有限，加之绝大部分大遗址都有着上千年的历史，遗址本体非常脆弱。它们和众多文物保护单位一样，所面临的威胁一方面来自自然力的破坏，另一方面来自人为的破坏。其中，自然因素对大遗址的影响主要有洪水、地震、水土流失、风化、冰冻、雨水、坍塌、环境污染等的侵蚀和破坏。和自然破坏因素相比较，人为破坏是大遗址保护面临的最大威胁。这些人为破坏因素主要表现在以下几个方面：

1. 城乡建设发展带来的破坏

随着经济建设步伐的加快，国家基本建设工程对大遗址的占用如高速公路、铁路等，特别是未经前期选址研究、论证审批和采取保护措施的大中型基础性建设项目，造成了大遗址的破坏。例如，西安的阿房宫遗址、河南新郑的郑韩故城和四川的三星堆遗址都遭公路建设的破坏。城市大规模的迅猛的开发建设和旧城改造给大遗址保护带来了更为严重的“建设性破坏”，尤其是现代城市叠压、半叠压或逼近的大遗址，遗址内人口密度大、增长快，迅速城市化的程度严重，大遗址遭受破坏的程度最大，如郑州的商城遗址、洛阳的隋唐东都遗址、西安的唐长安城和大明宫遗址、扬州的唐宋城遗址和开封的北宋东京城遗址。

2. 农业生产生活活动带来的破坏

地处农村的大遗址，因农民生产生活而涉及的动土活动，使遗址遭到极其严重的破坏。如大面积的农田水利建设，大量建筑和基址在土地平整中被毁坏。遗址所在地群众日常生活对遗址造成的破坏，如宅基地改建、扩建、用土取土、生产、生活垃圾堆放等。乡镇企业发展、日常农业生产生活活动、占地、取土、开山、建房，甚至耕作、开荒、植树，都对处于农村腹地的大遗址造成冲击与威胁，如陕西的周原遗址、汉长安城遗址、汉魏洛阳城遗址、山东的齐故城遗址和浙江良渚遗址等都是如此。

3. 不科学、不合理的开发

一些地方政府为了发展旅游经济，不科学、不合理地利用大遗址和过度开发商业、旅游业，不顾文物的承受力急功近利地开发利用，在文物景点和景区内兴建各种商业设施、娱乐设施和营运设施，严重污染或破坏了大遗址的环境，甚至对文物本体构成严重威胁。例如，20 世纪末 21 世纪初陕西的秦始皇陵、阳陵以及北京长城的旅游开发等。这种盲目地对大遗址搞旅游开发的做法严重破坏了遗址的本体及其环境风貌，不利于大遗址的保护，也损害了遗产的长远经济利益和社会利益。

4. 文物盗掘、劫掠活动带来的破坏

我国所有较为著名的大遗址都或多或少地遭到了不法分子的疯狂盗掘和劫掠，如出土精美玉器的江浙一带的良渚文化墓葬、出土彩陶的甘青地区的古墓葬、出土各类艺术珍品的商周至汉唐的墓葬、赤峰及周边的辽墓等。不仅精美文物流失，而且大量遗迹及景观遭到破坏。有时候，作为一些遗址重要组成部分的田野石刻，甚至一些寺庙塑像也惨遭洗劫。

二、大遗址保护现状与问题

我国重视大遗址保护是近十年来的事情。“十一五”期间，国家提出加强世界文化遗产、大遗址、历史文化名城（街区、村镇）和文物保护单位的保护管理，编制完成了 100 处重要大遗址总体保护规划纲要，并设立大遗址保护专项经费，加大了对大遗址保护的工作力度。特别是自 2005 年全面启动大遗址保护工作以来，在政府主导、社会参与之下，大遗址保护形成了以长城、大运河、丝绸之路、西安片区、洛阳片区“三线两片”为核心、100 处重要大遗址为重要节点的基本格局。

尽管如此，随着我国经济社会的高速发展，城市化进程的加快，城市用地急剧扩张，位于城市中的大遗址被不断蚕食，以前处于城市边缘的部分大遗址也逐渐被纳入城市用地范围。与此同时，位于城市中的大遗址由于同工厂企业、民宅等混杂在一起，人类活动造成的各种污染对大遗址及周边环境造成严重的破坏，这些都是大遗址保护亟待解决的难题。

归纳起来，上述问题的形成主要源于以下几方面的原因：

1. 认识不足

长期以来，大遗址保护一直未得到各级政府应有的重视，部分地方的领导干部对包括大遗址在内的文化遗产保护工作的重要性和紧迫性仍认识不足。地方政府片面认为大遗址保护是文物部门或建筑部门等个别职能部门的责任，地方政府没有在这项工作中发挥核心主导作用，因此，往往忽视大遗址的保护，更不愿投入资金。特别是由于曲解了大遗址保护的核心在于“保护”，由此产生了大遗址保护与城市建设之间的矛盾。重利用轻保护，重开发轻管理，导致遗址的真实性、完整性遭到破坏。

2. 政策缺失

大遗址保护规划涉及面广，情况复杂，不仅仅是一个资金投入的问题，还牵涉到人口调控、征地、移民、拆迁、环境整治、土地利用调整、经济结构调整、产业结构调整等多方面的问题，牵涉到众多部门和各方面利益的平衡与协调问题。同时，国家也缺少专项配套政策支持。

3. 规划工作滞后

截至2006年，国务院先后公布了6批2351处全国重点文物保护单位，其中古遗址、古墓葬达710处。进一步地统计发现，基本符合大遗址标准的遗存为583处，约占总量的1/4。这些遗址中，已完成保护规划的大遗址仅40余处，不到总量的2%。这表明，大遗址保护规划工作严重滞后，影响了保护工作的顺利开展。

4. 法律体系不健全

文物保护工作中遇到的大量棘手的问题，很多是法律法规不配套引起的，有的虽有原则性规定，但条款尚不细化，缺乏可操作性。因此，当前迫切需要加强立法，使大遗址保护工作做到“有法可依”。

5. 人才支撑乏力

大遗址保护涉及范围非常广泛，它包括考古学、历史学、建筑学、规划学、生态环境学、人类学、地质学、植物学、文物学、博物馆学、传播学、展示学、旅游学、材料科学、文物保护技术、航拍和遥感技术，以及国家有关法律、国际文物保护公约等方面的内容，因此，多学科研究在大遗址保护规划的编制中显得尤为突出和重要。目前，我国严重缺乏大遗址保护所需的复合型人才，这直接影响了我国的大遗址保护。

6. 保护资金有限

大遗址保护规划不仅需要投入征地、移民、拆迁、环境整治、土地利用调整、产业结构调整、农居点改建和市政设施建设方面的费用，而且还有保护设施、展示设施和本体保护方面的费用。全国重点文物保护单位和省级文物保护单位中大遗址有2000多处，要做好这些大遗址的保护规划需要很大一笔资金，仅靠目前的资金投入规模是远远不够的。例如，吉林集安高句丽遗址保护规划共投入2.8亿元，其中15万平方米的搬迁费用占了1.5亿元，本体保护花了6000~8000万元；秦始皇陵保护规划预算5.7亿元；良渚遗址保护规划预算达17亿元。

7. 保护展示模式单一

长期以来，我国大遗址保护的理念基本停留在博物馆式的静态保护层面，例如，河姆渡博物馆、秦兵马俑博物馆、印山大墓和老山汉墓等均采用大屋顶博物馆式陈列展示方式。这种静态的规划形式、单一的保护模式势必影响大遗址保护工作，不能满足文物保护不断发展的客观需求，因此，需要在保护展示模式方面进行新的探索。

三、大遗址保护基本原则与措施

《“大遗址”保护“十五”计划》、《“十一五”期间大遗址保护总体规划》中，对于大遗址保护的基本原则和措施进行了系统的阐述。

（一）大遗址保护的原则

《“十一五”期间大遗址保护总体规划》提出了大遗址保护的基本原则：

① 坚持把握长远利益和当前利益、全局利益与局部利益关系的原则；

② 坚持既有利于文物保护、又有利于经济建设和提高人民群众生活质量的原则；

③ 坚持中央主导、地方配套、统筹规划、集中资金、重点投入、注重实效的原则；

④ 坚持规划先行、突出重点、分步实施、侧重本体、优先展示的原则。

大遗址保护属于文物保护范畴，应以《中华人民共和国文物保护法》为最高保护准则。“修旧如旧，保护原貌”是文物保护一个总的原则。“有效保护、合理利用”原则是针对大遗址保护与利用关系的普适原则。

大遗址保护及其规划的基本原则应该是：坚持统筹规划，突出重点，量力而行，分步实施，优先保护世界级和国家级的、面临威胁或破坏最严重的大遗址，力争在短期内有所突破；坚持按客观规律办事，从实际出发，讲求实效，采取维护保养措施、农艺措施和工程措施相结合，各种措施科学配置，发挥综合治理效益；坚持依法保护大遗址；依靠科技进步，加快建设进程；坚持抢救保护与连带展示并举，并纳入土地利用和城乡建设的总体规划；坚持把大遗址保护展示与产业调整、特色旅游生态农业、区域经济、安居工程、城乡绿化、农民脱贫致富相结合；坚持发挥政府职能，依靠广大群众，广泛动员全社会力量共同参与，以公益性投入为主导，建立多元化投入机制。

（二）大遗址保护的措施

1. 加强法制建设，依法保护大遗址，完善保护规划

加强大遗址保护的立法及有关政策、制度的制定与出台；健全配套管理机制，加强执行力度；完善规划制定与审批程序。同时，地方政府应及时出台地方性的行政规章和法规性文件，使有关文物保护方面的法规建设更加科学化、法制化、规范化。明确大遗址保护规划的法律地位，保障规划的实际执行力，加强对保护规划执行的监督。

2. 健全大遗址保护管理体系建设

建立和健全大遗址保护管理体系，形成包括法规体系、规划和工程设计规范体系、管理体系、监测评估体系和安防体系在内的大遗址保护综合管理体系。

3. 做好大遗址的考古调查、勘探和发掘工作，为大遗址保护奠定学术基础

大遗址保护的实践表明，科学的考古调查、勘探和发掘是大遗址保护的前提和学术基础。为此，首先要认真做好主动性发掘，为大遗址保护提供学术支持。其次要积极配合基础建设，开展大遗址抢救性发掘工作，确保重点，放弃一般，以避免城乡建设、基础设施建设以及农业生产活动对大遗址造成严重破坏，使对遗址的损坏尽量减少到最低限度，为大遗址保护提供直接服务。再次，适时进行保护性发掘，弄清遗址的性质、内涵、价值、遗迹的分布、保存状况等，为大遗址保护规划的编制和实施提供帮助。

4. 加强大遗址保护的理论研究和技术研究

加强大遗址保护的理论研究包括评价体系问题、保护规划与总体控制问题、遗址规划定量分析等方面的内容；技术研究包括保护措施、保护技术和方法、工程管理、保护规划技术标准或指标体系、保护工艺和材料等方面的内容。此外，还应注意更新规划理论，着手动态规划理论的研究。

5. 培养大遗址保护规划专业人才，为大遗址保护构筑人才平台

要做好我国大遗址保护规划工作，必须要有一支训练有素、熟悉大遗址保护规划工作的专业队伍。但是，目前国内真正有能力做大遗址保护规划工作的专业队伍并不多，国家文物局仅中国文化遗产研究院一家。此外，比较专业的还有中国建筑设计研究院历史研究所。为了做好我国的大遗址保护规划工作，迫切需要规范并完善对大遗址保护规划机构的管理，建立专门的机构资格认证体系和专业执业标准，以加强对大遗址保护规划工作专业人才的培训。

6. 加大宣传力度，更新保护观念

大力宣传《中华人民共和国文物保护法》，提高各级行政领导对文物保护工作的认识和依法行政的自觉性，使之重视文物保护工作，不要以言代法，正确处理经济建设、社会发展和文物保护的关系，确保文物保护工作的顺利进行，做到经济、政治、文化的协调发展。应努力提高人们的大遗址保护意识，努力提高人们对保护历史遗产的认识。采取各种宣传教育手段，激发与培养群众对遗址及景观的尊重，普及保护法规和科学知识。采取各种办法保护和展示大遗址规模、形状、布局以及出土文物、遗迹和资料等。

7. 借助观光旅游发展保护、建设遗址保卫设施

各地需要结合本地区大遗址的具体情况，在不破坏大遗址原貌的前提下，科学有序的开发大遗址旅游资源，为遗址配置各类防护设备，强化治安、警卫，杜绝盗掘、盗掠犯罪活动，做到保护与开发并重，在开发中强调保护。

第三节　全国百处大遗址

我国的大遗址具有地域分布广、时间跨度长的特点。地域分布很广，如长江流域河姆渡遗址，中原地区的大河村遗址，蜿蜒北部的长城，西北苍茫戈壁上的关城、烽燧，新疆的交河、尼雅遗址；历史跨度较长，从石器时期至近代，上下万余年的历史。目前，在2351处全国重点文物保护单位中，属于大遗址的约有500余处，约占总数的1/4,其中一部分是世界文化遗产或作为世界文化遗产的重要组成部分。

为了加强对大遗址保护工作的指导与管理，推进大遗址保护工作规范、有序地开展，国家文物局和国家财政部联合编制了《“十一五”期间大遗址保护总体规划》，规划范围为“十一五”期间大遗址保护项目库的100处重要大遗址。总体看来，这100处重要大遗址大部分分布在全国各省、自治区和直辖市，也有的大遗址为多数省、自治区和直辖市共同拥有。

一、各省、自治区、直辖市的重要大遗址

各省、自治区、直辖市的重要大遗址有（按归属地汉语拼音字母顺序排列）：

1. 安徽：尉迟寺遗址、凌家滩遗址
2. 北京：周口店遗址、圆明园遗址、琉璃河遗址
3. 福建：万寿岩遗址、屈斗宫德化窑遗址、崇安汉城
4. 甘肃：大地湾遗址、许三湾城及墓葬群
5. 广东：南越国官署遗址
6. 广西：靖江王府及王陵、合浦汉墓群
7. 河北：赵邯郸古城、定窑遗址、邺城遗址、燕下都遗址、泥河湾遗址群、磁县北朝墓群
8. 河南：二里头遗址、偃师商城遗址、汉魏洛阳故城、隋唐洛阳城遗址、殷墟遗址、郑韩故城、古城寨城址、北阳平遗址群、郑州商代遗址、黄冶三彩窑址、宋陵、清凉寺汝官窑遗址、邙山陵墓群、三杨庄遗址
9. 黑龙江：渤海国上京龙泉府遗址、金上京会宁府遗址
10. 湖北：石家河遗址、楚纪南故城、盘龙城遗址、京山屈家岭遗址、龙湾遗址
11. 湖南：城头山遗址、里耶遗址、铜官窑遗址
12. 吉林：渤海中京城遗址、高句丽王城王陵及贵族墓葬（含辽宁桓仁五女山山城）
13. 江苏：扬州城遗址、鸿山墓地
14. 江西：吴城遗址、湖田窑遗址、景德镇御窑遗址
15. 辽宁：牛河梁遗址、姜女石遗址、凤凰山城
16. 内蒙古：辽上京遗址、元上都遗址、辽陵及奉陵邑、居延遗址
17. 宁夏：西夏陵、水洞沟遗址
18. 青海：喇家遗址、热水吐蕃墓群
19. 山东：临淄齐国故城、两城镇遗址、城子崖遗址、桐林遗址、大辛庄遗址、曲阜鲁国故城
20. 山西：陶寺遗址、侯马晋国遗址、天马—曲村遗址、晋阳古城遗址
21. 陕西：秦咸阳城遗址、周原遗址、阿房宫遗址、汉长安城遗址、大明宫遗址、秦始皇陵、姜寨遗址、秦雍城遗址、周公庙遗址、西汉帝陵（含阳陵）、唐代帝陵、统万城遗址、黄堡镇耀州窑遗址
22. 四川：三星堆遗址、金沙遗址、成都古蜀船棺合葬墓、邛窑
23. 西藏：古格王国遗址、藏王墓
24. 新疆：丝绸之路新疆段
25. 云南：太和城遗址、石寨山古墓群
26. 浙江：良渚遗址、上林湖越窑遗址、大窑龙泉窑遗址、临安城遗址

二、跨省、自治区、直辖市的重要大遗址

1. 长城（北京、天津、河北、山西、内蒙古、辽宁、山东、河南、陕西、甘肃、宁夏、新疆）

2. 大运河（北京、天津、河北、江苏、浙江、安徽、山东、河南）

3. 秦直道（内蒙古、陕西、甘肃）

第四节　案例赏析：金沙遗址

金沙遗址位于成都平原的东南边缘地带、成都市区的西北部。已探明，金沙遗址面积5平方公里以上，从商代晚期延续至春秋中期，是一处大型的商周时期蜀文化中心遗址，可能是古蜀国的又一都邑所在。遗址范围地势平坦，起伏较小，遗址内及周围河流较多，摸底河更是在遗址内蜿蜒东流，将遗址分为南北两半。

金沙遗址于2001年初开发蜀风花园大街工地时首次被发现，随即考古工作者进行了考古发掘，发掘面积达10余万平方米，发现各类遗迹3000余个，出土了大量的珍贵文物。考古工作者根据考古学对遗址命名的基本原则，将包括黄忠村在内的这一区域的商周时期遗址统一命名为“金沙遗址”。

金沙遗址保护区全景（李绪成、李升、张擎　摄）

现有的勘探和考古发掘成果表明，遗址内重要遗存主要有大型建筑基址区、宗教祭祀活动区、一般居址区和墓地等。

大型建筑基址：位于金沙遗址东北部，是一处由8座房址组成的大型宫殿建筑，由门房、厢房、前庭、殿堂构成，总长90米，宽50余米，总面积约5000平方米，这是我国西南地区发现的先秦时期最大的一座建筑。该建筑采用木骨泥墙式构筑墙体，在主体建筑外建有廊庑等附属建筑，在空间结构上，采用“前朝后寝”的复合四合院式布

局，单体建筑的规模大小相当，面积大多在100~500平方米之间。

大型建筑基址全景图（李绪成、李升、张擎 摄）

宗教祭祀场所：位于遗址东南部，面积约15000平方米。发现了与祭祀活动相关的遗迹63个，出土金器、青铜器、玉器、石器等珍贵文物6000余件，众多的象牙和数以万计的陶器、陶片等。

象牙坑考古（李绪成、李升、张擎 摄）

一般居住址：主要位于遗址中部和中南部，发现了70余座，分布在10多个居住区。在房址周边分布有水井、生活废弃物的灰坑、烧制陶器的陶窑等遗迹。

墓地：已发现集中的墓地 3 处，共有墓葬 2000 余座。主要是竖穴土坑墓和船棺墓。大部分没有随葬品，一般随葬也只是一些陶器，极少数墓葬有较多的铜器和玉器等。

在金沙遗址出土的 1000 多件精美文物中，有金器 30 余件、玉器和铜器各 400 余件、石器 170 件、象牙器 40 余件，出土象牙总重量近 1 吨，此外还有大量的陶器出土。在出土的金器中，有金面具、金带、圆形金饰、喇叭形金饰等 30 多件，其中金面具与广汉三星堆的青铜面具在造型风格上基本一致。“太阳神鸟”金饰金箔厚度 0.02 厘米，图案采用镂空方式表现。太阳神鸟金饰，里层是一个旋转的火球，外层等距离分布着四只神鸟，向着同一方向展翅飞翔，线条流畅，极富韵律，充满动感。考古学家猜测，中间旋转的火球代表着太阳，四只鸟代表一年四季，12 道光环代表 12 个月或者一天之中的 12 个时辰。古蜀先民认为太阳具有使万物复苏的超自然力量。他们认为太阳的运动是靠鸟的飞行完成，因此，将鸟和太阳联系在一起。考古界认为“太阳神鸟”寄托了古蜀人对太阳的崇拜。2005 年“太阳神鸟”金饰成为中国文化遗产标志，并搭乘“神六”飞船遨游太空达 115 个小时。

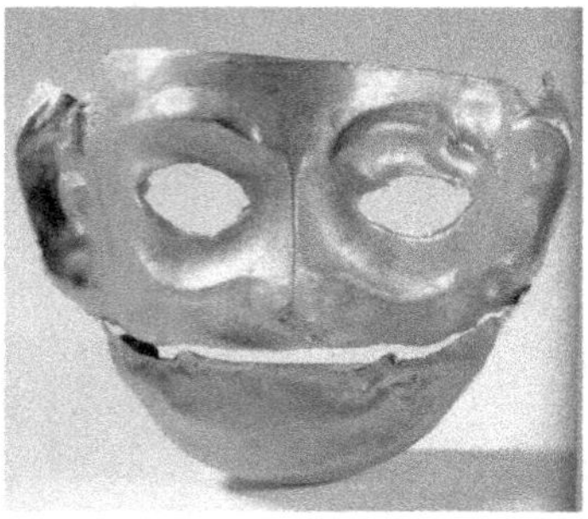

金面具（李绪成、李升、张擎　摄）

四鸟绕日金箔饰（李绪成、李升、张擎　摄）

玉器种类繁多，且十分精美，其中最大的一件是高约 22 厘米的玉琮，颜色为翡翠绿，雕工极其精细，表面有细若发丝的微刻花纹和一人形图案，堪称国宝，其造型风格与良渚文化的完全一致。

四节玉琮（李绪成、李升、张擎 摄）

出土的400多件青铜器主要以小型器物为主，有铜立人像、铜戈、铜瑗等，其中铜立人像与广汉三星堆出土的青铜立人像相差无几。

出土的石器有170件，是四川迄今发现的年代最早、最精美的石器。种类有石磬、石人、石虎等，跪坐石人像造型栩栩如生，极可能是当时贵族的奴隶或战俘，这表明当时的蜀国已比较强大。石器中的石虎造型古朴生动。还有一件长107厘米、宽58厘米、厚3.7厘米的“石磬王”，是中国迄今发现的最大的商代石磬。

金沙遗址是四川省继广汉三星堆之后最为重大的考古发现之一，也是21世纪中国第一个最为重大的考古发现。丰富的文化遗存表明，它不仅是一个地下文物宝库，而且是长江上游地区古代文明的杰出代表，是华夏文明的重要组成部分。金沙遗址对研究中华文明的起源、历史进程及早期国家的宗教意识形态具有重要价值；对建立成都平原先秦考古学文化序列、对巴蜀文化的深入研究以及破解三星堆文明衰亡之谜等具有重要学术意义。为此，被评为“2001年度全国十大考古新发现”。

金沙遗址以其重要的历史、文化、科学和艺术价值，成为华夏文明中辉煌灿烂的一页。

复习与思考

1. 什么是大遗址？大遗址可分为哪几种类型？
2. 如何理解大遗址保护与城市建设、民生改善之间的关系？
3. 大遗址面临的主要威胁有哪些？
4. 我国大遗址保护存在哪些问题？如何有效解决？
5. 浅议大遗址保护规划的内容。
6. 阐述大遗址保护的重要意义。
7. 试析金沙遗址的价值。

第七章

历史文化名城名镇名村

本章要点

1. 历史文化名城的形成
2. 国家历史文化名城名单及其分布
3. 历史文化名城的类型
4. 历史文化名城的特点
5. 历史文化名镇名村的确立
6. 历史文化名镇名村特征
7. 历史文化名城名镇名村的保护
8. 西安的历史文化遗产及其分布

关键词 历史文化名城 名镇 名村 类型 特点 分布 保护 西安

第一节 历史文化名城

城市是人类最伟大的文化创造，也是人类文明的结晶。名城是城市的重要代表，承载一个城市优秀的地域文化和民族文化。中国历史文化名城凝结了五千年光辉灿烂的华夏文明，是中国人民的智慧和中华民族的精神的物质载体，具有重大的历史价值、科学价值和艺术价值。

一、历史文化名城的形成

城市是指“人口集中、工商业发达、居民以非农业人口为主的地区，通常是周围地区的政治、经济、文化中心”。历史文化名城往往是我国古代政治、经济、文化的中心，或是近代革命运动和发生重大历史事件的重要城市。它拥有大量的历史文物与革命文物，城市的现状格局仍然保留着传统风貌和历史特色，它从不同的侧面折射出一个城市的发展、振兴或衰落的历史脉络。历史文化名城是一定政治经济背景下的社会发展过程的积累，因此，地域特点、政治地位、经济水平、社会发展与重大事件等不同层面的因素，构成了历史文化名城形成和发展的底蕴。

（一）优越的自然环境

在影响历史文化名城形成的因素中，自然环境尤为重要。在古代，人们对自然的抗御能力普遍较弱，因此，顺应自然条件的变化，选择优越的地理环境是城市选址的一个首要因素，这一点在考古发现中得到了充分的印证。目前所发现的上千处新石器时代聚落遗址，其位置大多处于地势较高、土壤肥沃而又临近湖泊河流的地段，这说明早在几千年前的新石器时代，原始先民在选择聚住之所时，已把山水作为居址的必要条件。

山是大地的脊梁，是人们生活资源的天然库府和生存的安全屏障；水是万物生长的源泉，是人类生存不可或缺的条件。因此，“依山傍水”、“山水相连”的自然环境就构成了古代城市选址的基本要素。纵观早期的城市大多依山傍水。根据古籍记载和考古发掘的相互印证，作为中国城市起源时期的夏朝，豫西伊洛流域是其主要活动区域，而都城更是“河山拱戴，形势甲于天下”，自然环境十分优越。例如，登封王城岗“禹都阳城”遗址四周群山与丘陵环抱，颍河和五渡河流经其南侧和东面；新密新砦“启都夏邑”古城，位于嵩山东麓，溱洧两河谷地，三面群山耸立；偃师二里头“桀都斟鄩”遗址，北依邙山而背黄河，南临古洛河和伊河而望嵩岳。

我国历史上的众多大都市都是在大山大河的孕育下逐步发展起来的。如古都西安，北临渭河，南依秦岭，周围曲流环绕，有“八水绕长安”之说。六朝古都南京也是如此，濒临长江，三面环山，颇有“虎踞龙盘”之势。

这种“依山傍水”立城的观念，体现了古代先民选择居住地的原则。“凡立国都，非于大山之下，必于广川之上，高勿近旱而水用足，下勿近水而沟防省。”管子颇有见地的建城思想，是对古代城市与山川紧密关系的最好诠释。

（二）便利的交通

“城因水兴，市缘路起”。在古代，早期城市兴起，除山水自然环境外，同时与便利的交通条件密不可分。纵观历史上许多重要城市所处的地理位置，不难发现大多处于水陆交通枢纽或是河川渡口、江湖河海交汇点。其原因就是在生产力水平极为低下的情况下，城市所需大量的生活必需品都要依靠城外农村提供，因此水陆交通成为物质运输的必备条件。然而，古代的陆路交通因其道路标准低、运输工具笨重等因素，使得大规模的长途运输受到很大的限制，反之，水运因其具有运量大、运费低的特点，致使河流成为重要的交通线。因此，沿江沿河一些人员和货物的集散地，逐渐发展成为某一区域的政治经济中心，如历史文化名城南京、扬州、重庆、长沙等无不是因滨水域而兴旺发达起来的。

尽管水运的优势是陆运无法比拟的，但陆路交通在古代同样占有极为重要的地位。西周武王时期，连接都城镐京与东都洛邑的“周道”是横贯东西的大动脉。进入春秋战国时期后，修道建路则更为普遍，如秦国陆续修筑了“子午道”、“金牛道”、“褒斜道”以及“成皋之路”等。诸侯列国城市间也新辟了众多交通干线，楚国修筑了郢都通往新郑的通道、晋国打通了穿越太行山的东西孔道、齐鲁两国建设了四通八达的黄淮交通网络、燕国开辟了直达黄河下游和通往塞外的交通线等。秦始皇统一全国后，按照“车同轨”的要求大规模地修整道路，以咸阳为中心，形成了广布境内的交通网。这个时期，大规模的经济文化交流、军事外交活动和人员物资聚散，一方面推进了道路的建设，另一方面也促使了周边城市的发展，使这些城市间、地区间的交通沿线衍生出一些新的经济中心。到了西汉时期，著名的“丝绸之路”的开辟，不仅使处于交通干线上的河西城市得到进一步发展，而且在其沿线还出现了许多新的经济中心，其中以敦煌、武威、张掖、酒泉等发展最为显著。

城市是货物和人员的集散地，需要有便捷的交通来保证物资的供应和商品的交换，因此，交通对城市的发展尤显重要，甚至是影响一个城市兴衰的十分关键的因素。历史文化名城开封就是一个例子。开封是中国历史上著名的古都之一，北宋太祖建都时，就地理位置而言，条件并不十分理想，但交通十分便利。当时的开封被称为“四水贯都”，即洋河、金水河、惠民河、五丈河交汇于这里，各方物资源源不断地运进东京开封，发达的交通促使了开封的兴盛，使其成为世界性的大都市。

（三）政治、军事目的

张光直曾指出，中国初期的城市，不是经济起飞的产物，而是政治领域中的工具。这一观点可以通过中国古代城址选择、城市分布空间结构的形成、城市制度的建立等诸多方面得到印证。例如，原始社会的部族争斗掳掠，先秦社会的兼并战争，西周为建立封建秩序而实施的封邦建国以及秦朝郡县制的确立等，其目的都是为了防御和保护。今天我们所言的“城市”，实际上是从古代的“城”发展起来的，也就是说，在古代“城”和“市”是两个不同的独立的概念，其性质、功能等相互有别。据《礼记·礼运》记载：“大道既隐，天下为家，各亲其亲，各子其子，货力为己，大人世及以为礼，城郭沟池以固”。“城，郭也，都邑之地，筑此以资保障者也”。《墨子·七患》曰：“城者，所以自守也。”可见，中国古代的城是以防守为基本功能，其实质只是一座具有防御性的“城堡”，它既不是商业发展的产物，也不是市场中心，是为社会的政治、军事等目的而兴建，具有明显的政治、军事目的。

虽然中国古代的“城”并不是真正意义上的“城市”，却是城市的最初形态。城市是在“城”的基础上发展起来的。例如，历史文化名城洛阳，夏前期是桀都斟鄩，商初为汤都西亳，此时只能称为“城”，发展到东周时期，洛邑成为周王朝的政治中心。这类因政治、军事等原因建立的全国性的或地区性的政治中心，大约有 30 余座成为历史文化名城，约占现有名城总数的 1/3。

（四）经济基础

尽管政治、军事地位是中国古代城市的根本命脉，然而任何一次政治和军事行为的背后，实际上都有其明确的经济目标，即对物质利益的追求。中国古代城市选址之所以注重自然、交通等因素，其根本原因是取决于所在区域内肥沃的土壤、充足的水源和丰富的物产以及便利的交通，而这些条件正是一个城市隐含的经济因素，是中国古代城市形成、发展和繁荣的基础。

春秋战国时期是中国由奴隶社会向封建社会过渡的转折时期，也是中国城市由萌芽、起源走向成熟、发展的重要历史时期。许多历史文化名城就是在这一时期形成、发展起来的。例如，北京（蓟、燕国都）、郑州（郑、韩国都）、成都（古蜀国都）、临淄（齐国都）、曲阜（鲁国都）、咸阳（秦国都）、邯郸（赵国都）、荆州（楚国都）、苏州（吴国都）、绍兴（越国都）等城市在战国时期就是“富冠海内”的大都市，正如《盐铁论·通有篇》所描述的：“燕之涿、蓟，赵之邯郸，魏之温、轵，韩之荥阳，齐之临菑，楚之宛丘，郑之阳翟，三川之两周，富冠海内，皆天下名都，非有助之耕其野而田其地者，居五诸侯之衢，跨街冲之路也。”

上述诸城之所以成为大都市，除了是本国的政治、军事中心外，发达的商业经济起着举足轻重的作用。这主要表现在城市数量的增多，城区分布范围的扩大，城市人口的增多，大批手工业作坊和商品交易场所——“市”的出现等方面。据考古发掘所提供的材料看，超过10平方公里的东周故城有：秦都雍城、鲁都曲阜、秦都咸阳宫城、魏都安邑、齐都临淄、楚都郢、赵都邯郸、郑韩故城、燕下都等。这些东周列国的国都，其建制均已超过“天子之城方九里”的规模。在西周曲阜鲁国故城、燕下都城址、楚国郢都故城、郑韩故城等遗址中，既发现有君王和王室贵族居住的宫殿区，还发现多处手工业作坊、商业和居住区。尤其是秦都雍城遗址近3万平方米的市场面积，咸阳器物长途贩运到这里交易，说明当时雍城的城市经济十分繁荣，商品生产相当发达。由此表明，这些大都市已不再是单纯的政治中心和军事据点，而且还是商品流通的枢纽，是兼具统治中心和经济中心双重功能的古代都市。

二、历史文化名城的确定

中国是一个具有悠久历史和灿烂文化的文明古国，华夏民族的祖先为我们留下了大量珍贵的历史文化遗产，这些深厚的传统、辉煌的创造和卓越的贡献，大多凝聚在大量的古文化遗址、优秀的古代建筑和众多的文物之上。纵观中国数以百计的具有悠久文化传统的历史性城市，正是这些历史精华和文明结晶最重要的体现。城墙城门、衙署宫殿、寺观坛庙、作坊民居……这些都是我们的祖先在城市建设中留下的痕迹，是中华民族的记忆载体，是华夏文明发展历程的集中表现。正如路易斯·孟福德（L. Mumford）所言，世界名都大邑之所以能成功地支配各国的历史，是因为这些城市能够始终代表他们的民族和文化，并把绝大部分流传及后代。

（一）历史文化名城的含义

作为一种特殊类型的城市，历史文化名城不仅具有一般城市所具有的全部功能，同时还因其具有深厚的历史文化底蕴而有别于一般城市。因此，历史文化名城较之一般城市包含有更多的历史文化遗产。

历史文化名城作为一个特定的概念被提出，始于改革开放之后。1981年12月，国家基本建设委员会、国家文物事业管理局、国家城市建设总局三部门联合向国务院提出《关于保护我国历史文化名城的请示》，该请示建议：“许多历史文化名城是我国古代政治、经济、文化的中心，或者是近代革命运动和发生重大历史事件的重要城市……”同时还提出了一个名单，建议把北京、承德等 24 座有重大历史价值和革命意义的城市作为国家第一批历史文化名城。2002 年 2 月，国务院发出批转该请示的通知，上述 24 座城市正式公布为历史文化名城。至此，我国第一批国家历史文化名城诞生了。

1982 年 11 月颁布的《中华人民共和国文物保护法》，首次在法律中明确了历史文化名城的内涵，即“保存文物特别丰富、具有重大历史价值和革命意义的城市，由国家文化行政管理部门会同城乡建设环境保护部门报国务院核定公布为历史文化名城。”“历史文化名城”概念不仅被正式提出，而且其法律地位也得以确立。2002 年 10 月新修订的《中华人民共和国文物保护法》第二章第 14 条对历史文化名城的概念，再次从法律上进行了表述，即“保存文物特别丰富、具有重大历史文化价值和革命意义的城市，由国务院核定公布为历史文化名城。”

“历史文化名城”这一概念的提出，具有鲜明的中国特色。它是以国家名义公布和进行管理的，是具有法定意义的历史城市中的杰出代表。确定历史文化名城的目的在于：首先，历史文化名城具有宣传教育作用，作为一种荣誉唤起民众对人类文化遗产的尊重与保护意识；其次，作为一项保护策略，历史文化名城总体规划中必须包括保护专项规划，使历史文化遗产的保护纳入地方政府的计划。

（二）历史文化名城的核定标准与申报程序

1982 年 2 月国务院公布首批历史文化名城之时，《中华人民共和国文物保护法》（1982 年 11 月颁布）尚未出台，因此，并没有明确的历史文化名城核定标准。当时在选择第一批历史文化名城时，主要依据四个条件来考虑：第一，要有悠久的历史或是有特殊重大的历史事件（包括革命史或其它重大历史事件）；第二，要有较多的历史文化遗存，也就是要有丰富的文物古迹或革命遗址和文物；第三，要有较多的文化传统内容，如诗歌、曲艺、戏剧、工艺美术、土特名产、风味食品、民俗风情、历史文化名人等；第四是这个城镇长期以来一直在被使用和发展着，而且今后还将继续发展。上述四个条件或者完全具备，或者大部分具备，才能成为历史文化名城。

需要明确的是，上述这四个条件除了强调历史文化名城在历史上的重要地位之外，还着重指出它必须是现在仍在生活着的城市。许多在古代曾经盛极一时的名城，现在却已经成为废墟的，或者作为遗址埋藏于地下的，就只能作为考古遗址来保存，不能作为历史文化名城来保护，如西周丰、镐、燕下都，辽中京、上京，明中都等。

1986 年城乡建设环境保护部、文化部在上报国务院《关于请公布第二批国家历史文化名城名单的报告》中，就历史文化名城的核定标准提出了具体建议，要求在具体审定工作中要掌握以下三点原则：

第一，不但要看城市的历史，还要着重看当前是否保存有较为丰富、完好的文物古迹和具有重大的历史、科学、艺术价值。

第二，历史文化名城和文物保护单位是有区别的。作为历史文化名城的现状格局和风貌应保留着历史特色，并具有一定的代表城市传统风貌的街区。

第三，文物古迹主要分布在城市市区或郊区，保护和合理使用这些历史文化遗产对该城市的性质、布局、建设方针有重要影响。

这三项原则较之前述的四个条件，其要求更加具体、更加严格。首先，强调了名城现存文物古迹的丰富性、完好性和历史、科学、艺术三大价值。其次，对“历史风貌”要求更加明确，说明历史文化名城与文物保护单位是不同的，前者是从城市整体角度考虑，既要保存城市的历史格局和风貌特色，又要保护代表城市传统风貌的街区；而后者注重的只是单体的文物古迹。最后，强调历史文化遗产的保护与合理使用对城市建设的影响。

遵循上述条件，在公布历史文化名城时还需要考虑到，我国是一个有悠久历史和灿烂文化的国家，值得保护的古城很多，但考虑到作为国家公布的历史文化名城在国内外均有重要影响，为数不宜过多。因此，建议根据具体城市的历史、科学、艺术价值分为两级，即国务院公布国家级历史文化名城，各省、自治区、直辖市人民政府公布省、自治区、直辖市一级的历史文化名城。

2008 年 7 月 1 日开始施行《中华人民共和国历史文化名城名镇名村保护条例》(以下简称《保护条例》)。该条例第二章第 7 条对申报历史文化名城、名镇、名村的城市、镇、村庄的必须具备条件作了明确的规定：

（1）保存文物特别丰富；

（2）历史建筑集中成片；

（3）保留着传统格局和历史风貌；

（4）历史上曾经作为政治、经济、文化、交通中心或者军事要地，或者发生过重要历史事件，或者其传统产业、历史上建设的重大工程对本地区的发展产生过重要影响，或者能够集中反映本地区建筑的文化特色、民族特色。

《保护条例》针对申报历史文化名城还提出了特别条件：申报历史文化名城的，在所申报的历史文化名城保护范围内还应当有两个以上的历史文化街区。

《保护条例》以法律法规的形式，明确了历史文化名城名镇名村申报的具体条件。这些条件内容基本上涵盖了申报第一、二批历史文化名城所需具备的条件的内容，而且更加细化，更具操作性。尤其值得提出的是，《保护条例》中把有无历史文化街区作为历史文化名城的标准之一，这标志着城镇传统历史风貌的价值得到升华。

（三）历史文化名城的申报程序

历史文化名城的选定，一方面主要是根据它的历史文化、科学研究、保存状况和今后发展等方面的价值来进行评论、选择，同时还需经历史、文化、文物考古、城市规划、风景名胜、地理、科学技术等有关方面的专家学者、社会人士多次研究、实地考察之后由国务院核定并公布。

第一批历史文化名城的名单由国家文化行政管理部门（时为国家文物事业管理局）与国家建设行政管理部门（时为国家基本建设委员会和国家城市建设总局）共同选定，其基本程序是：由这些城市的地方文化行政管理部门提供城市概况及历史文化遗产的详细报告，汇总成历史文化名城申报材料，然后提交给国家文化与建设行政管理部门。国家文化与建设行政管理部门经过商议并征求有关省、市、自治区的文化与城建部门

（建委、文物局、文化局、城建局）的意见的基础上，确定名城名单，上报国务院批准，由国务院公布指定为国家历史文化名城。

以后第二批、第三批名城名单的审批过程基本上仍是沿用这一程序，略有不同的是首先由省、市、自治区提出所辖行政区域内的名城推荐名单，上报国家有关部门。由国家文化与建设行政部门共同邀请全国历史、文物、考古、建筑、城市规划、地理等各界的知名专家、教授对推荐名单进行审议，并对重点城市进行实地调查，在此基础上选定名城名单，报国务院批准，从而使名城审批工作由单纯的由上至下的国家指定，向由省级地方政府指定与国家选定的由下至上相互结合的方向发展，从而提高了地方政府参与保护事业的积极性。同时在审批过程中有各方面的专家、学者的共同参与，一方面有利于提高政府决策的科学性，另一方面为今后的名城保护的咨询与监督工作打下了基础。

《保护条例》对名城的审批程序作了进一步规范。根据规定有两种申报情形：

一是主动申报。《保护条例》第9条规定：历史文化名城由省、自治区、直辖市人民政府提出申请，经国务院建设主管部门会同国务院文物主管部门组织有关部门、专家进行论证，提出审查意见，报国务院批准公布。

二是被动申报。在实际操作过程中，有些地方政府处于自身利益考虑，对历史文化名城的申报并不积极。针对这种情况，《保护条例》专门增加了干预措施，对符合历史文化名城申报条件而没有申报历史文化名城的城市，国务院建设主管部门会同国务院文物主管部门可以向该城市所在地的省、自治区、直辖市人民政府提出申请建议；仍不申报的，可以直接向国务院提出确定该城市为历史文化名城的建议。

三、历史文化名城的特点

现已公布的历史文化名城，遍及全国各地，城市规模大小各异，城市风格也不尽相同，有的是史上著名的古都，有的以风景优美见长，有的是商业发达的大埠，有的是交通便利的港口……诸如此类，真可谓形形色色，风格殊异。无论这些名城各自具备怎样鲜明的个性特色，但是作为城市物质文化和精神文明发展到一定层次的产物，它都是历史文化长期积累的结果，都是在特定的自然环境和条件下形成和发展起来的，在总体上也有一定的共性特征。这些共性因素主要表现在：

1. 悠久的历史

历史文化名城普遍具有悠久的历史。我国建城的历史可以追溯到原始社会中后期，不仅文献记载“黄帝筑城邑”，“夏鲧筑城”，而且考古发掘的成果也证实了这一点。在山东章丘城子崖龙山文化遗址中发现了距今4000年的古城。1994年，在湖南澧县城头山发现的屈家岭文化中期古城遗址距今已有4800年之久。尽管通过考古发掘出土的这些古城，还谈不上是真正意义上的“城市”，但至少代表中国古代城市的雏形。目前，我国有许多历史文化名城的历史短则上千年，超过了3000年的也不乏其数，如洛阳、咸阳、西安、商丘、安阳、郑州、北京等，追根溯源，这些城市都肇始于夏商时期，其中以洛阳的历史最为久远，迄今达4000余年。中国历史文化名城在不同历史时期的形成见表 7-1。

表 7-1　**历史文化名城的发祥时期**

历史时期	城　市
先秦	洛阳、商丘、濮阳、安阳、开封、郑州、南阳、淄博、曲阜、咸阳、西安、韩城、邯郸、北京、济南、南京、徐州、苏州、扬州、绍兴、荆州、成都、重庆、平遥、常熟、寿县、亳州、正定、凤凰
秦代	汉中、延安、宝鸡、天水、泰安、聊城、邹城、淮安、镇江、杭州、宁波、长沙、广州、歙县、钟祥、随州、都江堰
汉代	金华、衢州、南昌、景德镇、赣州、福州、襄樊、柳州、桂林、自贡、阆中、宜宾、遵义、镇远、昆明、大理、敦煌、武威、张掖、喀什、无锡、浚县、雷州、泸州、巍山、吐鲁番
三国两晋南北朝	武汉、银川、大同、安庆、漳州、岳阳、潮州、乐山、祁县、临海、长汀、梅州
隋、唐和五代十国	沈阳、泉州、佛山、肇庆、新绛、代县、拉萨、集安、绩溪、海口、建水、南通
宋、辽、金、元	上海、天津、保定、丽江、特克斯
明代	榆林、呼和浩特、日喀则、山海关
清代	承德、吉林、哈尔滨、青岛、江孜
民国	同仁

2. 丰富的文物史迹

历史文化名城的精华很多体现在文物古迹中，在城市之中或城市附近保存了大量的古遗址和古建筑等文物史迹，如宫殿、坛庙、陵墓、寺、观、衙署、府第、园林、石窟、民居、桥梁、关塞等。历史文化名城中的许多文物古迹，都已被列为各级文物保护单位。这些文物史迹不仅是历史文化名城的重要组成部分、城市特点的集中体现，也是中国古老文明的形象化标志，是中国悠久历史文化的实物例证。

3. 良好的自然环境

历史文化名城除了具有悠久的历史文化和丰富的文物史迹外，往往还具有自然景观优美、人文资源富饶的优势。这一特色与中国古代城市选址多强调因地制宜，追求优越的自然地理位置和善待自然、顺应自然、倡导人与自然和谐相处的理念有密切的联系。纵观历史文化名城的发展历史，其建城选址基本上遵从“国必依山川”、“负阴抱阳”的原则，一般以中国古代的风水原理为依据，以地质、水文、日照、风向、气候、气象、景观等一系列自然地理环境因素作为准绳，选择适于长期居住的良好环境，构筑城池，修建宫殿、庙宇、园林等建筑。这种自然山水与人文景观紧密结合、相得益彰的山水城市，是历史文化名城的一大特色之一。

4. 规范的城市格局

中国古代城市建设以整体平面布局，建筑群体巧妙连接、组合为特征。例如，作为几朝都城的洛阳、西安、北京就是依据《周礼·考工记·匠人》“匠人营国，方九里，旁三门。国中九经九纬，经涂九轨，左祖右社，前朝后市，市朝一夫”建成，并成为传统营国礼制的典范。按此指导思想建设的城市，平面轮廓为正方形，街道呈棋盘状格局。这类城市布局基本模式从先秦一直沿用到明清。而南京、常熟则是根据地形设计的不规则城池，体现了《管子》所谓“因天材，就地利”、“城郭不必中规矩”、“道路不必中准绳”的思想。

5. 特有的传统文化

历史文化名城除大量的文物史迹之外，还包含了丰富多彩的文化艺术传统和特有的传统社会经济基础，如诗歌、音乐、舞蹈、戏曲、书法、绘画、雕塑、编织、印染、冶炼、商业、工艺以及烹调、风味饮食、衣冠服饰、民俗风情等。这些文化传统是历史文化名城有声有色的内容，是城市的灵魂，是城市的形象特征。它们和文物史迹、城市风貌相互依存、相互烘托，共同反映着城市的历史文化积淀，共同构成城市珍贵的历史文化遗产。

四、国家历史文化名城

（一）国家历史文化名城名单及其分布

国家历史文化名城是由中华人民共和国国务院确定并公布，是历史文化名城的杰出代表。国家历史文化名城是1982年根据侯仁之、郑孝燮、单士元提议而建立的一种文物保护机制。

自1982年至今，国务院分三批及增补形式，共公布国家历史文化名城110座，后又增补城市11座。其中，1982年公布了第一批国家历史文化名城24个，1986年公布了第二批国家历史文化名城38个，1994年公布了第三批国家历史文化名城37个，2001—2009年增补城市11处。它们分别是：

第一批国家历史文化名城：北京、承德、大同、南京、苏州、扬州、杭州、绍兴、泉州、景德镇、曲阜、洛阳、开封、江陵、长沙、广州、桂林、成都、遵义、昆明、大理、拉萨、西安、延安。

第二批国家历史文化名城：上海、天津、沈阳、武汉、南昌、重庆、保定、平遥、呼和浩特、镇江、常熟、徐州、淮安、宁波、歙县、寿县、亳州、福州、漳州、济南、安阳、南阳、商丘、襄樊、潮州、阆中、宜宾、自贡、镇远、丽江、日喀则、韩城、榆林、武威、张掖、敦煌、银川、喀什。

第三批国家历史文化名城：正定、邯郸、新绛、代县、祁县、哈尔滨、吉林、集安、衢州、临海、长汀、赣州、青岛、聊城、邹城、临淄、郑州、浚县、随州、钟祥、岳阳、肇庆、佛山、梅州、琼山（海口）、柳州、雷州、乐山、都江堰、泸州、建水、巍山、江孜、咸阳、汉中、天水、同仁。

增补城市：山海关区（秦皇岛）、凤凰、濮阳、安庆、泰安、金华、绩溪、吐鲁番、特克斯、无锡、南通。

按照地理区划，上述国家历史文化名城的分布见表 7-2（按归属地汉语拼音字母顺序排列）。

表 7-2　　**国家历史文化名城分布情况表**

归属地	第一批 1982 年 2 月	第二批 1986 年 12 月	第三批 1994 年 1 月	增补	总数
安徽	亳州、歙县、寿县			安庆、绩溪	5
北京	北京				1
重庆		重庆			1
福建	泉州	福州、漳州	长汀		4
甘肃		武威、张掖、敦煌	天水		4
广东	广州	潮州	肇庆、佛山、 梅州、雷州		6
广西	桂林		柳州		2
贵州	遵义	镇远			2
海南			琼山（海口）		1
河北	承德	保定	正定、邯郸	山海关	5
河南	洛阳、开封	安阳、南阳、商丘	郑州、浚县	濮阳	8
黑龙江			哈尔滨		1
湖北	江陵	武汉、襄樊	钟祥、随州		5
湖南	长沙		岳阳	凤凰	3
吉林			吉林、集安		2
江苏	南京、苏州、扬州	镇江、常熟 淮安、徐州		无锡、南通	9
江西	景德镇	南昌	赣州		3
辽宁		沈阳			1
内蒙古		呼和浩特			1
宁夏		银川			1
青海			同仁		1
山东	曲阜	济南	青岛、聊城、 邹城、临淄	泰安	7

续表

归属地	第一批 1982年2月	第二批 1986年12月	第三批 1994年1月	增补	总数
山西	大同	平遥	祁县、新绛、代县		5
陕西	西安、延安	榆林、韩城	咸阳、汉中		6
上海		上海			1
四川	成都	阆中、宜宾、自贡	乐山、都江堰、泸州		7
天津		天津			1
西藏	拉萨	日喀则	江孜		3
新疆		喀什		吐鲁番、特克斯	3
云南	昆明、大理	丽江	建水、巍山		5
浙江	杭州、绍兴	宁波	衢州、临海	金华	6

上述历史文化名城是国家级的历史文化名城，有的曾被各朝帝王选作都城，有的曾是当时的政治、经济重镇，有的曾是重大历史事件的发生地，有的因拥有珍贵的文物遗迹而享有盛名，有的则因出产精美的工艺品而著称于世。它们是中国社会、文化和科技发展的历史见证，是世界历史文化遗产的重要组成部分。它们的留存，为今天的人们回顾中国历史打开了一个窗口。

（二）国家历史文化名城的类型

中国国家历史文化名城覆盖范围广，分布于全国31个省、自治区、直辖市，反映了中国不同地域、不同民族、不同经济社会发展阶段聚落形成和演变的历史过程。因此，名城之间无论是在历史沿革、等级规模、城市格局、传统风貌，还是在文化艺术和民俗民风等方面都存在一定的差异。为了对名城有进一步的认识以及制定和实施相应的保护对策，有必要从分类的角度，对历史文化名城进行综合分析。

目前，我国对历史文化名城的分类方法有多种。有的是根据名城的性质、特征，从名城形成历史、自然和人文地理以及它们的城市物质要素和功能结构等方面进行对比分析，将名城分为七大类型；有的是按照历史和自然文化的特性进行分类；还有以历史文化名城的保护为目的，按照名城的保护现状、分布状况以及制定保护策略等方面，将名城分为四类。以第一种分类方法为主，结合其他分类方法，我国历史文化名城主要分为如下类别：

1. 古都类历史文化名城

以都城时代的历史遗存物、古都的风貌或风景名胜为特点的城市，如北京、西安、洛阳、开封、南京、安阳等。

这些古都类名城，所处地理环境优越，水陆交通发达；作为都城的时间较长，城市规模特别宏大；城市布局大多经过周密的规划和精心营建；城市至今保存的古建筑和文物史迹特别丰富，拥有浓郁的历史文化传统。

2. 传统风貌类历史文化名城

完整地保留了某一时期或几个历史时期积淀下来的完整的建筑群体的城市，如平遥、韩城、荆州（原江陵）、商丘等。

这类城市不仅文物古迹保存较好，而且由于发展缓慢或另辟新城发展，古城区无论格局、街道、民居和公共建筑物均完整地保存着某一时代的风貌。

3. 风景名胜类历史文化名城

自然环境对城市特色的形成起着决定性的作用，由于建筑与山水环境的叠加而显示出其鲜明的个性的城市，如桂林、承德、苏州、镇江、绍兴、曲阜、乐山等。

这类城市因风景优美而驰名，秀丽的山水与丰富的人文景观有机结合，使这些城市具有较深的文化积淀和内涵，充满着独特的魅力。例如，山水甲天下的桂林，众多石刻点缀于山水名胜之间。一个个与山水相关的故事，更凸显出桂林的美妙神韵。

4. 地方及民族特色类历史文化名城

位于民族地区的城镇由于地域差异、文化环境、历史变迁的影响，而显示出不同的地方特色或不同民族的独特个性，并成为城市风貌的主体的城市，如拉萨、喀什、日喀则、大理、丽江、呼和浩特、潮州、泉州等。

中国是一个多民族的统一国家，在少数民族聚居的地区，形成了众多具有显著民族文化特色的城市，有些甚至成为一个地区政治、经济、文化的中心，具有鲜明的民族文化特征。有些城市因受其所处的地理环境和历史文化传统的影响，使其具有独特的地方特色。这些名城不仅保存有大量的古建筑和文物史迹，更重要的是反映了中国多民族国家的形成发展和多民族历史文化的特点。

5. 近现代史迹类历史文化名城

以反映历史的某一事件或某个阶段的建筑物或建筑群为其显著特色的城市，如遵义、延安、上海、重庆、天津等。

在中国近代革命史上，有些城市曾经在中国革命的发展历程上或重要的转折关头起过重大的作用，它们不仅有着革命史上的纪念意义，而且也有着悠久的历史文化。如革命圣地延安，自秦汉时期就是北方的政治、军事重镇，明代还是长城九镇之一严绥镇的重要防御城市，抗日战争和解放战争时期，延安作为中共中央所在地，曾领导中国人民抗击日本帝国主义和国民党反动派，取得了全国的胜利。现在许多文物和建筑都记载着这段革命斗争的历程。

6. 交通港口、手工业、军事等特殊职能类历史文化名城

城市中的某种职能在历史上有极突出的地位，并且在某种程度上成为这些城市的特征。

中国有许多城市处于交通枢纽处或港口，经济贸易、政治交往和文化交流频繁，因

此，形成了许多通商大港和内陆贸易往来的中心，它们之中有许多今天仍然存在着强大的活力并且还在发展着。

一些历史文化名城的形成和发展与古代特色手工业的兴起和发展有着密切的联系，如瓷都景德镇、盐城自贡，分别以瓷、盐设市，瓷文化、井盐文化渗透到城市文化当中。

为了抵御外敌入侵，历代统治者在许多边防要塞、戍边设防，这些古代军事重镇逐渐发展成了有悠久历史文化的城市。如长城沿线的山海关、大同、银川、榆林，河西走廊上的武威、张掖等都是古代军事重镇。

7. 一般史迹类历史文化名城

以分散在全城各处的文物古迹作为体现历史传统的主要方式的城市，如长沙、济南、正定、襄樊、吉林等。

此外，还要许多古城，在历史上曾盛极一时，但由于持续的政治动乱和频繁的战争破坏，以及自然环境的恶化和经济衰落，尤其是现代大规模的城市建设，导致那些积淀丰富人文信息的历史街区和具有地域文化特色的传统民居遭到损毁。尽管如此，作为有着悠久历史和丰富文化内涵的名城，或多或少还保留了一些文物古迹，但其特征已不突出，因此，把这一类名城都归于一般史迹类型中。

综上所述，每一种历史文化名城类型的划分都不是绝对的，往往每一座城市包含着多种特色，兼跨了几种类型。例如，杭州曾是春秋时期吴、越国的都城，南宋的首都，同时城内美丽的西湖也是著名的风景区，因此，杭州因其是七大古都之一被列入古都类，但又可作为风景类的次要城市。这种主次的划分，并不十分严密，其目的是为了分清名城的主要特色，为政府制定相应的保护政策和措施提供依据。

表 7-3　**国家历史文化名城类型表**

城市类型	主要城市	次要城市
古都类	北京、西安、洛阳、开封、南京、杭州、安阳	咸阳、邯郸、福州、重庆、大同
传统风貌类	平遥、韩城、榆林、镇远、阆中、荆州（原江陵）、商丘、祁县	大理、丽江、苏州
风景名胜类	桂林、承德、苏州、扬州、镇江、常熟、绍兴、敦煌、曲阜、乐山、都江堰、天水、邹城、昆明	杭州、西安、北京、南京、大理、青岛
地方及民族特色类	拉萨、喀什、日喀则、大理、丽江、呼和浩特、银川、潮州、福州、巍山、同仁、建水	
近现代史迹类	遵义、延安、上海、重庆、天津、武汉、哈尔滨、长沙、南昌、青岛	广州

续表

城市类型	主要城市	次要城市
交通港口、手工业、军事等特殊职能类	广州、泉州、宁波、自贡、景德镇、亳州、寿县、大同、武威、张掖	榆林、阆中、佛山、平遥、南阳
一般史迹类	徐州、长沙、济南、成都、沈阳、郑州、正定、襄樊、吉林、淮安、保定、宜宾、肇庆、漳州、临淄、邯郸、衢州、赣州、聊城、泸州、南阳、咸阳、钟祥、岳阳、雷州、新绛、代县、汉中、佛山、临海、浚县、随州、柳州、琼山、集安、梅州	

第二节　历史文化名镇名村

历史文化村镇是中华五千年文明的历史见证，它的出现是人类文明发展史上一个划时代的里程碑。

华夏民族的祖先，为了避风躲雨、御寒免晒、逃避野兽的袭击，凿木为巢、洞居穴隐，原始居住聚落开始出现。这些群居的聚落、村寨、城堡等成为原始村镇的雏形。聚落、村寨、城堡的出现，是人类社会从“野蛮”进入到“文明”的标志。目前在中国大地上已发现有60多座原始社会晚期古城以及众多的原始社会聚落遗址，它们大多处于距今6000—4000年间，这一时期正是中国社会由“野蛮”走向“文明”的过渡阶段，如距今6000余年的湖南澧县城头山古城遗址，距今5000多年的西安半坡原始村落遗址，以及距今4000多年的良渚古城遗址等。

中华民族拥有7000多年的农耕文明。作为一个传统的农业大国，在现有的数十万个村落中，其中具有悠久历史的古村镇就有5000余个，它们为传统农耕社会保留了大量的历史文化遗迹。这些千姿万态、风情各异的古村镇与古城一样，都是中华大地上的优秀历史文化遗产。

一、历史文化名镇名村的确立

历史文化名镇名村，作为历史文化遗产的重要组成部分，从20世纪中叶以来，就逐渐受到国际社会的关注。联合国教科文组织及国际古迹遗址理事会先后公布了《关于保护历史小城镇的决议》、《保护历史城镇与城区宪章》和《关于乡土建筑遗产的宪章》等一系列有关历史文化村镇保护的文献，为我国历史文化名镇名村的保护提供了法律依据和规则准绳。

（一）历史文化名镇名村概念的确定

1986年，国务院在公布第二批国家级历史文化名城时，首次涉及历史文化村镇的概念，提出要“对文物古迹比较集中，或能较完整地体现出某一历史时期传统风貌和民族地方特色的街区、建筑群、小镇、村落等予以保护”。随后，不少省份陆续开展了历史文化名镇名村的命名工作，一些名镇名村如安徽省西递、宏村两个古村还被列入世界文化遗产名录。

2002年新修订的《中华人民共和国文物保护法》明确提出了历史文化村镇的概念，即“保存文物特别丰富并且有重大历史价值或者革命纪念意义的城镇、街道、村庄”，从而确立了历史文化村镇的法律地位。

2003年，建设部和国家文物局针对各地大量历史文化村镇遭到破坏的状况，共同设立了“中国历史文化名镇”和“中国历史文化名村”制度，对历史文化村镇的概念作了进一步的完善，即“保存文物特别丰富并且具有重大历史价值或革命纪念意义，能完整地反映一定历史时期的传统风貌和地方民族特色的镇（村）”，明确了历史文化村镇包括历史文化名镇和历史文化名村两个组成部分。

（二）历史文化名镇名村评定条件与审批

2003年，建设部和国家文物局在联合制定《中国历史文化名镇（村）评选办法》的前提下，为进一步细化评选标准，增加定量可比性，充分反映出名镇（村）的典型代表性和建筑文化价值，又正式颁布了《中国历史文化名镇名村评价指标体系》，形成了历史文化名镇名村申报评选和实施动态监管的有效依据。

2008年颁布的《保护条例》，进一步确立了历史文化名镇名村的申报条件和批准程序。根据该条例规定，历史文化名镇名村的评定条件与历史文化名城的评定条件是一致的（见本章第一节）。但基于历史文化名镇名村比历史文化名城范围小，内部布局、建筑也相对简单等原因，综合上述相关法律法规，可以从以下几个方面来理解评定历史文化名镇名村的基本条件：

第一，须具备真实的历史遗存物，反映历史风貌的建筑、历史街道等是历史原物；

第二，须拥有完整的历史风貌，能够反映当时社会历史文化的典型特色；

第三，须有一定规模，能够形成一种历史文化环境和氛围。

作为中华五千年文明历史见证的历史文化名镇名村，首先必须是“活着”的文化遗产，也就是说人们现在还生活其中。而丧失了生活居住功能的古城村落，如上述的湖南澧县城头山古城遗址、西安半坡原始村落遗址以及浙江余杭良渚古城，则不能成为历史文化名镇名村，只能作为单体的文物保护单位。

历史文化名镇名村在审批权限上与历史文化名城有所区别，根据《保护条例》规定：“申报历史文化名镇、名村，由所在地县级人民政府提出申请，经省、自治区、直辖市人民政府确定的保护主管部门会同同级文物主管部门组织有关部门、专家进行论证，提出审查意见，报省、自治区、直辖市人民政府批准公布。”也就是说，历史文化名镇名村的确定，是由省、自治区、直辖市人民政府批准。而冠以“中国”之名的历史文化名镇名村，由“国务院建设主管部门会同国务院文物主管部门可以在已批准公布的历史文化名镇、名村中，严格按照国家有关评价标准，选择具有重大历史、艺术、科学价值的历史文化名镇、名村，经专家论证，确定为中国历史文化名镇、名村。”

（三）历史文化名镇名村的公布

2003年10月，建设部和国家文物局联合公布第一批22个中国历史文化名镇（10个）名村（12个），包括江南水乡古镇江苏的周庄、同里，浙江的乌镇、西塘以及2000年被列入世界文化遗产名录的皖南徽派古村落西递、宏村，见表7-4。

表7-4　　**第一批中国历史文化名镇名村名单**

序号	中国历史文化名镇	序号	中国历史文化名村
1	山西省灵石县静升镇	1	北京市门头沟区斋堂镇爨底下村
2	江苏省昆山市周庄镇	2	山西省临县碛口镇西湾村
3	江苏省吴江市同里镇	3	浙江省武义县俞源乡俞源村
4	江苏省苏州市吴中区甪直镇	4	浙江省武义县武阳镇郭洞村
5	浙江省嘉善县西塘镇	5	安徽省黟县西递镇西递村
6	浙江省桐乡市乌镇	6	安徽省黟县宏村镇宏村
7	福建省上杭县古田镇	7	江西省乐安县牛田镇流坑村
8	重庆市合川县涞滩镇	8	福建省南靖县书洋镇田螺坑村
9	重庆市石柱县西沱镇	9	湖南省岳阳县张谷英镇张谷英村
10	重庆市潼南县双江镇	10	广东省佛山市三水区乐平镇大旗头村
		11	广东省深圳市龙岗区大鹏镇鹏城村
		12	陕西省韩城市西庄镇党家村

此后至今，中国住房和城乡建设部和国家文物局联合公布了四批共计251个中国历史文化名镇名村，其中名镇143个、名村108个，这些历史文化名镇名村分布范围覆盖全国31个省、自治区、直辖市。与此同时，在全国已有15个省、自治区、直辖市开展了省一级的历史文化名镇、名村的评选，目前各个省公布的省一级历史文化名镇、名村已经达到529个，基本形成了我国历史文化名镇名村的保护体系。

二、历史文化名镇名村的特征

历史文化村镇是我国文化遗产的重要组成部分，不仅是传统杰出建筑工艺的结晶，也蕴藏着深厚的历史信息和文化内涵。历史文化村镇以其鲜明的地域性、民族性和丰富多彩的空间及形态，成为反映和构成文化多样性的重要元素。

历史文化名镇名村普遍具有以村落为主的聚居形态、强烈的地域性、独特的规划布局和反映传统生活真实性等特征。

1. 以村落为主的聚居形态

我国历史文化村镇是在特定的自然地理条件以及人类历史发展的影响下逐渐形成的。栖身是人类生存的基本需求，人类最早的居住方式是群居，其基本目的在于依靠集体的力量，更好地防御危险、灾难，更方便地获取食物、资源。随着人类社会的发展，第一次社会大分工开始出现，农业和畜牧业分离，固定的农业居住点开始产生，人类摆脱了逐水草而居的生活方式，开始了定居生活，乡村聚落形式便逐渐形成。

2. 强烈的地域性

不同地域自然条件和文化背景下的历史文化村镇也存在特色差异。这是因为乡村聚落地域的特色是自然因素和人文因素的综合反映，几乎每一个乡村聚落的面貌都不一样。气候、地形、水文、植被等自然因素，与社会组织、经济发展水平、生产特点、文化传统、风俗习惯等人文因素，都是形成丰富多样的村镇特色的主要因素。

纵观我国的历史文化名镇名村，都拥有极其丰富多彩的地域特色，如有江南水乡、北方山乡、海滨渔乡、民族村寨、草原村落等多种类型。这些风格各异的村镇的形成，与其拥有独特的地域文脉密不可分，它们是不同空间环境对自然生态和社会文化的综合反映。

3. 独特的规划布局

我国历史文化村镇在选址布局和空间构成上，受中国传统的“天人合一”哲学思想的影响，强调人与自然的和谐统一，强调“田园山水”和“耕读文化”。具体表现在：因地制宜、顺势选址、择吉而居、合理布局。例如，江南水乡村镇主要突出“水脉”，“小桥、流水、人家”是这类村镇最具代表性的特征。江苏周庄、同里，浙江乌镇、西塘都属于典型的水乡村镇。以西递、宏村为典型代表，皖南古村落的布局主要体现在街巷空间、水巷水口，因受新安文化的影响，追求诗画境界，故营造出大批的水口园林。山地型村镇的特色主要反映在依山就势、顺合地形的平面格局。浙江永嘉古村落，因崇尚耕读文化，因而在村落布局上明显体现出“文房四宝”等耕读文化特点。

4. 传统生活真实性

历史文化名镇名村包括建筑、环境、空间格局以及人类活动等元素，所有组成元素构成一个系统性的整体。我国历史文化名镇名村基本上都保持着较为完整的空间格局、古建筑群和历史环境，而传统民居和古老街巷都真实记载和延续了不同地域和民族的传统文化、民俗风情、建筑艺术，反映了历史文化和社会发展的脉络，是人类传统生活方式的真实再现。

第三节 历史文化名城名镇名村保护

历史文化名城、名镇、名村是宝贵的、不可再生的文化资源，是我国文化遗产的重要组成部分。切实保护好这些文化遗产，对传承、发展中华文明，体现中华传统文化的民族性、地域性和多元性，增强中华民族的凝聚力，实现中华民族的伟大复兴，将起到不可估量的作用。

一、历史文化名城名镇名村保护的历程

我国保护古代遗物的历史非常悠久，商周时期，皇室、贵族宗庙内，就保存着为数

不少的青铜器和玉器以及其他前朝遗物。从政府角度开始重视文物保护应该在清朝末年。光绪年间，清廷相继颁布了《保存古物推广办法》和《城镇乡地方自治章程》，将"保存古物"列为城、镇、乡的"自治事宜"。宣统年间，清廷又组织官员和学者调查国内碑碣、庙宇、陵墓、绘画等文物古迹。至此，我国对文物的保护，仅限于可移动文物，即所谓的古董、古玩。

现代意义上的历史文化城镇保护，大约始于20世纪20年代，可分为四个阶段：

第一个阶段，20世纪20—30年代，首次把古代建筑纳入了文物保护的范畴。

1922年北京大学成立考古学研究所，这是中国最早的文物保护研究机构。1929年由朱启钤等人发起成立了中国营造学社，系统地运用现代科学方法研究古代建筑。中国营造学社在从事历史研究的同时，提出了对古代建筑的保护要保持其历史风貌，对古代建筑维修要保存其历史原状的观点。这在古建筑保护的历史上可以说有开创、奠基之功，中国古建筑从此跻身于文物之林。1930年，国民政府颁布的《古物保存法》是中国历史上由国家颁布的第一个文物保护法规。1931年又颁布了《古物保存法施行细则》，开始将古建筑纳入文物保护范畴。

第二个阶段，20世纪20—80年代初期，首批历史文化名城的确定与公布。

新中国成立前夕，梁思成编写了《全国重要建筑文物简目》共450条，并附上"古建筑保护须知"。上述《简目》提出，把"北京城全部"作为一个完整的古城进行保护，这为当年这批重要古建筑免于战火毁坏提供了依据，也为以后公布全国第一批重点文物保护单位奠定了基础。1950年，梁思成和陈占祥提出了保护老城，另辟新区的"梁陈方案"，可惜未被采纳。随后绝大多数跨街而立的市楼、钟鼓楼、牌坊等被拆除。1958年拆除了始筑于元代，后经明、清两代不断修缮的国内最雄伟、最具历史风貌的北京城墙。

1961年国务院颁发了《文物保护管理暂行条例》。同年，公布首批全国重点文物保护单位，实施了以命名"文物保护单位"来保护文物古迹的制度。改革开放以后，随着大规模城市改造和基本建设的兴起，有关部门开始注意到历史城区的保护问题。1982年2月，国务院公布首批24个历史文化名城，标志着历史古城保护制度的创立。这一保护历史文化名城的措施，在文物保护工作的发展史上是又一次重大的发展，具有划时代的意义，可以说是古建筑文物保护工作的第二个里程碑。

第三个阶段，20世纪80年代初—90年代中期，首次提出了"历史文化保护区"的概念，名城保护的内容扩展为由单体文物向其周边环境及历史街区的保护。

这一阶段重要的标志就是1982年11月颁布的《中华人民共和国文物保护法》。该法首次从国家法律的角度将历史文化名城的保护确定下来，而且开始关注文物古迹与周边环境的关系。1986年国务院确定将文物古迹比较集中，或较完整地保存某一历史时期的传统风貌与民族地方特色的街区、建筑群、小镇、村落，根据它们的历史、科学、艺术价值划定为历史文化保护区加以保护。1989年颁布的《城市规划法》，也从编制城市规划的角度对保护城市的历史文化遗产作了类似规定。继1982年公布了第一批国家历史文化名城后，国务院又于1986年、1994年分别公布了第二批、第三批国家级历史文化名城。与此同时，一些省、自治区、直辖市也公布了省级历史文化名城。从此，中国城市历史文化遗产保护进入了一个重要发展阶段，是历史文化名城保护的又一个里程碑。

第四阶段，20 世纪 90 年代中期至今，建立了历史文化保护区保护制度，完成了中国历史文化遗产多层次保护体系的建构。

1996 年 6 月，安徽黄山屯溪召开的历史街区保护（国际）研讨会明确指出，“历史街区的保护已成为保护历史文化遗产的重要一环”。第二年 8 月，建设部转发了《黄山市屯溪老街历史文化保护区保护管理暂行办法》的通知，指出“历史文化保护区是我国文化遗产的重要组成部分，是保护单体文物、历史文化保护区、历史文化名城这一完整体系中不可缺少的一个层次，也是我国历史文化名城保护工作的重点之一”。该通知明确了历史文化保护区的特征、保护原则与方法，这标志着我国历史文化保护区保护制度从此建立，标志着我国历史文化遗产保护制度向着完善与成熟的阶段迈进。与此同时，平遥、丽江两座历史文化名城被列入《世界遗产名录》。

进入 21 世纪后，随着社会文明的发展，文化遗产保护的对象和范围在不断扩大。以历史建筑群为代表的城镇、街区、村落的保护被列入新修订的《文物保护法》。该法规定，“保存文物特别丰富并且具有重大历史价值或者革命纪念意义的城镇、街道、村庄，由省、自治区、直辖市人民政府核定公布为历史文化街区、村镇，并报国务院备案。”这在国家层面上建立起了历史文化街区、历史文化村镇保护制度。2003 年 11 月，建设部、国家文物局制定了《中国历史文化名镇（村）评选办法》，公布首批中国历史文化名镇 10 个、中国历史文化名村 12 个。随后又公布了三批中国历史文化名镇名村，我国国家级历史文化名镇名村数量达 251 个。至此，我国在文化遗产保护领域形成了单体文物、历史地段、历史性城市的多层次保护体系。

然而，随着国民经济和社会的发展，各地城镇化进程明显加快，建设与保护的矛盾日益突出，已经严重威胁到历史文化名城、名镇、名村的有效保护和合理利用。解决这些问题除需要强化政府的管理责任外，更迫切需要切实加强法制建设。2008 年 7 月 1 日起施行的《历史文化名城名镇名村保护条例》，标志着历史文化名城、名镇、名村的保护与管理进入了一个新的历史时期。《历史文化名城名镇名村保护条例》的颁布，进一步明确了历史文化名城、名镇、名村的保护应当遵循科学规划、严格保护的原则，规范了历史文化名城、名镇、名村的申报与批准程序，表明了地方政府的保护责任，将保护规划的编制和保护措施的明确列为保护的重要内容，强调整体性保护和原真性保护的重要作用，明确了保护单位的法律责任等，为正处于城市化加速发展时期的历史文化名城、名镇、名村的保护提供了法律依据。这部《历史文化名城名镇名村保护条例》的出台，表明中国文化遗产保护法律框架体系的丰富和完善又迈出了具有重要意义的一步。

二、历史文化城镇保护面临的危机

“前所未有的重视，前所未有的破坏。”阮仪三高度地概括了历史文化城镇保护目前的现状。长久以来，作为传统文化载体的城镇，不但经受着历代风雨的侵蚀，而且还不断遭到人为的破坏和摧毁。纵观中国历代建朝（除唐继承隋宫和清继承明宫外），无不以毁坏前朝的城池为快事，以达到革故鼎新的目的。

新中国成立以来，我国的历史文化名城遭受过三次劫难。

第一次是新中国成立初期，虽然开展了针对文物古迹的保护工作，但将历史城市作为一个整体进行保护的观念却很淡漠，再加之全国上下都在进行大规模的工业建设，许多文物古迹遭到毁灭性的破坏。以北京城市建设为例，早在半个世纪之前，梁思成和陈占祥一起递交了《关于中央人民政府行政中心位置的建议》，即著名的“梁陈方案”，主张北京城的建设应避开明清时期形成的旧城区，而在旧城外的西侧另辟新区。但由于受当时“破旧立新”观念的深刻影响，梁陈方案未被采纳，以至于最后发生了以牺牲古都风貌为代价而进行的城市更新和发展。珍贵的古城墙等遭到拆毁，地方文化载体的老城区支离破碎。受北京拆除古城墙的影响，全国各地古城纷纷仿效，以致今天在全国已没有留下几座完整的城墙。

第二次是“文革”中“破四旧”对古迹的破坏。1966年开始的“文化大革命”，使中国文化历经十年浩劫，全国各地的文物古迹都遭到前所未有的破坏，使得在新中国成立后逐步建立起来的文物保护制度在“破四旧”思潮中被彻底摧毁。

第三次是改革开放之后，随着我国社会经济的高速发展，各地城镇化进程的明显加快，城市建设与文化遗产保护之间的矛盾冲突加剧，历史文化名城名镇名村的保护面临着严峻挑战。破坏历史文化名城整体格局和风貌、损毁文物建筑和历史街区、破坏文化遗产原生环境、侵蚀古代文化遗址的现象屡见不鲜。尤其是急功近利的旧城改造方式，使历史街区遭受灭顶之灾。片面的求变、求洋、求大的心态，使一些历史名城的风貌荡然无存。欧陆风盛行，导致千城一面。古村镇也在“新农村建设”中变得面目全非。村镇内大规模的村容整治，盲目拆旧建新，复建、兴建人造景观，导致众多乡土建筑被损毁，村镇的传统格局被肢解，延续千年的历史文脉被割裂，和谐的人文环境被破坏。

在建设中失去传统特色和风貌的历史文化城镇不在少数：国家第一批历史文化名城遵义是举世闻名的革命纪念地，当地政府为修建所谓的“标志性”广场，竟将遵义会议会址周围的历史建筑群一拆而光，使其无所依傍，成为“孤岛”一座；襄樊市樊城区仅存的一段长58米的宋明时期的古城墙，也因市政府要建形象工程而被夷为平地；福州市著名的历史文化街区“三坊七巷”遭到了毁灭性的破坏，历史信息几不复存；安阳市穿城修路的愚昧之举，严重破坏了殷商古城历史街区的原有风貌；秦淮河畔的南京老城南，虽历经南宋金兵焚掠、清朝太平天国战争和1937年侵华日军南京大屠杀，依然保存了文物丰富、风貌完整的历史街区，然而就是这座面积达50平方公里的六朝古都，经过持续多年的拆除，仅剩不到1平方公里的面积，尚不及老城总面积的2%，古都的整体风貌已无从谈起；特别是舟山市政府，公然违反国家有关文物保护和历史文化名城保护的政策法规，以“旧城改造”为名，对历史文化名城定海的历史街区大肆拆毁，晚清时期大批典型建筑消失在推土机的履带之下，致使国家历史文化遗产遭受不可弥补的损失。

中国虽然是文明古国，有着悠久的历史，但是中国保存至今的历史文化遗产，则与其文明古国的历史不相符，因此，有学者发出了“文物大国的忧患”的警告。尤其是在当今经济建设的大潮下，更多的文物古迹处于岌岌可危的状态，或者已经遭到严重破坏甚至荡然无存。作为中华民族记忆载体的历史文化城镇，在“旧城改造”的名义下，同样遭遇着前所未有的破坏，历史文化城镇保护正面临着重重危机。

历史文化名城名镇名村保护面临的危机，主要取决于两大因素，一是“天灾”，即自然损毁；二是“人祸”，即人为破坏或保护不当，其中尤以人为因素为主要原因。从目前历史文化村镇保护现状分析，中国历史文化名城名镇名村保护当前面临的危机主要是：

1. 认识不到位

阮仪三认为，“文化遗产保护面临的最大的敌人不是风霜雨雪等不可抗拒的自然力量，也不完全是缺乏相应的保护技术，而是各种片面和错误的认识观念。这是当今中国文化遗产保护发展要解决的首要问题”。一些历史文化名城名镇名村在当前城镇化发展和新农村建设过程中，许多弥足珍贵的文化遗存正在消逝，历史老街区遭遇扫荡般地推平拆光的厄运。特别是在“旧城改造”中，这种破坏文化遗产的现象已经蔓延到小城镇。如历史上著名的“江南六镇”，基本上都在进行“旧城改造”，原存的江南特色正在渐渐失去，名镇名村的传统风貌在遭受不同程度的破坏。这种现象的出现，究其原因，主要是缘自认识上的误区。一些政府领导自以为造高速路、摩天楼是现代化，“保护老古董”是抱残守缺，因此，视文化遗存为城市发展的“障碍”，把城市发展和文化遗产保护对立起来，认为文化遗产保护不但浪费国家的人力物力，还阻碍一个城市的现代化进程。

在大肆拆毁文物古迹、历史建筑的同时，某些政府领导以保护名城、再现昔日历史风貌为由，不惜重金，大兴土木，兴建仿古建筑、仿古一条街，甚至仿古景区等，致使“假古董”之风一度极为盛行。如近来在四川世界文化遗产乐山大佛保护区内，新建的仿造各地著名佛像的“东方佛都旅游景区”和新开山劈石所塑的“阿富汗巴米扬大佛”就是这种现象的典型代表。再如名城漳州，在被拆掉的古城门的墙基原址上，用复建的一座贴瓷砖的古城门取而代之，真是令人啼笑皆非。

2. 个性特色丧失

目前，“特色危机”已成为城市建设中的共性问题。特色是城市文化的生命，文化特色是城市的灵魂。传承与发展城市特色文化，对城市建设可起到十分重要的前导性、引领性作用。一个城市的历史积淀越深厚、文化特色越鲜明，城市的个性就越强，文化品位就越高，就越有利于城市的健康发展和品位的提升。一个城市只有从自己独特的历史文化出发，才能铸就独特的发展灵魂。但自 20 世纪 80 年代以来，随着我国社会经济的高速发展，各地城镇化进程的明显加快，一些城镇在所谓的“旧城改造”、“危旧房改造”中，由于急功近利作祟、经济利益驱使等人为因素，实施过度的商业化运作，拆旧建新不断发生，致使古城古镇古村的民族文化特色、地域文化特色、历史文化特色消失殆尽。

一些城市的大规模“旧城改造”运动，改变了众多历史性城市的原有面貌，导致千城一面，功能趋同；穿城式交通干道和立体交叉道路系统，破坏了旧城的空间形态及街巷肌理，一些独具特色的历史性城市和历史文化街区被单调的新建筑群所淹没，地方个性逐渐淡化，城市历史记忆消失，城市魅力不复存在，城市文化特色出现危机。

一些传统古城镇将旧城中的居民大量迁出，把民居改为旅游和娱乐场所，使历史文化街区失去了传统的生活方式和习俗，也失去了文化遗产的原真性；一些地方把“新农村建设”错误理解为“新村建设”，求新求洋，古村落内大规模的村容整治，复建、兴建人造景观，导致众多乡土建筑被毁，古村落的传统格局被肢解，古村落和谐的人文环境被破坏。

3. 旅游开发不当

经历了第一轮的“建设性”破坏之后，中国的古城古镇古村等文化遗存现在又面临“旅游性”的破坏。中国的古城古镇古村对海内外游客具有永久的魅力，而它们的魅力所在就是其深厚的文化底蕴，独特的文化气韵。依托历史文化发展名城名镇名村的旅游本无可厚非，关键是要处理好旅游资源开发与文化遗产保护的关系。尽管文化旅游热的兴起，在一定程度上提升了文化遗产保护的意识，但在认识和实践上仍存在较大误区，一些地方片面地认为保护古城古镇就是为了发展旅游，获取经济回报，从而导致过度开发、错位开发造成文化遗产被破坏的事情时有发生。“人满为患”、“楼满为患”，使古城古镇文化遗产不堪重负，文物古迹本体遭受无法弥补的损害；“商业化”、“人工化”充斥古城古镇的每一个角落，淳朴的乡风民俗受到市场经济和现代文明的冲击。例如，被称为“中国最美的小城”的凤凰，随着古城旅游开发的加速，老街上的古旧味儿越来越淡了，原来经营传统地方特色工艺品的店面，不少摇身变成了闹哄哄的酒吧，古色古香的街巷弥漫着进口啤酒和爆米花的味道。

珍藏着中国历史文脉的古城古镇古村，在旅游开发热潮中过于强调商业利益，使得整体格局和风貌遭到破坏，文物建筑和历史街区遭到损毁，文化遗产原生环境遭到伤害，最终导致充满民族文化魅力的古城古镇古村，在经济大潮和旅游不当开发的作用下逐渐消亡。

三、保护历史文化名城名镇名村的原则

所谓历史文化名城名镇名村的保护，重点是保护好区域内的文物古迹、历史建筑、历史地段、古城的基本格局和历史风貌，目的是使名城名镇名村的传统特色和历史风貌得以存续，地方的优秀文化传统得以继承和发扬。因此，在对历史文化名城名镇名村进行保护时，必须遵循一定的原则。

2001 年在中国市长协会第三次代表大会上，温家宝总理就历史文化遗产保护发表了重要讲话，他指示：“历史文化遗产的保护，要根据不同特点采取不同方式。对于‘文物保护单位’要遵循不改变文物原状的原则，保存历史的原貌和真迹；对于代表城市传统风貌的典型地段，要保存历史的真实性和完整性；对于历史文化名城，不仅要保护城市的文物古迹和历史地段，还要保护和延续古城的格局和历史风貌。”这段讲话不

仅强调历史文化遗产保护要采取分层次保护的方式，更重要的是明确指出了各层次保护的原则。

借鉴世界遗产保护原则，结合我国历史文化名城的特点以及专家们的看法，历史文化名城名镇名村的保护需要遵循四项原则：

1. 原真性

原真性就是要保护文物古迹原本的真实历史原物，要保护它所遗存的全部历史信息。对文化遗存或文物的整治修缮一定要坚持“不改变文物原状”，也就是梁思成所提出的“延年益寿”，而不能是“返老还童”的原则，即“整旧如故、以存其真”的原则。对文物古迹的维护修补要坚持原来的材料、原来的工艺、原式原样。

2. 整体性

由于历史遗存是与它的环境同时存在的，而单体文物古迹、历史建筑所传承的历史信息是有限的，许多信息则承载于古迹周围的环境、区域的街区形态和结构，甚至隐藏在城市的景观风貌之中。因此，不仅要保护真实历史遗存本身，而且还要保护其周围的环境和它承载的文化的多样性，只有这样才能体现出完整的历史风貌。

3. 可读性

凡是历史文化遗物，都会留下岁月的印痕，如战争破坏、历代维修、文化变迁、突发事件，还有气候环境等，都是可读的历史信息。透过这些痕迹，可以使人们了解这些历史遗存的“历史”以及逐步演变的规律。因此，应避免在整治维修时恣意修改的行为，避免真实的历史信息被抹杀，导致历史遗存被毁坏。

4. 永续性

文物古迹尤其是历史街区的形成往往历经了几百年甚至上千年的时间积累和历代文人艺匠的雕琢，因此，对它的保护是一项长期的、持续性的工作，决不能急于求成。

通过近年的实践总结，历史文化名城名镇名村保护原则体现在《保护条例》中：历史文化名城名镇名村保护“应当遵循科学规划、严格保护的原则，保持和延续其传统格局和历史风貌，维护历史文化遗产的真实性和完整性，继承和弘扬中华民族优秀传统文化，正确处理经济社会发展和历史文化遗产保护的关系。”这是保护历史文化名城名镇名村的基本依据。

四、历史文化名城名镇名村保护内容

历史文化名城名镇名村是我国历史文化遗产的重要组成部分。早在 1993 年第一次全国历史文化名城保护工作会议上，就明确了历史文化名城保护的内容，即“保护文物古迹及历史地段，保护和延续古城的历史风貌特色，继承和发扬城市的传统文化”。随着我国文化遗产事业的不断发展，历史文化遗产的保护对象和范围在不断扩大，保护的程度也在不断加深。从对重要的、单个的文物古迹的保护扩展到对文物古迹周边环境的保护；从对古城的保护扩展到对以某个历史建筑群为主体的历史街区和古村镇的保护。特别是《历史文化名城名镇名村保护条例》的颁布，把文化遗产保护的范围从点扩大到了面，形成了文物保护单位和历史建筑、历史文化街区和村镇、历史文化名城三

个保护层次，我国历史文化名城名镇名村保护体系日臻完善，历史文化名城名镇名村保护的内容也从单纯针对名城的保护扩大到对名镇名村的保护。

历史文化名城名镇名村保护应当促进物质文明和精神文明协调发展。这是因为在历史文化名城名镇名村中，除有形的文物古迹、历史建筑、田园景观之外，还有丰富的传统文化内容，如传统工艺、民间艺术、民俗文化、民间信仰等，它们和有形文物相互依存、相互烘托，共同反映着城镇的历史文化积淀，共同构成城镇珍贵的历史文化遗产。因此，继承和发扬优秀历史文化传统，也是历史文化名城名镇名村保护的重要内容。

综上所述，历史文化名城名镇名村保护的内容由物质形态和非物质形态两大要素构成，概括起来为三个方面，第一，保护文物古迹和历史文化街区；第二，保护和延续传统格局和风貌特色；第三，继承和发扬优秀历史文化传统。

（一）保护文物古迹和历史文化街区

文物古迹包括已经确立为各级文物保护单位或具有一定历史价值，但未列入文物保护单位的历史遗存，具体保护对象是：

（1）古文化遗址、古墓葬、古建筑、古园林、石窟寺和石刻等；

（2）与重大历史事件、革命运动或者著名人物有关的以及具有重要纪念意义、教育意义或者史料价值的近现代重要史迹、代表性建筑；

（3）古树木和古桥等历史构筑物。

文物古迹的保护要遵循不改变文物原状的原则，无论是内部和外部都要按照历史原貌保存，不可轻易拆掉或仅保留外观，必须保存它的全部历史信息。

历史文化街区指城市中保留遗存较为丰富，能够比较完整真实地反映一定历史时期传统风貌或民族地方特色，存有较多文物古迹、近现代史迹和历史建筑，并具有一定规模的地区。

历史文化街区重在保护其外观的整体风貌。不但要保护构成历史风貌的文物古迹、历史建筑，还要保存构成整体风貌的所有要素，如道路、街巷、院墙、小桥、溪流、驳岸，乃至古树等。

（二）保护和延续传统格局和风貌特色

风貌特色的保护与延续包括古城镇、古村落的空间格局、自然环境和建筑风格三部分。

空间格局包括古城镇和古村落的平面布局、方位轴线、道路骨架、河网水系等。它们反映了古城镇和古村落的文化景观、规划布局思想、历史发展和社会文化模式；

自然环境包括古城镇与古村落的重要地形、地貌、与重要历史有关的山、水、花、木、原野特征。城市的自然环境与城市的景观、文化、生态紧密相连；

建筑风格包括建筑的式样、高度、体量、材料、平面布局、与周围建筑的关系等。建筑风格代表了城镇的个性特色，它是时代、历史、精神的反映。

古城镇和古村落格局和传统风貌一是保护，二是延续，即对现状完好的应予保护，新的建设则要求延续。延续格局和风貌特色应成为古城镇和古村落建筑创作设计的一项原则，新建筑的形象要考虑与传统建筑的对话与联系，做到既有时代感，又与历史相呼应。

（三）继承和发扬优秀历史文化传统

在中国的历史文化名城名镇名村中，既包括大量的古建筑和文物史迹等物质文化遗产，也包含了丰富多彩的文化艺术传统和特有的传统社会经济基础；同时，还有大量居民在这里生活，它们是历史文化名城名镇名村活的内容，是生存的基础，是活态的文化遗产，是中国多民族国家、多民族历史文化与经济发展的生动体现。因此，我们不能只保护那些历史建筑的躯壳，还应该保存它承载的文化，保护非物质形态的内容，保存文化多样性。实现自然环境与人文环境的和谐统一，体现名城名镇名村保护中的科学发展观。

五、历史文化名城名镇名村规划保护

保护历史文化名城名镇名村的一项重要工作就是编制和实施保护规划。由于保护规划具有综合协调城镇、村落历史空间布局、管理和控制历史文化遗产的重要职能，因此，制定科学的保护体系并确定合理的保护层次是名城名镇名村保护规划的主要内容和重要前提之一。

（一）历史文化名城名镇名村保护规划的发展

1982 年国家在第一批历史文化名城公布之时，同时提出了编制历史文化名城保护规划的要求，并将保护规划纳入城市总体规划之中。同年出台的《中华人民共和国文物保护法》规定了历史文化名城制度，这为我国将特定城市作为历史文化遗产保护对象提供了法律依据。但这一制度并不涵盖具有重大价值的历史街区和村镇，对保护的办法和手段也未作明确规定，在实际发展过程中，由于得不到法律保护，这些街区、村镇往往在经济建设中遭到拆毁和破坏，因此，如何处理好城市建设和改造与历史文化传统风貌保护的关系成为历史文化名城名镇名村保护面临的一个最主要问题。

1983 年《关于加强历史文化名城规划工作的通知》第一次对历史文化名城保护规划的内容和编制方法提出要求。文件明确了历史文化名城保护规划就是以保护城区文物古迹、风景名胜及其环境为重点的专项规划，是城市总体规划的重要组成部分。

1982 年之后，第一批历史文化名城开始编制名城保护规划，例如，西安、昆明、苏州、南京等历史文化名城的保护工作率先开展起来。西安保护规划提出了保护旧城完整格局，显示唐城宏大规模，并注意新建设与传统特色的结合；苏州提出“全面保护古城风貌”的整体保护思路，将古城风貌抽象概括为五项内容，为风貌管理提出了新思路；苏州、昆明按照点、线、面来组织保护框架，成为后来名城保护的常用手法。此外，《平遥县城总体规划》明确了全面保护古城历史风貌的建设方针，制定了“保护古城、开辟新区”的总体规划，为后来该县成功地申报世界文化遗产奠定了基础。这些名城保护规划对后来其他名城编制保护规划产生了很大影响，也对历史文化名城保护的理论发展发挥了重要作用。

1986 年国家公布了第二批 38 座国家历史文化名城，在《关于请公布第二批国家历史文化名城名单的报告的通知》中，对历史文化名城保护规划的定义、审定原则、主要内容及审批程序做了明确规定。首次提出了“历史文化保护区”的概念，规定对一些“文物古迹比较集中，或能较完整地体现出某一历史时期的传统风貌和民族地方特色的街区、建筑群、小镇、村寨等”，根据其历史、科学、艺术价值，核定公布为“历史文化保护区”。

关于城市规划建设要保护历史文化遗产的法律条文，最早见于1989年国家制定颁布的城市规划法第三章“城市规划的制定”，指出城市建设和发展要依法制定和实施城市规划，并要在法定的城市规划区内进行建设。同时规定，编制城市规划应当“保护历史文化遗产、城市传统风貌、地方特色和自然景观”。虽然城市规划法用国家法律的形式明确了城市规划编制和实施的法律地位，也对制定城市规划时依据的条件作了原则规定，但对历史文化名城、村镇、街区而言，却一直在法律上缺乏特定的规划编制实施的明确规定。这也是不少历史文化名城、街区、村镇在城市建设和改造中不断遭到毁坏的一个重要原因。

随后，相关部委陆续就历史文化名城保护规划编制、颁布了一系列法规、文件。1991年，建设部颁布施行的《城市规划编制办法》，规定城市总体规划应“确定需要保护的风景名胜、文物古迹、传统街区，划定保护和控制范围，提出保护措施，历史文化名城要编制专门的保护规划”。同年，建设部和国家文物局联合发出了保护优秀近代建筑的通知，列出一批优秀建筑名单作为候选的文物保护单位。上海、武汉等地相继颁布了保护近代建筑和历史建筑的法规文件。

20世纪80年代末，在大规模旧城改造过程中，出现了任意选点、盲目建设高层建筑、严重损害了文物古迹和风景名胜的环境风貌的现象。针对这种现象，1992年建设部和国家文物局发布《关于进一步加强历史文化名城保护的通知》，指出“总体规划确定的有关历史文化名城的重要原则不能任意更改、否定。必须制定和进一步完善专门的历史文化名城保护规划，依法划定城市重点保护地段和文物保护单位的保护范围和建设控制地带的界限”。上述通知明确指出，除了总体规划的专项规划外，还应单独编制名城保护规划。

从1990年起，北京、上海、黄山等城市陆续开展了历史文化保护区的保护工作，并且在城市总体规划中得到了体现。如北京历史文化名城保护规划按照文物保护单位的保护、历史文化区和旧城整体保护三个层次构建保护体系，突出保护“三个层次”和“一个重点”。“三个层级”即文物的保护、历史文化保护区的保护、历史文化名城的保护，“一个重点”即旧城区的保护。

1993年，建设部副部长叶如棠在全国第一次历史文化名城工作会议上指出，历史文化名城保护规划要保护好文物古迹与历史地段、保护和延续古城格局与风貌特色、继承和发扬传统文化，着重强调了要划定文物保护单位的保护范围和建设控制地带，还特别指出历史文化名城保护的重点是历史文化保护区的范围界限。

1994年，随着第三批历史文化名城的公布，国家历史文化名城保护的各项内容逐步向深层次发展。建设部、国家文物局在总结过去12年历史文化名城规划编制实践的基础上，联合颁布《历史文化名城保护规划编制要求》，这是公布历史文化名城以来第一次对历史文化名城保护规划的编制提出具体细致的要求，历史文化名城保护规划从此走向规范化。多数历史文化名城根据这一新的要求对原有名城保护规划进行了调整和补充，使名城保护规划逐渐走向系统化和规范化，历史文化名城保护规划基本定型。同年，建设部和国家文物局牵头成立了历史文化名城保护专家委员会，使名城保护工作更加科学民主，对推动名城保护的健康发展发挥了作用。

20 世纪 90 年代中期后，历史文化名城保护规划进入全新发展时期。国家颁布了一批新的法规、规范和文件，涉及历史文化名城名镇名村保护的各个方面，名城保护、管理有了法律依据。随着名城保护内容的增加，名城保护规划体系也朝多层次的方向发展，基本形成了历史文化名城保护规划、历史文化街区保护规划和历史文化街区保护与整治规划、文物保护单位保护规划及重点地段规划设计三个层次；保护规划的编制模式已基本稳定；保护思路和规划方法不断创新。

随着我国大规模城市建设的开展，如何进一步加强和完善历史文化名城保护制度，处理好城市发展规划和历史文化名城保护规划之间的关系，已成为社会普遍关注的问题。2002 年新修订的《中华人民共和国文物保护法》为此做了进一步完善。新文物法规定县级以上各级人民政府要编制历史文化名城，历史文化街区、村镇保护规划，要将其纳入城市建设发展的总体规划。同时，这些规划应当经过有关部门、立法机关审定通过，使其具有法定效力。该法进一步明确了保护规划的法律地位，特别是从国家法律层面上提出了对历史文化街区、村镇的保护，并明确由各级人民政府制定保护规划。

2003 年，建设部颁布的《城市紫线管理办法》（建设部令第 119 号），对历史文化街区和历史建筑的保护作了比较详细、具体的规定，更具可操作性。所谓“城市紫线”是指国家历史文化名城内的历史文化街区的保护范围界线，以及优秀历史建筑的保护范围界线。根据《城市紫线管理办法》，要求在编制城市规划时，应当划定保护历史文化街区和历史建筑的紫线，同时规定了划定紫线的原则，要求控制范围应清晰并附有明确的地理坐标及相应的界址地形图。

2005 年 10 月，《历史文化名城保护规划规范》(GB50357-2005) 颁布了，这是我国第一部正式的关于历史文化名城保护规划的技术性规范文件，它不仅适用于已公布的历史文化名城和历史文化街区的保护规划，也适用于非历史文化名城的历史城区、历史地段、文物古迹等的保护规划。上述《规范》明确了历史文化名城、历史文化街区保护规划必须遵循的原则、内容和目标以及保护规划经常涉及的概念等方面。

2005 年 12 月，《国务院关于加强文化遗产保护的通知》对历史文化名城（街区、村镇）的申报、评审、规划、保护等提出了明确要求，并特别指出要积极推进非物质文化遗产的保护工作。1986 年颁布的《关于请公布第二批国家历史文化名城名单的报告的通知》中，尽管明确了历史文化名城保护规划“要保护文物古迹及具有传统特色的街区，保护城市的传统格局和风貌，保护传统的文化、艺术、民族风情的精华和著名的传统产品”，但是，涉及非物质文化遗产的传统文化、艺术、民风民情等的保护相对比较薄弱，而且把非物质文化遗产列入保护规划的则更少。

近年来，国家加大了对非物质文化遗产的保护工作，作为保持城市特色和活力的重要因素的非物质文化遗产，已经成为编制名城（村镇）保护规划不可或缺的内容。世界文化遗产平遥和丽江采取将保护有形的物质遗产与无形的非物质文化遗产相结合的整体保护方式，充分发挥了极富地方特色的传统文化的魅力，全面展示了古城的风貌。2003 年编制的景德镇名城保护规划也是在保护景德镇的历史文化整体性的基础上，以陶瓷文化为主线，很好地突出了景德镇的传统瓷业特色。

为了继承和发扬优秀历史文化传统，保护文化遗产，加强历史文化名城名镇名村的保护与管理，国务院于 2008 年颁布了《历史文化名城名镇名村保护条例》，这是我国保护历史文化名城名镇名村的第一部国家法规。该条例的出台，进一步明确了历史文化名城名镇名村的保护应当遵循科学规划、严格保护的原则，对历史文化名城名镇名村的申报与批准，保护规划，保护措施和法律责任等重要内容做出了规定，为正处于城市化加速发展时期的历史文化名城名镇名村保护提供了法律保障，使之迈入健康规范的发展轨道。

经过二十几年的发展，历史文化名城名镇名村保护制度更加完善，逐渐形成了三个层次的保护体系，对文物保护单位、历史文化街区、历史文化名城以及名镇名村这些不同类型、不同特点的文化遗产，采取有差别的保护方法，并做出相应的保护规划。这些规划已由《文物保护法》、《城乡规划法》、《历史文化名城保护规划规范》、《全国重点文物保护单位保护规划编制办法》和《保护条例》作出了具体的规定，形成了比较成熟的文化遗产保护规划方法，使历史文化遗产保护的地位更加突出，要求更加明确，操作更加可行。这些法律法规对历史文化名城名镇名村的保护、规划、发展发挥了巨大作用。

（二）历史文化名城名镇名村保护规划原则

历史文化名城名镇名村保护规划是以保护城市、村镇文物古迹、风景名胜及其环境为重点的专项规划，是文物管理和城市、村镇总体规划的重要组成部分。保护规划的对象包括城市、村镇的历史格局、街坊、古建筑群、单体古建筑和各种文物古迹、风景名胜的分布、保护范围、古城风貌等。

《历史文化名城保护规划规范》对编制保护规划的原则做了明确界定："保护规划应遵循的原则：保护历史真实载体的原则；保护历史环境的原则；合理利用、永续利用的原则。"上述原则同样也适用于历史文化名镇、名村保护规划的编制。

（三）历史文化名城名镇名村保护规划内容

历史文化名城保护规划必须分析城市的历史、社会、经济背景和现状，体现名城的历史、科学、艺术价值和文化内涵；确定名城保护的目标和保护原则，确定保护内容和重点，提出保护措施；划定历史地段、历史建筑群、文物古迹和地下文物埋藏区的保护界线，提出相应的规划控制和建设要求；合理调整历史城区的职能，控制人口，疏解交通，改善基础设施，提出分期实施和管理建议。名城保护规划中除了直接涉及保护的内容外，还有一些专项规划，如历史城区建筑高度控制、道路交通规划、市政工程规划、防灾与环境保护规划等。

历史文化名城保护规划的基本内容和目标是：全面深入地调查历史文化遗产的历史

及现状，研究城市的历史、社会、经济背景和现状，分析名城的文化内涵、价值及特色，确定总体保护目标和保护原则，确定保护内容和重点，提出保护措施；划定历史地段、历史建筑群、文物古迹和地下文物埋藏区的保护界限，提出相应的规划控制和建设要求；对涉及保护的历史城区进行相应的总体规划调整，包括人口控制、用地功能调整、道路调整、基础设施改善等，提出分期实施和管理建议。

《保护条例》第14条对保护规划的内容作了明确规定，保护规划应当包括的内容：

（1）保护原则、保护内容和保护范围；

（2）保护措施、开发强度和建设控制要求；

（3）传统格局和历史风貌保护要求；

（4）历史文化街区、名镇、名村的核心保护范围和建设控制地带；

（5）保护规划分期实施方案。

（四）历史文化名城名镇名村保护规划要求

1. 历史文化名城保护规划的要求

历史文化名城保护规划应确定名城保护目标和保护原则，确定名城保护的内容和重点，提出名城保护措施。

（1）必须控制历史城区内的建筑高度。在分别确定历史城区建筑高度分区、视线通廊内建筑高度、保护范围和保护区内建筑高度的基础上，应制定历史城区的建筑高度控制规定。

（2）历史城区道路系统要保持或延续原有道路格局；对富有特色的街巷，应保持原有的空间尺度。

（3）历史城区内应完善市政管线和设施。当市政管线和设施按常规设置与文物古迹、历史建筑及历史环境要素的保护发生矛盾时，应在满足保护要求的前提下采取工程技术措施加以解决。

（4）防灾和环境保护设施应满足历史城区保护历史风貌的要求。历史城区必须健全防灾安全体系，对火灾及其他灾害产生的次生灾害应采取防治和补救措施。

2. 历史文化名镇名村保护规划要求

（1）历史文化名镇、名村保护规划应确定保护的目标和原则，严格保护该街区、村镇历史风貌，维持保护区的整体空间尺度，对保护区内的街巷和外围景观提出具体的保护要求。

（2）按详细规划深度的要求，划定保护界线并分别提出建（构）筑物和历史环境要素维修、改善与整治的规定，调整用地性质，制定建筑高度控制规定，进行重要节点的整治规划设计，拟定实施管理措施。

（3）历史文化名镇、名村增建设施的外观、绿化布局与植物配置应符合历史风貌的要求。历史文化名镇、名村保护规划还应当包括改善居民生活环境，保持街区、村镇活力等内容。

（五）历史文化名城名镇名村保护规划编制与期限

《保护条例》第三章规定，历史文化名城批准公布后，历史文化名城人民政府应当组织编制历史文化名城保护规划。历史文化名镇、名村批准公布后，所在地县级人民政府应当组织编制历史文化名镇、名村保护规划。保护规划应当自历史文化名城、名镇、名村批准公布之日起一年内编制完成。

保护规划报送审批前，保护规划的组织编制机关应当广泛征求有关部门、专家和公众的意见；必要时，可以举行听证。保护规划由省、自治区、直辖市人民政府审批。保护规划的组织编制机关应当将经依法批准的历史文化名城保护规划和中国历史文化名镇、名村保护规划，报国务院建设主管部门和国务院文物主管部门备案。经依法批准的保护规划，不得擅自修改；确需修改的，保护规划的组织编制机关应当向原审批机关提出专题报告，经同意后，方可编制修改方案。修改后的保护规划，应当按照原审批程序报送审批。

第四节 案例赏析：西安

西安，古称长安，是中国历史文化名城之一。它位于“八百里秦川”的中部，面积9983平方公里，人口约740余万。早在110万年前的远古时期，人类的祖先就在这里繁衍生息。西安有3100多年的建城史，先后有13个王朝在此建都，是中国六大古都中建都最早、时间最长、朝代最多的都市。在汉唐时期，西安就是中国政治、经济、文化和对外交流的中心，是当时人口最早超过百万的国际大都市。明洪武二年（公元1369年）改奉元路为西安府，西安的名称一直沿用至今。“西有罗马，东有长安”是西安在世界历史中所处地位的写照。意大利探险家马可·波罗笔下《马可·波罗游记》中著名的“丝绸之路”就是从这里开始的。西安与埃及首都开罗、意大利首都罗马、希腊首都雅典并称世界四大文明古都，并于1981年被联合国教科文组织确定为世界历史名城。

纵观西安的历史，上下百万年。延绵不绝的历史，赋予了西安极为丰厚的文化积淀，使其蕴藏各种各样的文化遗存，被誉为中国古代的“天然历史博物馆”。根据文物普查统计，西安地区目前登记在册的文物点达2944处，其中有全国重点文物保护单位41处，陕西省文物保护单位65处，西安市（县）文物保护单位176处。深厚的历史文化积淀和浩瀚的文物古迹遗存，再现了西安昔日的辉煌。汉长安城遗址、唐大明宫遗址、大雁塔、小雁塔、曲江池、西安碑林、明西安城墙、钟楼、鼓楼、化觉巷清真寺及西安旅游区内的黄帝陵、汉茂陵、汉阳陵、唐乾陵、唐昭陵、法门寺等景点驰名中外。

至今世界上保存最完整、规模最宏大的古城墙遗址——明西安城墙，包括西、北、东、南四门，每道门均有三层门楼，再现了冷兵器时代城市防御体系的严密与完整。东门又名长乐门，因国都南京位于西安的东面，故取“长乐”二字寓意祈祝大明江山长久欢乐，万年不衰。南门是西安古城城墙门中资格最老、沿用时间最长的一座，建于隋初，唐末韩建缩建新城时留作南门，明代改名永宁门，它也是现代西安城墙各门中复原得最完整的一座。

西安鼓楼是目前全国所存最大的鼓楼，始建于明太祖朱元璋洪武十三年（1380

东门（朱立挺　摄）

南门（朱立挺　摄）

年），迄今已有625年的历史。清康熙三十八年（1699年）和清乾隆五年（1740年）先后两次重修。楼上原有巨鼓一面，每日击鼓报时，故称“鼓楼”。

闻名遐迩的秦始皇陵位于西安市临潼区城东约5公里，距西安市城区约37公里，南倚骊山，北临渭水。秦始皇陵规模巨大、埋藏极为丰富，兵马俑坑号称“世界第八大奇迹”。秦陵兵马俑共有3个兵马俑坑，呈品字形排列。一号坑为步兵部队，二号坑呈曲尺形，面积为5000平方米，它是由骑兵、战车和步兵（包括弩兵）组成的多兵种特殊部队。三号坑呈凹字形，面积为520平方米，似为统帅一、二号坑的指挥机关。秦

鼓楼夜景（朱立挺　摄）

兵马俑场面宏大，威风凛凛，队列整齐，展现了秦军的编制、武器的装备和古代战争的阵法。秦兵马俑皆仿真人、真马制成。陶俑身高 1.75～1.95 米，多按秦军将士的形象塑造，体格魁伟，体态匀称。1961 年，中华人民共和国国务院将秦始皇陵定为全国文物重点保护单位。1987 年，秦始皇陵及兵马俑坑被联合国教科文组织批准列入《世界遗产名录》。

兵马俑二号坑（周耀林　摄）

享誉海内外的唐代著名高僧玄奘法师译经之地——大慈恩寺，在中国佛教史上具有十分突出的地位，由玄奘法师亲自督造的大雁塔，仍耸立寺中，是全国著名的古代建筑，被视为古都西安的象征。相传大雁塔是玄奘法师从古天竺取经回来后，专门从事译经藏经之处，因仿印度雁塔的样式修建故名雁塔，后来由于在长安荐福寺内修建了一座较小的雁塔，为了区别，人们就把慈恩寺塔叫大雁塔，荐福寺塔叫小雁塔，一直流传至今。

大雁塔（周耀林　摄）

小雁塔（周耀林　摄）

法门寺位于西安市西 120 多公里的扶风县法门镇，始建于东汉末年恒灵年间，距今约有 1700 多年的历史，有“关中塔庙始祖”之称。法门寺因舍利而置塔，因塔而建寺，是我国境内安置释迦牟尼真身舍利的著名寺院。经历唐代供奉，宋、明、清多次修葺，如今的法门寺保持了塔前殿后的格局，以真身宝塔为寺院中轴，塔前是山门、前殿，塔后是大雄宝殿，代表着中国早期佛教寺院的典型格局。法门寺收藏着舍利、金银器、玻璃器、瓷器、丝织品、佛经、佛像等极为珍贵的文物，其中，佛骨舍利秘藏于八重宝函之中。地宫中珍藏的金银器达 120 多件（组），这些金银器多是为皇帝迎送佛骨的活动而专门制造的礼器，做工极为考究，器身多刻有錾铭，具有很高的考古价值。

法门寺（周耀林　摄）

西安除拥有众多驰名中外的文物古迹外，另有众多不为人所知的古代遗址、墓葬等隐匿在黄土之下。相传位于陕西省黄陵县桥山之巅的黄帝陵便是中华民族始祖轩辕黄帝的陵园，桥山山体浑厚，气势雄伟，山下有沮水环绕。山上有 8 万多棵千年古柏，四季常青，郁郁葱葱。轩辕黄帝的陵冢就深藏在桥山巅的古柏中。千百年来，该地的祭祀活动绵延不断。黄帝陵已成为中华儿女追思先祖功德、抒发民族情感的圣地。参谒黄帝陵，一般先从谒览轩辕庙开始。轩辕庙，也称黄帝庙，占地约 9. 33 公顷，庙院长 140 米，宽 84 米。庙址设在桥山之麓。这座祭扫黄帝的古老庙宇相传初建于汉代，原先在桥山西麓，宋代移到今址。经 1992 年扩建的轩辕庙建筑以汉代风格为基调，形式结构多取法于汉画像石多为石造建筑或仿石建筑，着意突出石材本色，令人深感古朴、庄严、雄厚、凝重。

乾陵，唐女皇武则天与唐高宗李治的合葬墓，是中国乃至世界上独一无二的一座两朝帝王、一对夫妻皇帝合葬陵，是唐代帝王“因山为陵”葬制的典范和闻名中外的旅游胜地。唐乾陵位于咸阳市区西北方向 50 公里处的梁山上。极目远眺梁山，苍茫烟云衬托着三座挺拔峻峭的山峰，呈北高南低之势耸立于茫茫苍穹之下，气势雄伟壮观。据

宝函（周耀林　摄）

黄帝陵（周耀林　摄）

史书记载，陵墓原有内外两重城墙，四个城门，还有献殿阙楼等许多宏伟的建筑物。勘探表明：内城总面积 240 万平方米。城墙四面，南有朱雀门，北有玄武门，东有青龙门，西有白虎门。从乾陵头道门踏上石阶路，计 537 级台阶，其台阶高差为 81.68 米。走完台阶即是一条平宽的道路直到“唐高宗乾陵”碑，这条道路便是“司马道”。两旁现有华表 1 对，翼马、鸵鸟各 1 对，石马 5 对，翁仲 10 对，石碑 2 道。东为无字碑，西为述圣记碑。有王宾像 61 尊，石狮 1 对，周围还有 17 座陪葬墓。“唐高宗乾陵”墓碑高 2 米，是陕西巡府毕源为高宗所立，原碑已毁，现在这块碑是清乾隆年间重建的。此碑右前侧的另一块墓碑上有郭沫若题写的“唐高宗李治与则天皇帝之墓”12 个大字。

轩辕庙（周耀林　摄）

乾陵远眺（周耀林　摄）

复习与思考

1. 阐述中国古代城市选址的特征及其原因。
2. 试述历史文化名城、历史街区、历史文化保护区、历史风貌地区的概念及区别。
3. 历史文化名城有哪几种类型？如何理解名城的特点？

4. 评定历史文化名镇名村的基本条件有哪些？并简述其特征。
5. 阐述我国历史文化名城名镇名村保护的历程。
6. 历史文化名城名镇名村保护面临的主要危机是什么？
7. 历史文化名城名镇名村保护的内容有哪些？
8. 论述历史文化名城名镇名村保护规划的发展过程。
9. 编制历史文化名城与名镇名村保护规划有哪些具体要求？
10. 如何认识西安的历史文化遗产的价值？

第八章
文物保护单位

本章要点

1. 文物保护单位制度的建立
2. 文物保护单位的含义
3. 文物保护单位的分类与分级
4. 文物保护单位的申报与公布
5. 文物保护单位的“四有”工作
6. 全国重点文物保护单位的界定
7. 全国重点文物保护单位名录
8. 武汉大学早期建筑

关键词 文物保护单位　申报　公布　“四有”工作　全国重点文物保护单位　武汉大学早期建筑

文物是人类在历史发展过程中遗留下来的具有历史、艺术、科学价值的遗迹和遗物。地球上有人类也就有了文物。一切文物都是一定历史时期的产物，因此，它是凝固的历史，是人类社会发展的历史见证。在我国，“文物”一词的含义，类似于国外常用的“文化遗产”（Cultural Heritage）概念。

文物依据存在的形式可分为可移动文物和不可移动文物两大类。不可移动文物（类似于国外的“不可移动文化遗产”，Immovable Cultural Heritage）包括古遗址、古墓葬、古建筑、石窟寺、石刻、壁画、近现代重要史迹及代表性建筑等。不可移动文物依照法定程序公布为文物保护单位，实行文物保护单位模式，作为保护的重点纳入国家系统管理之中。

第一节　文物保护单位的设立

一、文物保护单位制度的建立

文物保护单位作为不可移动文物是国家宝贵的科学文化财富。从20世纪50年代开始，我国对不可移动文物就采取了文物保护单位的管理制度。1956年，国务院发布了《关于在农业生产建设中保护文物的通知》，要求“必须在全国范围内对历史和革命文物遗迹进行普查调查工作”，针对已知的重要古文化遗址、古墓葬、革命遗址、纪念建筑物、古建筑、碑碣等，由省、自治区、直辖市人民委员会公布为保护单位，作出保护标志。在这份《通知》中，首次提出了“保护单位”的概念。

1961年的《文物保护管理暂行条例》，规定了各级文化行政管理部门必须进行经常性的文物调查工作，并鉴别和选择重要文物，根据其价值的高低，报人民政府核定公布为文物保护单位。《文物保护管理暂行条例》正式提出“文物保护单位”的名称和内容，这标志着我国不可移动文物保护单位制度的初步形成。同年3月4日，为了更好地贯彻《文物保护管理暂行条例》，以梁思成的《全国重要建筑文物简目》为基础，国务院公布首批共180处全国重点文物保护单位名单。

继1956年第一次文物普查之后，我国政府在1981年组织了第二次全国文物普查，这次普查规模之大、投入人力财力之多远远超过第一次，实现了对文物资源的抢救性发现和超常规积聚。在这次文物普查的基础上，共调查登记不可移动文物40万处，选取近7万处公布为文物保护单位，其中，分六批公布全国重点文物保护单位2351处，省级文物保护单位8831处，市、县级文物保护单位58 371处。

2007年，第三次全国文物普查工作正式启动，迄今仍在进行之中。2007年4月至9月为普查第一阶段，主要任务是确定技术标准和规范，开展培训、试点工作；2007年10月至2009年12月为普查第二阶段，主要任务是以县域为单元，实地开展文物调查。

经过几十年的发展，我国文物保护单位制度不断完善，并形成了独具中国特色的文物管理制度。

二、文物保护单位的定义

什么是文物保护单位？文物保护单位是在中国境内由各级政府按照法定程序审核公布的、明令保护的历代遗留下来的具有历史、艺术、科学价值的不可移动的一组群体或单位文物，由文物本体、附属物、历史风貌及人文环境等要素有机组成，且相互印证、不可分割。

不可移动的文物，不论是单个个体还是群体，都可以构成一处文物保护单位。换言之，文物保护单位是经过人民政府核定公布的不可整体移动的文物。一般来说，它的形体、面积较大，不能收藏于博物馆内，不可能像馆藏文物那样可以轻易移动。以古建筑群为例，如故宫、武汉大学历史建筑群等，往往与周围环境有着密切的或者不可分割的联系，构成了不可整体移动的文物，构成了文物保护单位。

在一般情况下，文物保护单位是不可移动的。但在特定的环境和特殊的情况下，有的文物保护单位也是可以移动的，但必须按照法定的程序经过批准后方可移动。例如石碑，在原处既无其他建筑、又与周围风景名胜无关，而且不便于保护，而移动后也不影响它的价值，在这种情况下，经过报批后，迁到便于保管、便于群众参观的地方，这种移动是允许的。如陕西西安的碑林集中了散存在各地的碑刻。

根据《中华人民共和国文物保护法》的规定，在基本建设工程范围内的文物保护单位，如古建筑、石碑，可以进行搬迁。如三峡工程建设中，重庆市云阳县张飞庙、奉节县瞿塘峡石刻、湖北秭归县屈原庙都处于水库的淹没区，为了保存这些珍贵的文化遗产，根据文物法的规定，经国家批准，把这些古建筑和石刻迁移至淹没区以上，按原来的布局和原状复建。即便如此，有些类型的文物保护单位仍不能移动，如古遗址、古城址、古窑址、古地道、古墓葬、近现代遗址以及一些特殊的石刻类文物等。以古遗址为例，它们是古代人类活动的遗存，其文化层代表了不同年代的遗存，其遗迹、遗物反映了不同时期的生产力水平，搞乱这些遗址就会使其失去价值。因此，它们根本无法移动，只能进行清理发掘。特殊的石刻类文物，如重庆白鹤梁石刻，因梁上所刻石鱼提供了1200多年以来长江枯水位（历年的最低水位）的宝贵记录，相当于一座古代水文站，不仅在我国仅此一处，在世界上也实属罕见。同时，梁上的石刻群荟萃了历代书法精品，是我国仅有的一处水下碑林。为了真实、完整地保护白鹤梁石刻，我国政府采取了原址保护措施，修建了白鹤梁水下博物馆，实施原地保护。

由于我国历史悠久，地上地下保存的不可移动文物很多，公布文物保护单位只能分期分批进行。因此，许多不可移动文物虽然未能被公布为文物保护单位，但仍受所在地政府的保护。

三、文物保护单位的分类与分级

划分文物保护单位的类别，主要是为了实现文物保护单位管理的科学化、合理化和有序化。

目前，根据《中华人民共和国文物保护法》对不可移动文物范围的界定，我国文物保护单位分为古文化遗址、古墓葬、古建筑、石窟寺、石刻、壁画、近现代重要史迹和代表性建筑六大类。实际上，从1961年国务院公布第一批全国重点文物保护单位起，文物保护单位一直都分为六类，但在排列顺序和归类方面稍有变化。其中，第一至三批分类为：(1) 革命遗址及革命纪念建筑物；(2) 石窟寺；(3) 古建筑及历史纪念建筑物；(4) 石刻及其他；(5) 古遗址；(6) 古墓葬。第四至六批分类为：(1) 古遗址；(2) 古墓葬；(3) 古建筑；(4) 石窟寺及石刻；(5) 近现代重要史迹及代表性建筑；(6) 其他。以上两种分类，后者显然比前者更符合我国不可移动文物存在的现状和特点，更具科学性。

分级管理是我国文物管理工作中的一项重要原则。我国的文物保护单位分为全国重点文物保护单位、省（自治区、直辖市）级文物保护单位、县（自治县、市、区）级文物保护单位三个级别，分别由国务院、省（自治区、直辖市）、县（自治县、市、区）人民政府公布。

文物保护单位主要是根据其本身的历史、艺术、科学等价值，作用和影响，分别公布为不同的级别，实行分级管理。因此，在公布之前，应对本行政区域内的不可移动文物的存在和分布情况进行调查，了解本地文物的详细情况，研究其历史、艺术、科学等价值。此外，还要了解我国历史和文物的概况以及当地文物在全省、全国所占的地位。只有这样，才能比较文物的价值和重要性，提出它相应的文物保护单位级别。

需要特别指出的是，对文物保护单位实行分级管理，市级和县级文物保护单位是省级文物保护单位和全国重点文物保护单位的基础。因此，凡属全国重点文物保护单位，同时也是省级和市、县级文物保护单位。在保护与管理的要求上，应按照该不可移动文物最高的保护单位级别进行保护管理，这是由《中华人民共和国文物保护法》规定的公布文物保护单位的程序决定的。

四、文物保护单位的申报与公布

《中华人民共和国文物保护法》第 13 条规定："国务院文物行政部门在省级、市、县级文物保护单位中，选择具有重大历史、艺术、科学价值的确定为全国重点文物保护单位，或者直接确定为全国重点文物保护单位，报国务院核定公布。""省级文物保护单位，由省、自治区、直辖市人民政府核定公布，并报国务院备案。""市级和县级文物保护单位，分别由设区的市、自治州和县级人民政府核定公布，并报省、自治区、直辖市人民政府备案。"这些条文规定了文物保护单位的申报与公布程序。

市、县级文物保护单位，由市、县级文物行政部门根据对本地区不可移动文物调查或普查的情况，选择具有历史、艺术、科学价值的不可移动文物，提出建议名单，由市、县级文物行政部门报市、县级人民政府核定公布，并报省级人民政府备案。

省级文物保护单位建议名单的提出是由省级文物行政部门从市、县级文物保护单位中加以选择，对具有全省意义和价值较高的文物保护单位进一步调查、核实和研究，提出初步的建议名单，征求有关方面和专家的意见，最后提出一个正式名单，报省级人民政府核定公布，并报国务院备案。

全国重点文物保护单位由国家文物行政部门在省级文物保护单位中，选择具有特别重大历史、艺术、科学价值的不可移动文物，并拟出名单，征求有关部门的意见，组织有关专家、学者评审，经调整后形成正式名单，连同直接指定的全国重点文物保护单位，报国务院核定公布。如 1982 年第二批全国重点文物保护单位，北京宋庆龄故居和上海万国公墓的宋庆龄墓，就是直接指定的。

另外，尚未核定公布为文物保护单位的不可移动文物，由县级人民政府文物行政部门予以登记并公布。

国家、省、市、县级文物保护单位申报批准公布程序见下图：

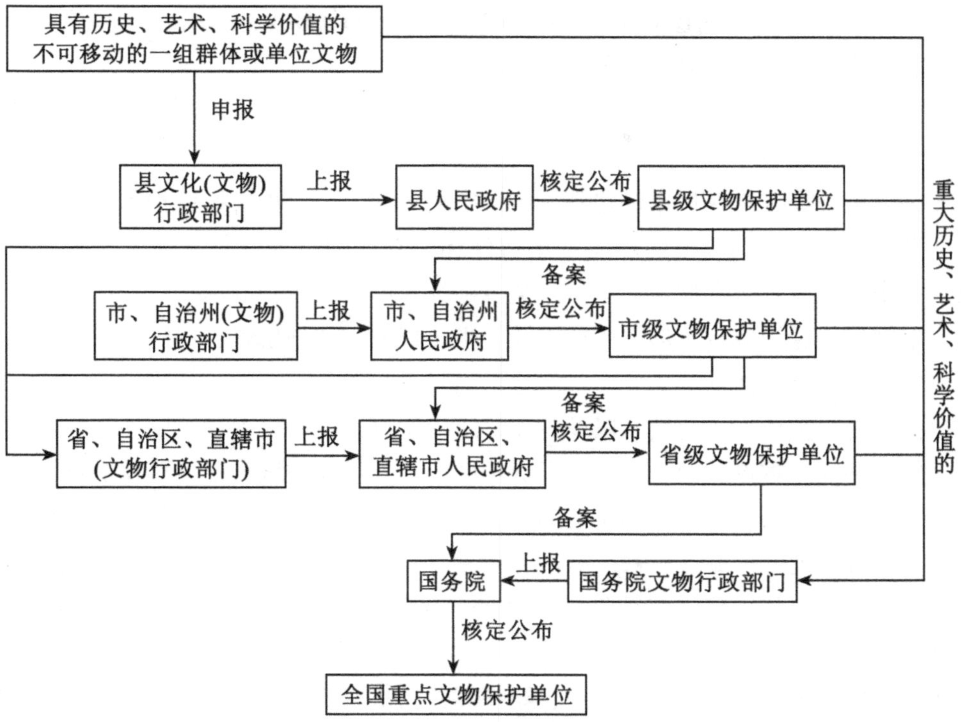

国家、省、市、县级文物保护单位申报批准公布程序

第二节　文物保护单位管理制度

不可移动文物的管理保护是一项业务性、政策性和社会性很强的工作，涉及的方面很广泛。不可移动文物管理的目的是为了对不可移动文物实施科学有效的保护，这是新时期文物工作总方针的要求。

一、文物保护单位“四有”工作

依据法律对文物保护单位进行保护，除公布不同级别的文物保护单位外，《中华人民共和国文物保护法》还对文物保护单位保护的方式作出了明确的规定，即划定必要的保护范围和建设控制地带，做出标志说明，建立记录档案，设置专门机构或者指定专人负责管理，这就是文物保护单位的“四有”管理方式，或曰“四有”工作。

“四有”工作是文物保护单位保护、管理、研究、宣传的基础，是我国文物保护单位管理制度的核心，更是切实保障不可移动文物及其环境安全的重要措施。我国一直非常重视文物保护单位的“四有”工作，用法律法规的形式对文物保护单位的“四有”工作作了明确规定，指出文物保护单位的“四有”工作，分别由省级、市县级人民政府负责。其中，保护范围的划定，做出标志说明，建立记录档案，设置专门机构或者指定专人负责管理应在公布文物保护单位后一年内完成。全国重点文物保护单位和省级文物保护单位保护范围的划定，由省级人民政府批准公布。市县级文物保护单位保护范围的划定，由市县级人民政府批准公布。

（一）划定必要的保护范围和建设控制地带

1. 划定必要的保护范围

保护范围是在文物保护单位之外划出一定的区域，以保护文物保护单位的安全及其周围的环境（人文环境和自然环境）不被破坏。在保护范围内，不得在地面或者在地下以及空中，从事危害文物保护单位安全及破坏周围环境风貌的活动。文物保护范围的大小，根据文物保护单位的形成历史以及类别、规模、地理位置、周围环境等情况，从实际出发，因地制宜而划定。

根据文物保护单位占地面积以及群体建筑的特点，可以将保护范围划分为重点保护区和一般保护区。重点保护区也称安全保护区，是为了保护该处不可移动文物本身的安全而划定的。一般保护区也称影响范围，大于重点保护区。划定一般保护区的目的是为了保护大型古遗址、古城址、古墓群的一般遗存；保护古建筑、石窟寺、纪念建筑物、近现代代表性建筑和民族风格建筑等群体的环境风貌，以及重点保护区之外的文化史迹，以利于研究、游览和观赏。

如果文物保护单位是单体的石碑、经幢等，通常只划定一个保护范围，但同时应注意保护周围的环境风貌。划定保护范围的原则，是保证不可移动文物的完整性，并在文物保护单位之外留出一定的安全距离。对于那些特别珍贵而又不宜遭受剧烈震动的文物保护单位，如石窟寺，因岩石风化，在受到剧烈震动时极易脱落；又如古建筑、古塔，历经千百年，有些已有倾斜或破裂现象，应避免剧烈震动，为此都要适当划出较大范围。保护范围划定后，要按照不同的比例把它标在文物保护单位的平面图上。同时，要根据文物保护单位的类别和具体情况，对保护范围内的保护要求做出明确规定。例如，在保护范围内严禁堆放易燃品、易爆品、放射性物质及有毒和腐蚀性物品，严禁开山采石，毁林开荒，砍伐古树，乱挖乱掘及一切危害文物安全的活动。

法律规定，文物保护单位的保护范围由政府划定。但实际上，该项工作是由文物行政部门和文物机构具体负责，经调查研究后，提出划定保护范围的方案，报人民政府批准公布。其中全国重点文物保护单位的保护范围，由省级文物行政管理部门报国家文物局备案。上报审批时，需附上说明材料，说明文物保护单位的历史、现状、价值、环境及保护范围，即“四至”，以及平面图、照片等。经批准公布的保护范围，具有法律效力，任何单位和个人都必须遵守。

2. 划出建设控制地带

文物保护单位的建设控制地带是在文物保护单位的保护范围外，为保护文物保护单位的安全、环境、历史风貌对建设项目加以限制的区域。建设控制地带的划定主要是根据保护文物的需要，也可以说是为保护它的环境风貌的需要。并不是所有的文物保护单位都要划定控制地带，这一点与文物保护单位都要划定保护范围不同。在这一地带，需要控制新的建设项目，包括新建筑物的高度和体量等，既保护文物保护单位本身，又保护它周围一定范围内的环境风貌。

划定建筑控制地带时，应根据文物保护单位的格局、环境和景观以及周围的地形、地貌、历史环境等情况进行科学划定。例如，古代建筑往往与风景连在一起，建设控制地带应包括风景部分。一些古建筑、石窟寺与名山大川联系在一起，有不少景点是借景，要考虑在它们之间划出建设控制地带。控制地带的大小，应根据文物保护单位的实际因地制宜予以划定。具体的划定工作由文物行政部门和城乡规划部门负责。全国重点文物保护单位和省级文物保护单位的建设控制地带划定后，须报省、自治区、直辖市人民政府批准。

在建设控制地带内控制建设项目的总的要求是：不修建直接或间接从空中或地下对文物构成危害和破坏文物保护单位环境风貌的新建筑物和构筑物。建设控制地带内，不得建设危及文物安全的设施，不得修建其形式、高度、体量、色调等与文物保护单位的环境风貌不相协调的建筑物或者构筑物，如确需修建与文物保护单位的气氛不相协调的新建筑，其设计方案也必须按照文物保护单位的级别征得同级文化（文物）行政管理部门同意后，报城乡规划部门批准后方可建设。

目前，我国已有一批全国重点文物保护单位都划定了建设控制地带，如故宫、长城、秦始皇兵马俑、敦煌莫高窟等。然而，有的全国重点文物保护单位依然在建设控制地带大兴土木，兴建楼堂馆所，严重破坏了国家文物保护单位周围的环境风貌。

（二）树立保护标志和说明牌

文物保护单位需要树立保护标志和说明牌，以便了解该处文物保护单位的级别、名称、公布机关和日期、树标单位等。从说明牌的内容可以了解该处文物形成的时代和时间，以及它在历史、艺术、科学等方面的价值。

文物保护单位的标志说明，包括保护标志和说明两项。保护标志的内容为文物保护单位的级别、名称、公布机关、公布日期、树标机关、树标日期等；说明的内容包括名称、年代、性质、内容以及它的历史、艺术和科学价值。全国重点和省级文物保护单位的保护标志由省级人民政府树立，县级文物保护单位的保护标志由县级人民政府树立。

保护标志一般应树立在易见处，如要道口、出入口等。范围较大的文物保护单位，或文物保护单位文物分布点多、线长，可设立若干分标志。分标志牌的尺寸均应小于总标志。树立标志以坚固为原则，通常为立柱式、坐式、镶嵌式等。标志的高度以适合一般人的视线为宜。保护标志的形式为长方形，横匾式，长宽比例一般为3∶2。最大为150×100厘米，最小为60×40厘米。在确定尺寸大小时，可根据文物保护单位的具体情况，选择比例适宜的尺寸。保护标志本体、文物保护单位的名称一般用仿宋字体或楷书、隶书；其他内容一律用仿宋字体。为便于识读，所有文字均用规范简化汉字，不得使用行书、草书和篆书。

说明可以书写在保护标志牌的背面，也可以另树立说明牌。说明文字主要介绍文物保护单位名称、时代、性质、内容、价值和保护范围等。全国重点文物保护单位的说明内容，应经省级文物行政部门审定。其他由县级管理部门和文物机构拟写，并报县级、省级或者国家文物行政管理部门备案。民族自治地区的文物保护单位的标志说明，应当同时用规范汉字和当地通用的少数民族文字书写。

（三）建立记录档案

建立记录档案是对文物保护单位进行保护的重要基础工作之一，也是实现法制化管理的基础工作之一。记录档案是记载文物保护单位产生、演变、现状、科研成果和保护工作的科学资料。记录档案的内容包括已发现的有关该文物保护单位的历史资料，经调查的保存现状资料以及法律、行政管理文件和保护、维修工程文件，科学研究成果等。记录档案通过文字、测绘、拓片、摹本、照片、录像、计算机磁盘及其他信息载体反映。

由于文物保护单位的保存现状、科研成果和保护工作是随时间而变化的，因而记录档案应是动态的，需随时补充记录文物保护单位现状的变化和新的科研成果以及进行的保护工作，使记录档案与文物保护单位的实际保持一致。全国重点文物保护单位记录档案的建立应根据国家文物局颁发的《全国重点文物保护单位保护范围、标志说明、记录档案和保管机构工作规范》（试行）来进行，其他各级文物保护单位的记录档案也应参照这一规范进行。记录档案的保存，必须有专人管理，并建立相应的管理和使用制度。

（四）建立健全保护机构

文物保护机构是国家对文物保护单位实行计划保护、管理的事业机构。根据《中华人民共和国文物保护法》的规定，文物保护单位应“区别情况分别设置专门机构或者专人负责管理”。专门保管机构的主要任务，是负责该处文物保护单位的调查、保护、管理、维修、藏品保管、宣传陈列、科学研究等工作。

对于尚不具备条件、未设立专门保管机构的文物保护单位，特别是全国重点文物保护单位，应设立专人负责保管，或者由县级以上人民政府责成使用单位或有关部门负责保护管理，并指定法人代表为文物保护负责人。不论已设立或尚未设立专门保管机构的文物保护单位，当地人民政府或者专门保管机构应根据不同情况，聘请文物保护员进行保护。

法律规定，应在文物保护单位设立专门的保护管理机构或指定专人负责管理。已建立的专门保护管理机构，不能变更管理体制。有些文物保护单位由城建、园林、宗教和社会团体等非文物部门管理，也应依法接受文物部门的监督和指导。

总之，文物保护管理工作是一项业务性很强的工作，内容广泛，涉及部门众多，需要各级相关部门的协调、合作。

二、纳入城乡建设规划

在进行城乡建设规划时，把文物保护单位纳入城乡建设规划，是对文物保护单位实施有计划保护和科学管理的重要措施。它可以使文物保护单位在城乡建设中免遭破坏，同时可以增加城镇的历史文化色彩，对建设有中国特色的城镇有重要意义。

实践证明，文物保护和城乡建设相互关联，相辅相成。凡将文物保护单位纳入规划并认真加以保护的，不仅可以保护文物，而且可以使其与周围建筑相协调，既保留了传统文化，又使其具有现代气息。例如，世界文化遗产安徽西递、宏村，云南丽江古城等，由于这些方面的工作做得比较好，为当地带来了巨大的经济效益。相反地，有些地方在规划城乡建设时，没有注意把文物保护单位纳入规划给予保护，使文物保护单位及其环境风貌在建设中受到损坏；有些地方由于没有规划，或者有规划而未严格执行，不仅在建设中破坏了文物及其景观，而且也使城镇建设失去了原有的特色。

做好把文物保护单位纳入城乡建设规划工作，城乡规划部门和文物行政部门应统一认识，加强联系，密切合作。具体而言，文物行政部门应该主动向城乡规划部门提供文物保护单位的分布情况、数量、规模大小、时代、价值等资料，提出保护意见，以便城乡规划部门在进行规划时有科学依据，将其科学合理地纳入城乡建设规划。同时，城乡规划部门也应及时分析整合文化保护单位的相关资料，在制定规划时将当地文物保护单位纳入其中。

三、在保护范围内不得进行其他建设工程

在保护范围内不得进行其他建设工程，是保护文物保护单位的重要措施之一。《中华人民共和国文物保护法》规定："文物保护单位的保护范围内不得进行其他建设工程或者爆破、钻探、挖掘等作业。但是，因特殊情况需要在文物保护单位的保护范围内进行其他建设工程或者爆破、钻探、挖掘等作业的，必须保证文物保护单位的安全，并经核定公布该文物保护单位的人民政府批准，在批准前应当征得上一级人民政府文物行政部门同意；在全国重点文物保护单位的保护范围内进行其他建设工程或者爆破、钻探、挖掘等作业的，必须经省、自治区、直辖市人民政府批准，在批准前应当征得国务院文物行政部门同意。"

对文物保护单位的具体保护措施，应由地方人民政府根据不同类别的文物的保护需要进行制定，并公告施行。所谓"因特殊情况需要"，是指在文物保护单位保护范围内进行其他工程，这类工程或项目必须是关系到国计民生和国家长远利益的建设项目。对于这些"因特殊情况需要"的建设工程，有严格的批准程序，除了必须经原公布的人民政府批准外，还必须征得上一级文物行政部门同意。同时，在批准时，要对文物保护单位采取保护措施，既要有利于文物保护，又要有利于国家基本建设。

近些年来，有些地方未经法定程序批准，在全国文物保护单位保护范围内或建设控制地带修建娱乐场所、宾馆饭店等，严重破坏了文物保护单位的人文环境和自然环境，破坏了文物保护单位的完整性。这些违法或违章的建设项目，只是从局部利益出发，根本不是特殊情况需要的工程。因此，有些地方为了申报世界遗产，花费数千万元甚至上亿元对这些楼堂馆所进行拆除，整治环境，目的就是恢复或改善文物保护单位的环境风貌。例如，为了四川青城山和都江堰申报世界文化遗产，四川省耗资 2 亿元将文物保护

单位范围内以及建设控制地带的大批设施全部拆除。

为了防止对文物保护单位及其环境造成污染，“在文物保护单位的保护范围和建设控制地带内，不得建设污染文物保护单位及其环境的设施，不得进行可能影响文物保护单位安全及其环境的活动。对已有的污染文物保护单位及其环境的设施，应当限期治理”。《中华人民共和国文物保护法》指出对文物保护单位及其环境造成污染的主要因素是废气、废水、粉尘等，如山西云冈石窟，因109国道距石窟山门不足300米，运煤车辆每天川流不息，造成窟区大气环境指标严重超标。大量煤尘沉积在石雕表面，若其与空气中的有害气体和水作用将加速石雕的风化。运煤车散发的煤渣烟尘使不少石窟造像成了“大花脸”。为了解决这个问题，大同市政府于1998年投资2亿元，在距离云冈石窟24公里外重新修建了一条运煤专线，同时改造109国道云冈段，使其成为一条旅游专线，从而大大改善了云冈石窟的环境。

四、原址保护和迁移保护

原址保护是保护不可移动文物的一个重要原则。不可移动文物的产生和形成，总的来说，与周围人文和自然环境紧密相连，共同构成一个整体。原址保护就是将不可移动文物的历史、艺术、科学价值和各种文化信息比较完整地保存下来，目的是为了充分发挥文物的作用。例如，与重大历史事件有关的、具有重要纪念意义的近代重要史迹，在当时的环境和条件下，选择该地作为领导机关和会议旧址是有利的。一旦把它移往别处，自然环境和人文环境都改变了，后人就难免费解了。以革命圣地井冈山为例，1927年10月，毛泽东率领湘赣边界秋收起义部队到达井冈山，把中国革命重心从城市转向农村。随后，朱德、陈毅和彭德怀等人先后率领队伍来到井冈山，与毛泽东的部队胜利会师。他们在此创建了中国第一个农村革命根据地，粉碎了国民党反动派对井冈山根据地的军事“围剿”和经济封锁，取得了井冈山斗争的胜利。当年毛主席、朱德等老一辈革命家在井冈山的斗争和生活遗迹，包括黄洋界上阻击国民党军队的战壕，很多被保留下来了，有的还是全国重点文物保护单位。这些原址的保护其实就是保护历史的真实性。

在以经济建设为中心的现代化建设中，建设工程往往涉及文物保护单位及其他不可移动文物的保护问题，因此必须正确处理好建设工程与文物保护的关系，建设单位在进行建设工程选址时，首先要注意在选址范围内是否有不可移动文物或文物保护单位，该建设工程对不可移动文物或文物保护单位可能带来什么影响，该工程能否在此选址，这些问题在建设工程选址和论证阶段就应加以解决。如果选址可以确定，在可行性研究或工程设计阶段就要把保护不可移动文物或文物保护单位的措施列入可行性研究报告或者设计任务书中；如果需要另行选址，也不会给建设单位带来损失。

建设工程选址避开不可移动文物的事例很多。例如，湖北大冶铜绿山古铜矿遗址，现在仍有很大的开采价值。正因为如此，有人认为可以对遗址进行迁移保护。但经过考察和反复论证，为了保护该处全国重点文物保护单位，政府决定停止开采铜矿矿石，实行原址保护，现已建成遗址博物馆。再如，重庆涪陵城北江中保存的唐至清代水文石刻（白鹤梁石刻），是1988年公布的全国重点文物保护单位。在三峡大坝建成后，该石刻将永远处于水下。一旦迁移，该石刻将失去它的重要价值。经反复研究决定，政府以博物馆建设模式实施了原址保护，并于2009年5月18日建成开馆。

迁移文物保护单位是在无法实施原址保护的情况下所采取的一种保护措施，但并不是任何文物保护单位都可以迁移。

迁移或者拆除的文物保护单位主要是古建筑、纪念建筑物、近现代代表性建筑和石刻等。如果要迁移或者拆除文物保护单位，必须是这项工程特别需要；否则，不可实施迁移或者拆除。例如，因修建黄河三门峡水库，将处于水库淹没区的元代建筑永乐宫（内有巨幅壁画）迁至芮城县城以北。长江三峡工程对那些处于淹没区的一些古建筑也都事先实施了迁移保护。

经批准迁移或者拆除的文物保护单位，在迁移或者拆除中，文物行政管理部门要组织专业技术人员，对迁移或拆除的古建筑、纪念建筑物等做好详细的文字记录，包括实测平面图、立面图、剖面图、结构图、大样图、拍摄的各种资料、临摹壁画等。在拆除过程中，要做好各种构件的编号、登记、拍照与拆除记录等工作，分类码放构件。迁移的古建筑、纪念建筑物等，要选好新址，按原来的布局、建筑结构和形式，尽可能利用原来的主要构件，重新复原修建。拆除后不再在异地复原修建的，其建筑构件、艺术品、附属文物如碑、匾额、楹联等，应由文物行政部门指定的国有文物收藏单位收藏。

五、保持原状

对不可移动文物进行修缮、保养、迁移，必须遵守不改变文物原状的原则。

什么是不可移动文物的原状？如何保持原状？这是文物保护中经常涉及的问题。一般来说，不可移动文物的原状，是指它产生和形成的状况，不一定是不可移动文物最早的状况。不同类别的文物，其原状的内容，既有相同之处，又有各自的特点。总的来说，不可移动文物的原状内容应包括：①文物规模（或范围）和布局（或分布）及其相互关系；②建筑结构、形式、法式以及主要材料；③文物形式、内容和艺术手法；④文物周围的地形、地貌、自然环境以及历史人文环境等。

其实，所谓“原状”是相对的，将“原状”绝对化是不科学的。但这绝不是说，在文物保护单位的修缮、保养、迁移中可以因此而不遵守、不执行“不改变文物原状”的原则。相反地，保存的历史状态（原状）越多，文物的历史、艺术和科学价值越大。如古墓葬，特别是一些帝王陵墓，地面上保留有陵寝建筑，在保养、维修工程中遵守、坚持不改变原状的原则，可以使其更好地反映当时的建筑规模、形制、建筑法式等，更好地保留它的历史、艺术和科学价值。

对不可移动文物的修缮、保养、迁移，是一项研究和工程技术工作，专业性很强。为了保证在修缮、保养、迁移不可移动文物过程中遵守“不改变文物原状”的原则，必须有组织和法律保障。为此，《中华人民共和国文物保护法》作了相关规定：“对文物保护单位进行修缮，应当根据文物保护单位的级别报相应的文物行政部门批准；对未核定为文物保护单位的不可移动文物进行修缮，应当报登记的县级人民政府文物行政部门批准。”根据上述规定，全国重点文物保护单位修缮方案的设计应报国家文物行政部门批准。

第三节　全国重点文物保护单位

一、全国重点文物保护单位的公布

全国重点文物保护单位是中华人民共和国对不可移动文物所核定的最高保护级别，即中国国家级文物保护单位，由国家文物局审核、国务院核定公布。具体而言，是由国务院文物行政部门在省级、市、县级文物保护单位中，选择具有重大历史、艺术、科学价值的确定为全国重点文物保护单位，或者直接确定为全国重点文物保护单位，报国务院核定公布。

中华人民共和国建立前夕，为了保护北京城内众多文物古迹尽可能免受战火破坏，梁思成主持编录了《全国重要建筑文物简目》，其中共收录古建筑450余处，并附上“古建筑保护须知”。这在当年解放战争文物保护以及新中国成立后第一次文物普查过程中发挥了重要作用，也为公布第一批全国重点文物保护单位提供了重要参考。中华人民共和国成立后，面对北京等城市建设、改造与文物保护的矛盾，时任文化部文物局局长的郑振铎说：“要把北京有价值的文物进行彻底调查。”文物普查摸家底的工作自此从北京开始，逐渐发展到全国。从1956年至今，全国共进行了大规模文物普查活动三次，大致摸清了我国文物的分布情况。

1961年，国务院颁布了《文物保护管理暂行条例》，明确规定根据文物保护单位的价值将其分为三个不同的保护级别，即全国重点文物保护单位、省级文物保护单位和县（市）级文物保护单位。同时，国务院公布了第一批全国重点文物保护单位180处。第一批“国保”公布之后，十年浩劫的“文化大革命”使“国保”的评定工作搁置下来。“文革”结束之后，国家文物局在评估文物的损失情况时发现，全国重点文物保护单位中，除了一部分单位的局部遭到不同程度的破坏外，就整体而言，180处全国重点文物保护单位被完整地保存下来，这在一定程度上反映了公布全国重点文物保护单位，并把它们置于国家保护之下的重要性，同时也为政府继续公布全国重点文物保护单位增添了信心和决心。1981年，继第一次文物普查之后二十余年，我国开展了第二次全国文物普查，随后于1982年，国务院公布了第二批全国重点文物保护单位62处。1988年、1996年、2001年、2006年国务院分别公布了第三、第四、第五和第六批全国重点文物保护单位共计2351处。第三次文物普查也于2007年启动，目前正在进行中。

二、全国重点文物保护单位评定的基本原则和标准

第一批至第五批全国重点文物保护单位遴选，并未制定严格意义上的评定原则和标

准。国家文物局局长单霁翔就国务院公布第六批全国重点文物保护单位答记者问时，谈到了第六批全国重点文物保护单位的评审过程中遵循的基本原则：

第一，评审对象必须是历史上遗留下来的真实的实物，就是说它的时代、性质、特征基本明确，学术界对其价值的认识比较一致；

第二，对现代重建和改建过的，一般不予考虑；

第三，在要求候选单位有代表性、典型性或者独特性价值之外，还特别要求当地地方政府能够对其实施有效保护和管理，文物保护“四有”工作完成得较好。

全国重点文物单位遴选标准，主要从相关文物的价值、代表性、典型性等方面进行重点考虑。具体体现在：

古遗址主要选择那些具有重大文物、学术价值的旧石器遗址、新石器时代不同类型的典型遗址，历史时期不同朝代、不同类别、不同地域、不同级别的保存基本完好的典型遗址；

古墓葬重点考虑那些具有重大文物、学术价值，保存基本完好的帝王陵寝、大型墓葬群及其他具有特殊意义的墓葬等；

古建筑除重点考虑元及元代以前的早期木结构建筑、五代以前的砖石结构建筑，也考虑了部分时代稍晚、但具有特色或重要价值的建筑以及明清时期的优秀建筑群等。对于具有典型特征（地区、民族、时代等方面）的古代民居、民族建筑等也给予了充分重视。

近现代重要史迹和代表性建筑较多涉及在中国近现代历史上具有重要影响和作用的人物的故居、墓葬等。

对于历史名人遗迹的推荐重点考虑以下几个方面：在近现代史上占有重要地位，对中国近现代历史进程有重要影响的代表性人物；在某一领域具有突出贡献、在国内外有重要影响的代表性人物；著名民主人士、爱国华侨、少数民族同胞、国际友人中的代表性人物等。

重大历史事件发生地旧址及遗存的推荐重点为：反映中国人民反侵略、反压迫斗争的重要历史事件发生地、重要遗迹；具有标志性的重大历史事件的发生地旧址及遗存；具有全局意义的重大战役旧址；帝国主义和反动势力侵略、镇压、残害中国人民，具有纪念、警示和重要教育意义的重大事件的发生地以及相关的建筑物、构筑物和设施等。

对于代表性建筑则重点考虑19世纪40年代以来建造的，反映一定时期城乡建设进程、有明显建筑风格特征的建筑物、构筑物和设施；承载政治、经济、军事、文化、教育等历史发展信息的建筑物、构筑物和设施等。

三、全国重点文物保护单位名录

截至目前，国务院共核定公布了六批全国重点文物保护单位。

第一批全国重点文物保护单位：1961年3月4日公布180处（其中，1964年撤销1项，1981年恢复1项）。

第二批全国重点文物保护单位：1982年2月23日公布62处。

第三批全国重点文物保护单位：1988 年 1 月 13 日公布 258 处。

第四批全国重点文物保护单位：1996 年 11 月 20 日公布 250 处。

第五批全国重点文物保护单位：2001 年 6 月 25 日公布 518 处，该批将第一批所公布的 2 项合并为 1 项，与现有全国重点文物保护单位合并的项目共 23 处。此后增补 3 处，分别于 2002 年 11 月 22 日、2003 年 3 月 2 日、2003 年 4 月 3 日公布。

第六批全国重点文物保护单位：2006 年 5 月 25 日公布，共 1080 处，与现有全国重点文物保护单位合并的项目共 106 处。

限于篇幅，本书并未罗列全国重点文物保护单位名录，读者可以参考国家文物局网站相关内容。

第四节　案例赏析：武汉大学早期建筑

武汉大学早期建筑气势恢宏、布局精巧、中西合璧、美轮美奂，是中国近代历史时期唯一一个具有完整规划和统筹设计，并在较短时间内一气呵成的大学校园，是全国最大、最美的一组近代高校建筑，堪称中国近代大学建筑的佳作和典范。其建筑风格之新颖、设计思路之先进，开中国大学校园建筑之先河。

1928 年 7 月，国民政府决定组建国立武汉大学，国民政府大学院（教育部）院长蔡元培任命李四光、叶雅各、张难先、石瑛、王星拱、麦焕章等为国立武汉大学建筑设备委员会成员，李四光为委员长。

武汉大学现址——珞珈校园，是由李四光和众多科学家等专家学者共同选址择地、规划，由美国建筑师凯尔斯（F. H. Kales），结构设计师莱文斯比尔（A. Leverspiel）、萨克瑟（R. Sachse）主持设计，聘请缪恩钊工程师负责建造，由汉协盛、袁瑞泰、上海六合等营造厂承建主体建筑。工程于 1929 年 3 月破土动工，1936 年全部竣工。主要建筑有文、法、理、工四个学院大楼和图书馆、体育馆、学生宿舍、学生饭厅及俱乐部、华中水工实验所、珞珈山教授别墅（十八栋）及街道口牌坊、半山庐等。占地面积 3000 余亩，建筑面积 7 万多平方米，工程造价 400 多万元（银元），见表 8-1。武大早期建筑，在中国近代建筑史、中国大学校园建设史及中国教育史上有着十分重要的地位，其历史价值丰赡深厚。

表 8-1　**武汉大学早期建筑基本信息**

建筑名称	现用名称	栋数	层数	建筑面积（m^2）	竣工时间	建筑类型	建筑结构	设计者	施工方
男生寄宿舍	樱园一舍至四舍	4	4	13 773	1931 年	科教	砖混结构	F. H. Kales，R. Sachse	汉协盛营造厂
学生饭厅及俱乐部	樱园食堂及大学生活动中心	1	2	2727	1931 年	科教			汉协盛营造厂

续表

建筑名称	现用名称	栋数	层数	建筑面积（m^2）	竣工时间	建筑类型	建筑结构	设计者	施工方
文学院	数学与统计学院	1	4	3928	1931 年	科教			汉协盛营造厂
理学院		5	5	4671 5449	1931 年， 1936 年	科教	钢筋混凝土框架结构	F. H. Kales, R. Sachse	汉协盛营造厂
周恩来旧居		1	3	392	1931 年	科教	砖木结构		汉协盛营造厂
郭沫若旧居		1	3	476	1931 年	科教	砖木结构		汉协盛营造厂
国立武汉大学牌楼		1	—	40.5	1933 年		钢筋混凝土结构		
半山庐	人事部	1	2	507	1933 年				
图书馆	图书馆 典藏部	1	6	4767	1935 年	图书馆	钢筋混凝土框架结构	F. H. Kales	上海六合公司
法学院	外国语言文学学院	1	4	4013	1936 年	科教			上海六合公司
工学院	行政楼	5	4	8140	1936 年	科教	钢筋混凝土框架结构	F. H. Kales	上海六合公司
体育馆	老体育馆	1	4	2748	1936 年	体育	钢筋混凝土框架三铰拱钢架结构	F. H. Kales, A. Leverspiel	上海六合公司
华中水工实验所	档案馆	1	2	2197	1936 年	纪念		缪恩钊	上海六合公司
六一纪念亭		1	1	58.02	1948 年				蔡广记营造厂
李达故居		1	1	168	1952 年			李达	

武大建筑颇具特色，记载了近现代中国大学校园建设的艰辛足迹。李四光等建委会委员们，为国立武汉大学新校舍的建设筚路蓝缕，呕心沥血。在早期的建设过程中，无不饱浸着当时的教育者、仁人志士的爱国热情和对教育的热爱，体现了他们求真务实、尊重科学、艰苦奋斗的精神。

武汉大学早期建筑也是近代中西文化交流的重要史证。珞珈校园的建设时期，正是欧风美雨向中国内陆逐步渗透的时期。珞珈山的“国立武汉大学”校园是中国人自主创建的第一个大学校园，是中外建设者共同努力的结晶。凯尔斯等建筑大师在尊重中国传统文化的基础上，运用西方建筑技术，将中国传统建筑理念与西方古典建筑艺术巧妙结合，规划设计出中西合璧的武汉大学早期建筑。

原工学院大楼（刘秋霞　摄）

原理学院大楼（刘秋霞　摄）

远看似仙山琼阁，近看如楼台宫殿，武汉大学早期建筑其“中西合璧”的设计方法和高超的艺术价值令人惊叹。不仅如此，武汉大学早期建筑还是弘扬爱国思想的圣地，许多影响中国历史进程的事件和人物在这里汇聚。抗日战争期间，周恩来、邓颖超、郭沫若曾在这里居住，并多次为师生宣讲抗日救国主张。1938 年 3 月，国民党临时全国代表大会也曾在这里召开，会上，蒋介石被推选为“总裁”。学校西迁乐山后，

原文学院大楼（刘秋霞　摄）

原图书馆大楼（刘秋霞　摄）

珞珈山校园便成为国民政府领导全国抗战的军事指挥中枢，全国九大战区文臣武将齐聚珞珈。同时，国立武汉大学早期建筑为培养高级人才和科学研究提供了良好的条件。一批批蜚声中外的专家、学者应聘来校执教，为社会培养了36万珞珈学子，涌现出70多位中国科学院院士、中国工程院院士。武汉大学的学术地位和教学水平令世人瞩目，为教育、科研事业作出了积极的贡献。

武汉大学早期建筑，在“坚固、避免奢华、富有民族的美术性”的总体思想指导下，从校园选址到规划布局、从建筑装饰到建筑艺术，充分体现了李四光和凯尔斯等人的博大胸怀和求实创新的科学精神。

由于具有较高的历史价值、艺术价值和科学价值，武汉大学早期建筑与清华大学早期建筑、北京大学未名湖燕园建筑一起作为首批中国大学校园内历史建筑群现址，于

半山庐（刘秋霞　摄）

樱花大道上的建筑群（刘秋霞　摄）

2001 年 6 月 25 日被国务院公布为第五批全国重点文物保护单位。

复习与思考

1. 什么是不可移动文物？不可移动文物可分为哪几类？

2. 如何理解《中华人民共和国文物保护法》关于文物保护单位的核定公布程序、公布机关的规定？

3. 文物保护单位“四有”规范的内涵是什么？如何落实“四有”规范？

4. 文物保护单位的效力如何？如何划定保护范围？

5. 树立文物保护单位的标志说明有哪些具体要求？文物保护单位的记录档案包括

哪些内容？

6. 为何要将文物保护单位纳入城乡建设规划予以保护？怎样才能兼顾城市建设和文物保护两方面工作的需要？

7. 什么是文物保护单位的建设控制地带？其法律效力如何？如何划定建设控制地带？

8.《中华人民共和国文物保护法》对文物保护单位的环境保护有何规定？意义如何？

9. 为何要对不可移动文物实施原址保护？迁移、拆除不可移动文物应当履行哪些手续？应当采取哪些保护措施？

10. 不可移动文物的修缮、保养义务人是谁？在不可移动文物修缮、保养、迁移过程中应当遵守什么原则？

第九章
古典建筑遗产

本章要点

1. 古典建筑的起源与发展
2. 古典建筑的基本类型
3. 古典建筑的等级
4. 古典建筑的艺术价值
5. 故宫的建筑哲学与价值

关键词 古典建筑　历史　类型　登记　故宫

雨果把建筑看作“用石头写成的史书”，歌德则认为它是“凝固的音乐”。人类在长期的发展中，积累了丰富的建筑经验，形成了建筑文明，由此带动了城市文明的产生和发展。同时，建筑不仅仅是一种工程技术，更重要的是，它是民族文化、民族精神和民族信仰的物化。

中国建筑的演变经历了漫长的时期，从洞穴到地上筑屋、从树干墙屋到钢筋水泥、从简易茅屋到摩天大楼，经历了数百万年的时间。在这一变化过程中，人类从自然的恐惧者变为自然的征服者。作为拥有3000余年文字记载历史的文明古国，中国的建筑创造了一个又一个奇迹，形成了独具中国特色的建筑文明，成为与西方建筑和伊斯兰建筑并列的世界三大建筑体系之一，自豪地立足于世界建筑之林。因此，我国的古典建筑是我国国家遗产不可分割的部分。透过我国古代建筑成就，不仅可以窥视建筑的历史原貌，也可以体察古人在征服自然、改造自然的过程中所留下的最为巨大、壮观的痕迹。

第一节　古代建筑起源与演化

人类最早的建筑只不过是我们的原始祖先用以遮蔽风雨、防御野兽袭击的栖身之地而已。这种简陋的“建筑”，许多文献史料和考古资料证实主要有两种：一为“巢居”，即在树上搭巢居住；一为“穴居”，即利用天然山洞或掘土穴藏身。《易·系辞》曰“上古穴居而野外”，所记载的正是这个历史阶段。当时，山洞高于河面，是理想的藏身和保存火种的地方。在许多天然洞穴中发现曾使用过的火和粗制石器的遗迹，便能够说明这一点。其中，最为著名的是周口店“北京人”居住的洞穴。

有意义的是随着自然条件的变化和人类文明的进步，巢居逐渐从树上下落到地面，而穴居也渐渐从地下上升到地面，于是，有地基、有墙壁、有屋顶等结构的地面建筑形成了。当然，这一变化过程经历了数十万年的漫长岁月。

一、商周时期建筑的发展

河南偃师二里头遗址是商代（公元前16—前11世纪）早期的遗物，建于面积约10 000平方米的夯土台基上，估计夯土量在20 000立方米以上；台基中部是一座面阔八间、进深三间的大殿，南部是大门，台基四周环以廊庑，构成一组完整的建筑群。这座宫殿在建筑史上的意义，至少有这么几项：孕育了高台建筑的雏形，具有防御性外围“庑”和举行朝拜等仪式的封闭性广场“庭”，特别是主体殿堂的“四阿重屋”造型，给人一种崇高庄重的威严感，它成为后世殿堂建筑不移的至尊式样，以至于数千年后紫禁城的太和殿还保持着这种形式。虽不复杂但却十分宏伟颇有气势的宫殿建筑，其井干式墓室建筑也给后世以重大影响。

西周（公元前1046—前771年）被认为是上古中国的“黄金时代”，因此，它的建筑水平理所当然要比商朝进步。这时的城市建设已形成制度，并且具有严格的等级，城墙高度、道路宽度和重要建筑物都须按宗法等级制度进行营造。据说《考工记》所载即是周朝的都城制度：“匠人营国，方九里，旁三门，国中九经九纬，经涂九轨，左祖右社，面朝后市。”汉以后有些朝代的都城为了附会古制，往往参照《考工记》的内容进行建设并有所发展。

瓦的发明是西周建筑的重大成就，它使建筑脱离了“茅茨土阶”的简陋状态。陕西岐山凤雏村发掘的一组宫室遗址是周初具有代表性的建筑遗址，也是我国四合院的最早实例，这里的建筑屋顶就采用了瓦。当然，这时瓦的使用尚不多见，大概还只是一种豪奢的象征。春秋时期（公元前770—前476年，即东周前期）建筑上的重要发展是瓦的普遍使用和作为诸侯宫室用的高台建筑（或称台榭）的出现，同时，随着诸侯日益追求宫室的辉煌和华丽，建筑装饰与色彩也得到了长足的发展。

夏、商、周三代的主要建筑类型是城市和宫殿，它们对后世封建社会的建筑产生了深远的影响。

二、秦汉时期建筑的第一个高潮

秦汉王朝尤其是汉朝，是中国封建社会政治、经济、文化乃至建筑方面的第一个高潮时期。秦汉建筑以城市与宫殿为代表，其宏伟规模和磅礴气势令后人惊叹。考古学家曾在咸阳市东郊发掘出一座高台建筑遗址，据测定为秦咸阳宫殿之一。这座面积达

2700平方米的长方形夯土台，高6米，上面的建筑物由殿堂、过厅、居室、浴室、回廊、仓库和地窖等组成，这些建筑高低错落，形成一组复杂壮观的建筑群。秦始皇在统一六国后便集中全国人力物力与六国技术成就，在咸阳大规模修筑都城、宫殿、陵墓，历史上人所共知的阿房宫、骊山陵，至今犹有遗迹可寻。

刘邦成功地建立起秦始皇未能建立的一个历时长久的汉王朝，建新都于咸阳东南，并以当地一个吉祥的村庄名称“长安”作为新都城的名称。汉长安城在今西安城西北，其平面略呈正方形，但不规则。“南为南斗形，北为北斗形”，故古书上又称“斗城”。城周50华里，面积是当时罗马城的4倍。这里建造了大规模的宫殿、坛庙、陵墓、苑囿和宅第。如未央宫，前殿“东西五十五丈，深十五丈，高三丈五尺”，“金铺玉户”、“重轩镂槛”，以至于布衣出身的刘邦自己看了也觉得过分华丽，而大臣萧何则进言：“天子以四海为家，非壮丽无以重威”，刘邦这才心安理得。汉长安的城市建设还有一大特色，即在东南与北面郊区设置了七座“卫星城”——陵邑，即长陵、安陵、霸陵、阳陵、茂陵、平陵、杜陵，均为各地强制迁移来的豪族聚居处。成语“五陵少年”、“五陵轻薄儿”即指这些豪门纨绔子弟。

从出土的汉代文物画像砖、画像石和明器陶屋来看，当时木架建筑渐趋成熟，尤其是代表中国木结构显著特征的斗拱已普遍使用，尽管还远未达到唐宋时期的水平，但它支撑向外挑出的屋檐的结构作用已非常明显，由此又推动了中国古建筑特色之一的屋顶形式朝着多样化的方向发展。汉代制砖技术和拱券结构有巨大进步，而那些雕刻精美的石建筑，如墓阙、墓祠、墓表和石兽、石碑等，更是这一时期的杰作。

三、魏晋南北朝时期建筑的推进

魏晋南北朝时期，南朝首都建康（今南京）的佛寺有500多座，北魏统治区域内佛寺更达数万座，仅洛阳一地就有千余座。佛教涌进国门，促进了魏晋南北朝建筑的发展。

佛教传入中国之初，佛寺布局与印度相仿，以塔为主要崇拜对象，置于佛寺中央，而塔后的佛殿反而为辅助设施。南北朝时，许多达官显贵捐出住宅以建寺院，即所谓“舍宅为寺”。他们往往将住宅的前厅改作大殿，后堂变为讲堂，于是外来的佛寺建筑与中国传统的庭院式木结构建筑结合起来，又融入了过去的私家园林建筑，从而消除了印度寺院那种阴森恐怖的宗教气氛，使其逐步发展成为市民的游览场所。

佛塔梵文音译为“窣堵坡”或“佛陀窣堵坡”，讹略为“浮图”，是为藏置佛的舍利（即遗骨）和遗物而建造的。它起源于古印度一种竹顶抹泥的民宅，后来演变成有如覆盆加顶的形象。传入中国后，与东汉已有的多层木结构楼阁相结合，形成了中国楼阁式木塔。塔内不仅仍藏舍利，供奉佛像，还可以登临远眺。原来的窣堵坡缩小了，安置于塔顶之上，称为“刹”，这就是人们将佛教古塔称为“古刹”的原因。刹既具有隐喻死者升入天堂乐土的宗教意义，又装饰了塔身形象。“上累金盘，下为重楼”成为中国佛塔最常见的形式。除了楼阁式木塔以外，魏晋南北朝时期还发展了石塔和砖塔，现存北魏建造的河南登封嵩岳寺塔是我国最早的佛塔。这种秘檐式砖塔与楼阁式木塔不同，仅作礼拜对象而不供登临游眺。

石窟寺是魏晋南北朝佛教建筑的一个重要类型。它是在山崖上开凿出来的洞窟型佛寺。石窟寺是随着佛教的传入而出现的，不过，中国工匠开凿山崖并进行建筑施工是以汉代的崖墓开始的。不同的是，崖墓是封闭的供死人冥居的墓室，而石窟寺则是为僧侣的宗教生活提供场所。魏晋南北朝时期，凿崖造寺之风遍及全国，其中开凿最早的是新疆克孜尔石窟。此后，甘肃、陕西、山西、河南、河北、山东、辽宁、江苏、四川、云南等地的石窟寺相继出现，其中最著名的有山西云冈石窟、天龙山石窟，甘肃莫高窟、麦积山石窟，河南龙门石窟，河北响堂山石窟等。除莫高窟和龙门石窟外，其余各主要石窟多为南北朝时期完成。这些石窟寺建筑和精美的雕刻、壁画等是中国古代文化的宝贵遗产。

尽管魏晋南北朝时期的建筑不及秦汉时期有那么多生动的创造和革新，但毕竟有所进步。除佛教建筑外，这时的城市、宫殿、住宅、陵墓等建筑类型得到了继承发展。南朝陵墓虽然规模不大，却相当简朴明快，风格也相当豪放。这些陵墓多无墓阙，只建神道。神道两侧置附翼的石兽，石兽之后，左右有墓表及石碑，它们成为中国建筑史上难得的建筑小品。例如，现存南京的梁萧景墓表，其形制简洁秀美，雕饰虽多面却无繁琐之弊，成为汉以来墓表建筑中最精美的一例。

四、唐宋时期建筑的辉煌

唐朝（公元618—960年）为中国封建社会经济文化发展的高潮时期，在建筑技术和艺术领域也取得了辉煌成就。

建于公元634年的大明宫位于长安城外东北龙首山上，居高临下，可以远眺城内街市。宫城占地面积约为明清紫禁城的4.5倍，呈不规则长方形。其中宫殿以轴线南端的外朝最为宏丽，有南北纵列的大朝含元殿、日朝宣政殿和常朝紫宸殿。含元殿是大明宫正殿，利用龙首山做殿基，至今残存遗址还高出地面10余米。殿宽11间，前有长达75米的龙尾道，左右两侧稍前处又建翔鸾、栖凤两阁，以曲尺形廊庑与含元殿相连。这组造型雄伟壮丽的巨大建筑群，表现了唐朝的兴盛与气魄。大明宫另一组华丽宫殿是麟德殿，为皇帝饮宴群臣、观看杂技乐舞和作佛事的地方，由前、中、后三座殿阁组成，面宽11间，进深17间，面积约等于故宫太和殿的3倍。殿两侧有楼阁相辅，构成一座复杂庞大的殿宇。

此外，唐朝皇帝与被后世奉为道教始祖的老子（李耳）同姓，因此大肆提倡道教，从而使道观建筑兴盛起来。同时，伊斯兰、景、祆、摩尼等宗教都在唐朝时期传入中国，这些宗教建筑也随之出现。

唐代建筑对后来中国建筑体系的发展起了很大的推动作用，流风所及，达于域外，特别是对东邻日本产生了巨大影响。日本平城京、平安京和唐招提寺等，就是仿照唐朝都城、宫殿、寺院规划建造的。可以说，唐代宫殿是中国古代宫殿建筑的最大奇观，可惜它们都已成为历史的陈迹，我们只能从考古学家和建筑史家的描述中稍稍领略其风采神韵了。

宋王朝（公元960—1279年）自建立之日起就与异族政权对峙，其版图范围和军事实力一向不为人们所称道，但这个国力衰弱的帝国却十分重视农业和手工业的发展，从而促进了生产和贸易的活跃，也带动了经济、文化和科学技术的进步与繁荣，这些都在建筑方面有明显的反映。宋代建筑特点，首先是城市结构和布局发生了根本变化。唐以前的城市，多实行夜禁和里坊制度，缺乏活力的城市有如一座兵营，但是唐后期以来日益发展的手工业和商业要求突破这些封建统治桎梏，于是宋朝取消了过去那种毫无浪漫色彩的夜禁、里坊制度，形成了按行业成街的制度，一些邸店、酒楼和娱乐性建筑也大量沿街兴建起来，有些城市的大寺观还附有园林，或有集市，成为当时市民活动的场所之一。《清明上河图》对宋都汴京的描绘使其就像一座现代商业都会，从中可以窥探宋都建筑的概况。与唐代相比，宋代大城市的数量要多出很多，东京城、杭州城、平江府城、静江府城等均为繁华一时的宋代城市，它们在建筑史上对城市建设的发展具有重要意义。当然，宋代更多的建筑特色表现在建筑技术和艺术方面。木结构技术在宋代几乎已臻于完善，后人再没有什么可以突破的了；建筑群组合方面，在总平面上加强了进深方向的空间层次，以便衬托出主体建筑；砖石建筑的水平达到了新的高度；建筑材料更加多样化；在建筑艺术风格方面，宋代的变化十分明显。宋代建筑规模普遍比唐代小巧，局部构件的装饰意味大大加强，无论组群或单体建筑都没有唐代那种宏伟刚健的风格，但比唐朝建筑更为秀丽、绚烂而富于变化，出现了各种复杂形式的殿台楼阁；建筑的装修、装饰与色彩十分发达，灿烂的琉璃瓦、精美的雕刻花纹和华丽的彩画增强了建筑的艺术效果。另外，宋代建筑特色还表现在建筑管理（如《营造法式》的出版）和园林兴盛方面。

五、明清时期建筑的成熟

明清两代是中华帝国的最后两个王朝。这个时期的建筑沿着中国古代建筑的传统道路继续向前发展，取得了相当大的成就。

明清北京城是在元大都的基础上扩建和改建的，它成为中国都城建筑史上的又一伟大作品。此外，南京以及若干宋元旧城也进行了扩建，还出现了一些新兴的手工业、商业和对外贸易城市及地方城镇。这些城市与城镇的规划也有新的发展。在城镇和乡村中，增加了很多书院、会馆、宗祠、祠庙、戏院、旅店和餐馆等公共性建筑。由于地方建筑的发达，中国建筑的地区特色更为明显地体现出来。

从明代初期起，为防止北方少数民族贵族武装的侵扰，统治者曾不断地动用大批人力物力修筑长城，建造关隘。明长城总长度达6000余公里，其中许多部分至今保存完好，成为中国建筑史上的奇迹。同时为了防止倭寇，明清时代还在沿海地带兴造了许多城堡和海防基地。

由于政治和统治者享乐的需要，明清时代宫苑、陵寝、祠祀、坛庙等建筑发展到极致。对宗法和礼制的大力推行，使各地祠庙和表彰封建道德与功绩的牌坊、碑亭建筑兴盛起来。明清统治者尽管更热衷于追求世俗享乐，但封建专制毕竟需要宗教的点缀和装饰，因此两个王朝都对佛教青睐有加，尤其是清朝不遗余力地扶植喇嘛教，其结果是使修缮寺院盛极一时，并形成了一种前所未有的汉、蒙、藏建筑技术与艺术相互交融的建筑风格。明代南京报恩寺塔（已毁）和清代承德喇嘛庙是富有创造性的佛教建筑代表作，这时还出现了金刚宝座式塔。明清时期，少数民族如回、藏、维、傣等族的建筑不断发展，显示出高度的创造才能。

明代建筑事业的进步主要表现为：砖已普遍用于民居砌墙；琉璃面砖、琉璃瓦质量提高，应用面更加广泛；木结构技术水平提高，梁柱构架的整体性加强，构件制作工艺简化，形成一种不同于宋代的特色；官式建筑的装修、彩画和装饰日趋定型化；私家园林发达；建筑群体艺术性增强，并致力于突出封建帝王至高无上的思想。清代建筑事业大体因袭明代传统，但也有所发展：园林建筑达到极盛；喇嘛教兴盛；住宅建筑如百花齐放，丰富多彩；简化单体设计，提高群体与装修水平。

明清建筑是中国古代建筑的集大成者，它类型最全、数量最多、分布最广，现存古建筑中也以明清建筑最为丰富和完整，因此在建筑创作和社会生活中也最富有现实意义。

第二节　古典建筑遗产的类型

著名建筑史专家罗哲文说，“我国现在保存下来的古代建筑非常丰富，它们本身就构成了一部实物建筑史。”悠久的历史、宏伟的工程、精湛的技艺、独特的风格大多可以从古建筑实物和遗址中得到反映。中国古代建筑类型五彩缤纷，形式多样，主要有十大建筑类型：

一、都城府第建筑

都城府第建筑包括皇宫、衙署、殿堂、府第等。其中，都城最能够体现古代建筑的成就。据历史文献记载，从夏代以来，中国古代都城大约有 217 座。

在我国，商周时期就已出现了规模较大的都城和地方城邑，那是国王和诸侯按照各自的等级而建造的，并成为奴隶制中央和各诸侯国的统治中心。秦始皇统一中国后，废除了分封制而实行中央集权的郡县制，城市也就成为中央、郡、县的统治机构所在地，以后 2000 多年的封建社会，尽管地方建制时有变动，但城市的主要功能大体未变。古代城市周围一般都有一套完整的防御性建筑物，称为“城”或“城池”，它以闭合的城墙为主体，包括城门、墩台、楼橹、壕隍（即护城河）等。“城”也指边境的防御墙（如长城）和大型屯兵堡寨。一般京城有三道城墙：宫城（大内、紫禁城）、皇城或内城、外城（郭）。明代南北二京有四道城墙。城通常是两道城墙：子城（内城）和罗城（外城）。城市布局以宫廷或地方政府机构为主体加以规划，道路多采取南北向为主的方格网布置，有的也因地制宜，不拘轮廓的方整和道路网的均齐，这一点在南方水乡和山区尤为明显。

二、防御守卫建筑

防御守卫建筑如城墙、城楼、堞楼、村堡、关隘、长城、烽火台等。其中，城墙是

故宫护城河（局部）（周耀林　摄）

旧时农耕民族为应对战争，使用土木、砖石等材料，在都邑四周建起的用作防御的障碍性建筑，其遗迹至今可见，如南京古城墙、西安古城墙、北京古城墙等。

历史上，城墙是国家最重要的防御工事。城墙的坚固与否，不只体现着王权的威仪，更直接关系到社稷的安危。正因为如此，历朝历代的最高决策者在筑造城墙时，始终将工程质量视为头等大事，丝毫不敢懈怠。在现存的古城墙中，南京明城墙不仅是当时世界上最长的城墙，也是迄今世界上最坚固的城墙之一，历 600 多年风雨而未倒，今天依然固若金汤。

南京明城墙（局部）（周耀林　摄）

三、纪念性和点缀性建筑

纪念性和点缀性建筑，如市楼、钟楼、鼓楼、过街楼、牌坊、影壁等。其中，钟鼓楼多见于城市中心地带，多为两层建筑，为专用报时建筑，或者启闭坊门的信号。牌坊，或牌楼则最为常见，是为表彰功勋、科第、德政以及忠孝节义所立的建筑物。牌坊滥觞于汉阙，成熟于唐、宋，至明、清时登峰造极，并从实用衍化为一种纪念碑式的建筑，被极广泛地用于旌表功德、标榜荣耀，不仅置于郊坛、孔庙以及用于宫殿、庙宇、陵墓、祠堂、衙署和园林前，也立于村镇入口与街上，作为空间段落的分隔之用，起到点题、框景、借景等效果。

雅安白马泉（周耀林　摄）

四、陵墓建筑

陵墓建筑包括石阙、石坊、崖墓、祭台以及帝王陵寝宫殿等。陵寝建筑肇始于秦始皇陵，此后，陕西汉唐陵、河南宋陵、南京明孝陵、北京明十三陵、河北清东陵、清西陵以及西藏琼结县藏王墓、宁夏银川西夏王陵等都是陵墓建筑的典型。

唐乾陵是唐高宗李治与女皇武则天的合葬陵，坐落在乾县西北的梁山上。乾陵因山为陵，以山为阙，海拔 1049 米，呈圆锥形，山巅三峰耸立，北峰居中最高，即乾陵地宫所在，为陵之主体。南面两峰较低，东西对峙而形体相仿，犹如天然门阙华表。

五、园囿建筑

园囿建筑包括御园、宫囿、花园、别墅等，尤指周以围墙、布置亭榭石木、间或畜有鸟兽的皇家花园。皇家园林是历史上帝王营构的离宫别馆，专供帝后游乐、居住、听政。总之，皇家园林在艺术风格上以庄重华丽为主，在规则中求得变化，在华丽中求得闲雅。在它长期发展过程中，其风格也从有密集而庄严的宫殿建筑群的园林，逐渐演变为自然的山水型园林。今天我们看到的皇家园林，主要是明清两代的遗物，如北京的北海、颐和园、故宫御花园，承德的避暑山庄等。

恭王府花园为恭王府后的又一独具特色的花园，又名萃锦园，是在明代旧园上重修而成。全园占地面积 2.8 万平方米，有古建筑 31 处。恭亲王为重建花园调集百名能工巧匠，增置山石林木。花园彩画斑斓，融江南园林艺术与北方建筑格局为一体，汇西洋建筑及中国古典园林建筑为一园，建成后曾为京师百座王府之冠。其中，园中的西洋门、御书“福”字碑、室内大戏楼并称恭王府“三绝”。

恭王府花园（周耀林　摄）

六、祭祀性建筑

祭祀性建筑有文庙（孔庙）、武庙（关帝庙）、祠宇等。其中，坛庙也是祭祀性建筑，坛是用来祭祀自然神的，庙则是用来祭祀先师、先贤的。北京的祭坛颇多，例如，城北的地坛，城南的天坛，城东的日坛，城西的月坛，其中以天坛最为著名。

黄帝陵祭祀大殿（院）总建筑面积 1 3600 平方米，建有祭祀广场、轩辕殿、三出阙、垂花门、角楼等。其中，轩辕殿气势恢宏、古朴厚重，是汉代建筑式样与现代建筑艺术的完美结合。将其花岗岩石屋屋顶设计成圆形的漏天天井，当游客在一定的角度举起双手时，正好可以形成托起天井的视觉效果，这种设计也凸显出天圆地方的古代宇宙观。（详见第六章第四节）

天坛（周耀林 摄）

七、桥梁及水利建筑

这类建筑主要指桥梁及水利，如石桥、木桥、堤坝、港口、码头等。中国是桥的故乡，自古就有“桥的国度”之称。我国古代桥梁的建筑艺术，有不少是世界桥梁史上的创举，它们充分显示了我国古代劳动人民的非凡智慧，形成了廊桥（风雨桥）、石拱桥、石板桥、木板桥等多种形式，为壮丽山河增添了锦绣。例如，河北赵县赵州桥、福建泉州洛阳桥、广东潮州城广济桥、北京卢沟桥、福建晋江安平桥等。其中，赵州桥是世界上年代最久、跨度最大的单孔坦弧敞肩石拱桥，也是我国现存最古老的大跨径石拱桥。从整体看，它是一座单孔弧形石桥，由 28 道石拱券纵向并列砌筑而成，空灵秀丽，气势宏伟，远远看去，好像初露云端的一轮明月，又像挂在空中的一道雨后彩虹，十分美丽壮观。

廊桥是加建了亭廊的桥，既增加桥形体的变化，又可以供游人遮阳避雨。如杭州西湖三潭印月，在曲桥中段转角处设三角亭，巧妙地利用了转角空间，给游人以小憩之处。扬州瘦西湖的五亭桥，多孔交错，亭廊结合，形式别致。广西侗族风雨桥则博取民间建筑之精华，集亭、台、楼、阁于一身，造型优美。

八、民居建筑

民居建筑类型很多，如窑洞、茅屋、草庵、民宅、庭堂、院落等，这是不同民族、不同地域的人们适应当地气候环境以及宗教教义的结果。各种民居中，潮汕的“四点金”、“下山虎”、“四马拖车”颇有风格，还有干阑式建筑的吊脚楼、流动房舍蒙古包、古朴粗犷的石头碉房、久负盛名的宗教建筑阿以旺、堡垒式住宅的土楼等，形成了不同的民居建筑风格。

举例来说，湘西吊脚楼是典型的吊脚楼建筑，其特别之处在于“吊”和“脚”。

雅安廊桥（周耀林　摄）

虽然只有两三层高，但它“吊”在水面和山腰，好似悬在空中的楼阁。楼下有“脚”，是由几根支撑楼房的粗大木桩组成。吊脚楼多为木质结构，直到清代雍正年间才兴盖瓦。一般为横排四扇三间，三柱六骑或五柱六骑，中间为堂屋，供历代祖先神龛，是家族祭祀的核心。根据地形，楼分半截吊、半边吊、双手推车两翼吊、吊钥匙头、曲尺吊、临水吊、跨峡过洞吊，富足人家雕梁画栋，檐角高翘，石级盘绕，大有空中楼阁的诗画之意境。

湘西吊脚楼（周耀林　摄）

九、宗教建筑

宗教建筑有佛教的寺、庵、堂、院，道教的祠、宫、庙、观，回教的清真寺，基督教的礼拜堂等。例如，佛教传入我国后兴建的第一批寺院——河南洛阳白马寺、浙江天台山国清寺、山西五台山南禅寺和佛光寺、山东灵岩寺、当阳玉泉寺、南京栖霞寺等，都是重要的佛寺遗构。

法门寺始建于东汉末年恒灵年间，原名阿育王寺，距今约有1700多年的历史，有“关中塔庙始祖”之称。法门寺因舍利而置塔，因塔而建寺。唐高祖李渊武德七年(625年)敕建并改名“法门寺”。法门寺地宫于1981年发现，其中收藏的佛指舍利、盛装佛指舍利的八重宝函和鎏金银宝函、大锡杖等都是目前考古发现之最。

十、娱乐性建筑

娱乐性建筑主要包括乐楼、舞楼、戏台、露台、看台等。

上述关于我国建筑遗产的简单分类，充分表明了我国建筑遗产的丰富。各种不同类型的建筑遗产犹如相互衔接的各个音符，共同构成中国古代建筑这一“凝固音乐”的宏伟乐章。

李坑戏楼（周耀林　摄）

第三节　建筑的等级

中国古代建筑形式多样，最能够体现其特色的是屋顶。屋顶艺术造型最富特色，并构成中国建筑最强烈的个性，包括庑殿顶、悬山顶、硬山顶、歇山顶、攒尖顶、卷棚顶、穹隆顶、盝顶等多种形式，并辅以单坡、平顶、扇面、拱顶等不同技法，形成了多姿多彩的屋顶形式，增添了我国古代建筑的丰姿神韵。

与此同时，屋顶也体现着森严的等级。第一等级是重檐庑殿顶。所谓重檐，即房顶上下两重出檐，又称双檐，而一重的叫单檐。重檐庑殿顶用于皇宫、庙宇的主殿，如故宫太和殿、乾清宫等。第二等级是重檐歇山顶，如天安门、故宫保和殿等。第三等级是单檐庑殿顶，如故宫弘义阁、华英殿等。第四等级是单檐歇山顶，如故宫东西六宫（除景阳宫、咸福宫外），第五等级是悬山顶，如北京太庙（今劳动人民文化宫）内的神厨、神库之中的房舍。第六等级是硬山顶，如故宫保和殿两庑等。第七等级是四角攒尖顶，如故宫中和殿等。第八等级是盝顶，如北京太庙六角井亭、故宫御花园内钦安殿等。第九等级是卷棚顶，如故宫内华轩等。

此外，大吻或鸱吻（屋顶脊两头的饰物）、走兽（垂脊上的兽饰物）等规定以及上文所述斗拱、色彩、屋顶式样规定等，也注入了等级的差别。综合看来，古代建筑等级制体现在如下几个方面：

殿式、大式、小式。殿式为宫殿的式样，乃帝王后妃起居之处，是最高等级。佛教建筑中的大殿（大雄宝殿）、道教中的三清殿等也属此类。其特点是宏伟华丽，瓦饰、建筑色彩和彩画都有专门含义。大式比殿式级别低，但又别于民间普通建筑，为各级官员和富商缙绅宅第所用。这类建筑不置琉璃瓦，斗拱彩饰也有严格规定。小式为普通百姓的建房规格。

基座的级别。最高级基座由数层带玉石栏的须弥座叠在一起，从而使建筑物更显高大雄伟，仅限于皇宫和一些寺庙最高级殿堂中使用，如故宫三大殿、曲阜孔庙大成殿等。较高级基座即通常称的须弥座原为佛像底座，又名金刚座。佛教传入中国后，其建筑样式被中国纳入，以显示使用者的高贵地位与级别。这种基座用砖或石砌，上有凸凹的线脚并镌刻纹饰于上，有汉白玉石栏杆，常用于较高级宫殿和高级寺观殿堂上。高级基座座壁带有壁柱，基座上亦有汉白玉石栏杆，多用于宫殿主要建筑的两庑等辅助建筑物中。一般基座平整且直，多存在于大式与小式建筑中。据《大清会典》规定，公侯以下，三品以上的房屋台基准高二尺，四品以下、士民的房屋台基准高一尺。

开间的等级。开间是四根柱子围成的一个空间，为中国古代建筑空间组成的基本单位。开间愈多，等级愈高。九、五为帝王专用，即皇宫大殿九开间、五进深。现存故宫太和殿、太庙大殿，在清时由九间扩为十一间，这更显示了“皇威”。清朝规定，王府正门五间，正殿七间，后殿五间。一般老百姓建筑的正房不超过三间。

踏道的等级。踏道是建筑物出入口处供人进出蹬踏的建筑辅助设施。最常见的阶梯形踏道（也称踏跺、台阶）分为三个等级。高级台阶用长短一致的石条砌成，并在左右两边各垂直铺设石条一块，故称垂带台阶，多用于高级建筑物。较高级台阶要在垂带台阶的两边加上石栏杆。一般台阶又称如意台阶，只是石阶，没有装饰，多用于次要房舍或主要建筑的次要出入口处。至于皇帝的御道，则雕龙刻凤，饰以水浪云气，以示皇上专有，御道两旁则是大臣们进退的台阶。

彩画的等级。彩画是在建筑物梁枋上施以鲜明的色彩图案，以达到富丽堂皇的装饰效果，并相应地表现建筑物主人的等级身份。彩画用于建筑装饰，至迟在战国时已有了。唐宋以后便流行开来。明清时代彩画可分为三个等级。最高级为和玺彩画，如故宫三大殿、乾清宫、交泰殿等皆用之。其特点是画面用两个形如书名号的线条，其间由龙凤图案组成，或补以花卉图案，又大面积沥粉贴金，以蓝绿色相间形成对比并衬托金色图案，显得金碧辉煌。次为旋子彩画，应用较广，如一般官衙、庙宇主殿和宫殿、坛庙的次殿都用。其特点与和玺彩画略同，但贴金有严格限制。再次为苏式彩画，多用于住宅园林，如颐和园长廊，故宫东西六宫等。其布局灵活，所绘题材广泛，有历史人物故事、山水风景、花鸟虫鱼等。

第四节　案例赏析：故宫

宫殿是我国古代建筑之集大成者。中国古代宫殿建筑的发展，潘谷西指出，大致有四个阶段：第一，“茅茨土阶”的原始阶段。商朝以前因为没有发明瓦，即使最隆重的宗庙、宫室，也用茅草盖顶，夯土筑基。第二，盛行高台宫室的阶段。这一阶段始于春秋战国时期，其遗风直达封建社会末期，绵延2000余年。第三，宏伟的前殿和宫苑相结合的阶段。秦汉时期，这种宫殿布局方式标举一时，独领风骚。第四，纵向布置“三朝”的阶段。隋文帝营建大兴宫，追随周礼旧制，沿轴线纵向布置三殿或“三朝”：承天门为大朝，大兴殿、两仪殿为日朝和常朝。此后直到明清，此种布局一以贯之，如故宫太和、中和、保和三殿前后纵列。三朝之前，则有层层门阙，如故宫有大明门、天安门、端门、午门、承天门五重，形成典型的“三朝五门”格局。秦汉以后宫室发展趋势是：规模渐小；宫中前朝部分加强纵向的建筑和空间层次，门、殿增多；后寝居住部分由宫、苑相结合的自由布置演变为规则、对称、严肃的庭院组合。

故宫又名紫禁城，位于北京城中心，是明清两代帝王的皇宫。它从明永乐四年（公元1406年）始建，至永乐十八年（公元1420年）基本完成，此后虽经明清两朝多次重修和扩建，但仍保持了初建时的格局。故宫东西广750米，南北深960米，城墙高10米，辟四门：南面正门为午门，北为神武门，东、西分别是东华门和西华门，门上均设重檐门楼。城墙四隅有角楼，三檐七十二脊，造型精巧华美。城墙外环有52米宽的护城河。宫内占地72万余平方米，屋宇9000余间，分为外朝和内廷两大部分。

外朝是皇帝坐朝临政和举行大典的地方，以太和殿（明称奉天殿和皇极殿）、中和殿（明称华盖殿和中极殿）、保和殿（明称谨身殿和建极殿）三大殿为主体，文华殿和武英殿为两翼。在清朝，午门前的端门、天安门直到大清门（在俗称前门的正阳门内），都属于外朝范围。三大殿纵向排列在高大的汉白玉台基上，台基为三重须弥座，皆有栏杆绕通，栏板和望柱均以龙凤图案雕饰。太和殿俗称金銮殿，为明清皇帝举行即位、诞辰、大婚、节日、出征等盛大典礼之处，因此成为故宫规格最高的主建筑，连台基大殿通高35米，面积2377平方米，面阔11间，进深5间，设重檐庑殿顶，是全国现存最大的木构殿堂。其内外装修都十分豪华，殿内镂空金漆宝座和屏风设在七级高台之上，为封建皇权的象征。室内外梁枋等无不沥粉贴金和玺彩画。宝座上方和附近有金漆

故宫整体图（周耀林　摄）

蟠龙藻井和沥粉蟠龙金柱，上下左右连成金光灿灿的一片。太和殿前有宽阔的月台，台下为占地 2.5 公顷的广场，可容万人聚集和陈设仪仗。太和殿之后为中和殿，单檐方形，纵广各 3 间，黄琉璃筒瓦攒尖顶，并有鎏金宝顶，这是皇帝临朝前的预备殿室和休息之所。保和殿居三大殿之末，是一座面阔 9 间、深 5 间的重檐歇山顶建筑，为皇帝举行宴会和殿试的场所。三大殿两翼，一为太子读书、皇帝讲学和召见学士的文华殿，清代在此建文渊阁，庋藏四库全书；一为召见大臣的武英殿，清康熙后成为朝廷刻印经籍图书的场所。

太和殿（周耀林　摄）

自保和殿后的乾清门以北，即为内廷，是皇帝和后妃居住的地方，也有三殿，即乾清宫（皇帝正寝）、交泰宫和坤宁宫（皇后所居）。乾清宫东西两侧为东六宫、西六宫、乾东五所、乾西五所等嫔妃庭院。其布局附会天象：乾清宫象天，坤宁宫象地，东西六宫象十二星辰，乾东西五所象众星，形成群星拱卫的格局，目的是突出皇帝的神圣。

内廷北面是御花园，主要建筑钦安殿采用盝顶屋盖，平顶屋脊环绕，四角吻兽合抱，为古建筑中盝顶建筑绝少的佳例。

中和殿和保和殿（周耀林 摄）

太极殿（周耀林 摄）

作为封建统治的最高权力机关所在地，故宫的设计思想和布局规划最大限度地体现了封建帝王的绝对权威和皇权至上的观念。北京的皇家建筑从永定门开始，经前门、天安门、端门、午门、太和殿、景山、地安门、钟鼓楼形成了一条长约 7.5 公里的中轴线，贯穿南北。故宫位于这条中轴线的中部，其中重要建筑如三大殿，甚至连金銮殿上的宝座也正好坐落于这条中轴线上。而一些不重要的建筑则对称布置左右，形成强烈对比。又用连续的、对称的封闭空间形成逐步展开的建筑序列，来衬托出三大殿的庄严、崇高和宏伟。在建筑处理上，则运用以小衬大、以低衬高的对比手法突出主要建筑物。如天安门、午门都用城楼式样，基座高大壮观，三大殿建于汉白玉须弥座上，又有栏杆烘托，显得豪华高贵，而附属建筑物的台基就相应简化和降低高度。屋顶也按等级次序使用：午门、太和殿用重檐庑殿，天安门、太和门、保和殿用重檐歇山，其余殿宇相应

长春宫（周耀林　摄）

储秀宫（周耀林　摄）

降低级别。建筑细部和装饰也有繁简高下之别，如太和殿斗拱上檐出四跳，下檐出三跳，等级最高。主要殿、门之前还有铜狮、龟鹤、日晷、嘉量等建筑小品和装饰之类的陪衬物。建筑色彩采用强烈的对比色调：白基、红墙、朱楹、金扉以及黄、绿、蓝诸色琉璃屋面，使整个故宫在蓝天白云和全城大片灰瓦屋顶衬托下，显得格外绚丽璀璨，光彩夺目。

故宫是中国古代宫殿建筑的总结性成果，也是精美奇巧的东方建筑的当然代表。1987 年，故宫根据文化遗产遴选标准 III、IV 被列入《世界遗产名录》。世界遗产委员会的评价是："紫禁城是中国五个多世纪以来的最高权力中心，它以园林景观和容纳了家具及工艺品的 9000 个房间的庞大建筑群，成为明清时代中国文明无价的历史见证。"

天安门（周耀林　摄）

午门（周耀林　摄）

复习与思考

1. 简述我国古代建筑的历史发展及各时期的主要特点。
2. 举例说明我国古代建筑的基本特征。
3. 举例说明我国古代建筑的等级特征。
4. 我国古代建筑主要类型有哪些？试分析其成因。
5. 以故宫为例，说明我国古代建筑的群体性特征。
6. 如何认识故宫的美学与艺术价值？

第十章

古典园林遗产

本章要点

1. 古典园林起源与发展
2. 古典园林的基本类型及其特点
3. 古典园林的组成要素及其相互关系
4. 古典园林的文化内涵及其美学与艺术价值
5. “四大名园”
6. “苏州四大古典园林”
7. “岭南四大名园”

关键词 古典园林 起源 演进 类型 要素 名园 颐和园

《中华文化辞典》认为：“园林是将大自然的风景素材，通过概括和提炼，创造各种理想意境，从而再现自然景观的艺术建筑。”作为一种文化载体，园林是社会文化的一个重要组成部分，它不仅客观地反映了各国不同时期的历史背景、政治面貌、经济发展、社会兴衰以及工艺水平，而且反映了不同地域、国家和不同历史时期的人们对于个人、自然与社会的关系的阐释以及造园者的人生哲学。

中国古典园林是中国国家遗产的重要组成部分，在世界上享有崇高的声誉，被欧洲人誉为“世界园林之母”。从3000年前“囿”、“灵囿”的出现，到秦汉时期大量山水宫苑的营建、魏晋寺庙园林的诞生、唐宋写意山水园林的产生及其在明清时期的成熟，中国古典园林创造了一个又一个高峰。北京颐和园、承德避暑山庄、苏州拙政园和留园等古典园林被联合国教科文组织列入《世界遗产名录》，这标志着中国古典园林不仅是我国优秀的历史文化遗产，而且也是全人类共同拥有的宝贵财富。

第一节　古典园林的起源与演进

中国园林的历史大约可以追溯到3000多年以前，即奴隶社会发达的商周时期。最早见于史籍记载的园林形式是“囿”，其中的主要建筑物是“台”。“囿”是帝王、奴隶主放养禽兽以供畋猎游乐和欣赏自然界动物生活的一个审美享受场所，当然跟今天所谓的园林大相径庭。《诗经·大雅·灵台》：“王在灵囿，麀鹿攸伏。麀鹿濯濯，白鸟翯翯。王在灵沼，於牣鱼跃。”从中可以看到，“灵囿”已有了园林的雏形。

一、初步形成的秦汉园林

秦汉时代，“囿”的名称被“苑”或“苑囿”代替，其内容也有所变化。例如，汉武帝在秦代基础上扩建的上林苑，地跨长安、咸宁、周至、户县、蓝田五县，绵延数百里。其间不但有广阔的山林、坡坂和池沼，同时还有众多的建筑，并且苑中再置园苑。其中建章宫内苑部分聚土为山，十里九坡，种植奇树，并穿沼引水为太液池，池中按方士神仙之说，筑瀛洲、蓬莱、方丈三仙山。“一池三山”更是艺术创作的境地，从此以后遂成为历代皇家园林的主要模式，一直沿袭到清代。汉代后期还出现了富商大贾的私园，《西京杂记》就有这类记载。

一般认为，阿房宫上林苑是中国最早的园林。针对这一说法，存在着不同的争论。一种观点认为，我国最早的园林建筑起始于洛阳。另一种观点认为，早在阿房宫兴建之前，苏州已有了两三百年的建城历史，据《苏州府志》记载，苏州早在周代已有园林六处，从时间上看，苏州园林应该早于阿房宫。还有人提出，楚国的园林才是最早的园林，因为从营造的时间推测，苏州的园林很可能学习借鉴了章华台。苏州作家朱红说，中国的园林技艺早在楚国营造章华台时已相当成熟。洛阳、苏州、潜江、西安，到底谁是中国园林的发源地？从当代资料看来，到底何处是中国园林的发源地还难以确定。截至目前，文物考古所发现的最早的园林是上林苑。

二、动荡多变的魏晋园林

魏晋南北朝时期，一方面是政治关系和社会生活的剧烈动荡，另一方面却是整个文化界的异常活跃，儒、道、佛、玄诸家争鸣，彼此阐发，热闹非凡。从东汉末年开始，华夏大地便开始了频繁的动乱，文人士大夫们倍感“年命如朝露”、“人生忽如寄”，他们开始寻求着避世和出世的途径。于是，远离人事扰攘的大自然很快成为他们最理想的精神家园，促使造园活动逐渐普及于民间而且升华到艺术的殿堂。

魏晋南北朝时期的私家园林见于文献记载的颇多，其中有建在城市里面的城市型私园——宅园、游憩园，也有建在郊外，与庄园结合的别墅园。在园林内容和格调上，文人名士与达官贵戚的园林有所不同，北方与南方的园林也多少反映出自然条件和文化背景的差异。

除私家园林的兴盛以外，魏晋南北朝时期的皇家园林也有所发展，并往往纳入都城建设的总体规划之中，但它们的规模较之秦汉则要小得多。另外，由于佛教的盛行，又形成了一种新的园林类型——寺观园林。私家、皇家、寺观多种古典园林类型在相同的中国文化这一大背景下，其意趣日渐走向融合。

中国古典园林在魏晋南北朝时期已由再现自然发展到概括、抽象、提炼以表现自然，并奠定了后世园林艺术风格和艺术方法的一些根本原则，如以山水植物等自然形态为主导构建园林景观，曲折深邃的空间造型，文学、绘画等士人艺术与园林艺术的融合等。尤其值得注意的是以文人名士为代表的表现隐逸、追求山林泉石之怡性畅情的倾向，成为后世文人园林的先声。

三、全面发展的隋唐园林

隋唐是中国古代文化在总体上高度发展的时期。苏轼说：“诗至杜子美，文至韩退之，书至颜鲁公，画至吴道子，而尽天下之变，天下之能事毕矣。”在这样一个全面成熟的文化背景下，中国古典园林的发展在这一时期达到全盛局面是不难理解的。园林史家说：隋唐园林仿佛一个人结束了幼年和少年阶段，从而进入到风华正茂的成年期。

这时的皇家园林继西汉之后，再一次展现出恢宏的气势和灿烂的光彩，所谓“皇家气派”已完全形成。隋炀帝迁都洛阳，“首营洛阳显仁宫，发江岭奇林异石，又求海内嘉木异草，珍禽奇兽，以筑苑囿……”后又建起规模巨大的西苑，周二百里，其内为海，周十余里，海上建瀛洲、蓬莱、方丈三山，高出水面百余尺，台观殿阁，罗络山上，并有龙麟渠作为联系各景区的纽带。这种“点、线结合布局”的造园手法是一大创举，它成为后世园林中向背、开阖、对比、映衬、争避、穿插、显隐、因借等一系列艺术手法的前提。唐承隋制，其国力则是隋代所不能比拟的，因此，它的宫苑建设也较隋代有过之而无不及。唐代的三大宫城即大明宫、太极宫、兴庆宫，据历史记载和考古发现，都是宫和苑相结合的建筑群。唐代的长安还出现了我国历史上第一座公共游览性质的大型园林——曲江池。环池楼台参差，花木葱茏，烟水明媚，每年定期向市民开放，一派歌舞升平的景象。

唐代私家园林较之魏晋南北朝更为兴盛，并从美学原理到艺术手法都达到了成熟的境界。王维的辋川别业和白居易的履道坊宅园是其中的代表作。辋川别业位于蓝田县西南约20公里处，这里山岭环抱、溪谷辐辏，故名“辋川”（辋，车轮的外周。辋川，诸水汇合如车辆环辏）。《辋川集》记录了20个景区和景点的景题命名，并有题诗，如《文杏馆》：“文杏裁为梁，香茅结为宇；不知栋里云，去作人间雨。”《鹿柴》：“空山不见人，但闻人语响；返影入深林，复照青苔上。”《竹里馆》：“独坐幽篁里，弹琴复长啸；深林人不知，明月来相照。”等等。履道坊宅园位于洛阳城内洛水流经处。园建成后，白居易专作《池上篇》以述其详，篇首长序述建园过程和园林内容，正篇则述营园主旨：“十亩之宅，五亩之园。有水一池，有竹千竿。勿谓土狭，勿谓地偏；足以容膝，足以息肩。有堂有庭，有桥有船，有书有酒，有歌有弦。有叟在中，白须飘然；识分知足，外无求焉。如鸟择木，姑务巢安；如蛙居坎，不知海宽。灵鹤怪石，紫菱白莲，皆吾所好，尽在吾前。时引一杯，或吟一篇。妻孥熙熙，鸡犬闲闲。优哉游哉，吾将终老于其间。”在王维和白居易那里，着意刻画的是园林景物的典型性格以及局部、小品的细致处理。他们将儒家的现实生活情趣、道家的少私寡欲和神清气朗、佛家禅宗的依靠自身而寻求解脱等观念巧妙融合于造园思想之中，使园林成为一个富有诗情画意，并能诱发游览者联想活动的艺术整体。唐代文人士大夫往往直接参与造园活动，他们善于因画成景，以诗入园，从而塑造出文人们格外青睐的意境。所有这些，都为私家园林创作注入了新鲜血液，成为后来文人园林兴盛的启蒙。

唐代寺观园林也在统治者的扶持下遍布城市郊野。寺观园林的意义，在城市，发挥了公共游览场所的职能；在郊野，则成为点缀风景的手段，促进了封建社会旅游事业的发展，同时在一定程度上保护了生态环境，促成了风景名胜区的普遍开发，并使中国古典园林中一支新的类型——名胜风景园林逐渐形成。

四、日渐成熟的宋至清初园林

宋代朝野，人们陶醉于声色犬马、风花雪月之中，即使是偏安一隅的南宋，虽然不少仁人志士大有匡复河山的忧患意识和悲壮行动，但更多的人则将江左一隅当作纸醉金迷的温柔之乡。“山外青山楼外楼，西湖歌舞几时休。暖风熏得游人醉，直把杭州作汴州。”在这种侈靡浮华的风气之下，上自帝王，下至庶民，无不大兴土木，广营园林。当然，经济和科学技术的进步，重文轻武的社会制度和风尚，缠绵悱恻、空灵婉约的文化艺术特色也是这一时期园林快速发展的重要原因。

北宋都城东京（今开封）有寿山艮岳、金明池、琼林苑、玉津园等皇家园林多座，南宋则借杭州西湖山水之胜，占据风景优美之地修筑御苑达十座之多。其中由宋徽宗赵佶亲自参与兴建的艮岳是皇家园林的代表作，它在叠山、理水、花木、建筑等造园艺术和技术方面都有许多创新和成就，在中国造园史上具有划时代的意义。艮岳又称万岁山、寿山，从而开后世将皇家园林中的山称作万岁、万寿的先例。宋代皇家园林的风格特征是较少皇家气派而较多地接近于私家园林，呈现为一种历史上最深刻的“文人化”倾向。

在北方，金朝在中都即今北京市内和郊外营建了数量和规模都十分可观的皇家园林。元朝继续经营，特别是对现在的北海及琼华岛进行扩建。又更名为“太液池”和“万岁山”，使之成为皇城大内御苑的主体部分，并奠定了明清三海的基础。

明代皇家园林仍以万岁山和太液池为主，并有所发展，即将太液池向南拓展，成为北海、中海、南海三海一贯的水域，又在三海沿岸以及池中岛上增建殿宇，开辟新的景点，总称“西苑”。它与紫禁城一街相隔，构成宫苑相连的宏大布局，既有仙山琼阁之境界，又富水乡田园之野趣。明代皇家园林的另一代表作是紫禁城内的御花园。这座花园为适应皇宫总体规制，树木、山石、园路等都有一定的规矩。此外，明代还有东苑、兔园等皇家园林。

清初统治者进入北京后，全面接管了明朝的紫禁城和各处皇家园林，并基本保持着原来的面貌。至于新建的离宫御苑主要是畅春园、避暑山庄和圆明园三座，它们也是中国古典园林成熟前期的三座著名的皇家园林，并代表着清初宫廷造园活动的成就和园林艺术水平与特征。这三座园林经过乾隆、嘉庆两朝的增建、扩建，成为皇家园林全盛局面的重要组成部分。

私家园林从宋代开始走向了全面“文人化”的道路，展现诗画的情趣，表达意境的涵蕴等各种造园原则和艺术手法已全面成熟并基本定型。审美观念如“小中见大”、“壶中天地”、“须弥纳芥子”之类成为园林写意的美学依据。总之，这一时期文人化倾向作为一种风格几乎涵盖了所有私家造园活动。当然，由于南宋以后特别是明代中后期工商业的繁荣和市民文化的勃兴，文人园林又出现多种变体，从而使私家园林呈现出前所未有的百花争艳的局面。至于这时的寺观园林，也由过去的世俗化更进一步文人化。寺观园林遍布海内，其结果是演化宗教意义而增强审美意义。

值得指出的是，明清之际，在经济文化发达、民间造园活动频繁的江南地区涌现了一大批杰出的造园家，有的出身文人阶层，有的出身工匠，他们与广泛参与造园活动的文人们一道，总结造园经验，钻研造园理论，著书立说，开创宗派，从而将中国古典造园艺术水平推向了空前的高峰。

五、盛极而衰的晚清园林

我国现存古典园林基本上是明清两代的遗物，而且主要产生于清代后期，从这个意义上说，将乾隆朝以后 170 余年的时间划为中国古典园林的成熟后期是有道理的。正如周维权所指出的，尽管这一时期时间短，但却是中国古典园林史上集大成的终结阶段。它显示了中国古典园林的辉煌成就，也暴露了这个园林体系的衰落情况。如果说成熟前期的园林仍然保持着一种向上的、进取的发展倾向的话，那么成熟后期的园林则呈现为逐渐停滞的、盛极而衰的趋势。随着封建社会的腐败和衰落、外国侵略者的焚掠之后，皇室再无先前的气派建苑囿，皇家园林艺术相应地一蹶不振，从高峰跌向低谷。

第二节　古典园林的主要类型

博大而精深的中国古典园林的内涵极其丰富，在其源远流长的发展历程中，由于开发方式、隶属关系以及地域等的差异，逐步形成了风格迥异的各式园林。然而，由于中国古典园林体系实在太博大、太复杂、太深奥，以至于专家们对它的类型划分至今尚未达成一致的观点。

一种是依据园林基址的选择和开发方式的区别，将中国古典园林分为人工山水园和天然山水园两大类型。前者是在平地上开凿水体、堆筑假山，人为地创设山水地貌，配以花木栽植和建筑营构，把天然山水风景缩移摹拟在一个小范围之内；后者一般建在城镇近郊或远郊的山野风景地带，包括山水园、山地园和水景园等，是根据天然风景加工改造而成。

另一种是根据地域的不同而将中国古典园林分为三大类：集中于古都北京、西安、开封、洛阳等地的称北方园林，其风格以典雅堂皇著称；集中于南京、扬州、无锡、苏州、杭州等地的称江南园林，其风格以曲折幽深见长；集中于惠州、潮州、广州等地的称岭南园林，其风格以朴实素秀取胜。

再一种是按照园林的隶属关系来划分。或分为两大类：一类是皇家园林，一类是除皇家园林之外的，统称私家园林；或分为三大类：皇家园林、私家园林、寺观园林。目前，后一种分法为众多学者所接受，但其却遗漏了园林的一个重要种类——风景名胜园林（或称自然风景园林）。当然，有学者并不将这类园林看作是园林，但它具备了园林的四个构景要素，即山、水、植被和建筑，同时，它又是经过历代人士开发和经营而成，既有自然景观之美，又兼具人文景观之胜。作为公共游览地，完全可以称其为园林。从隶属关系上看，在古代，它多隶属于封建政府。

大体而言，目前园林界持相同看法最多的，是将中国古典园林分为四个基本类型：皇家园林、私家园林、寺庙园林（包括寺观、祠庙园林）和风景名胜园林。

中国古代造园活动与世界其他古老国家一样，是由皇家园林开始的。皇家园林是历史上帝王营构的离宫别馆，专供帝后游乐、居住、听政等。其艺术风格以庄重华丽为主，在规则中求得变化，在华丽中求得闲雅。但在长期的发展过程中，也从有密集而庄严的宫殿建筑群组成的园林，逐渐演变为自然的山水型园林。皇家园林主要分布在古代都城及其郊野的自然山水之中，有的也选择在离都城较远的风景胜地。如北京的北海、颐和园、故宫御花园，承德的避暑山庄等，分别代表了皇城内禁苑、近郊宫苑和远离京城的离宫三种类型。

与皇家园林相比，私家园林规模要小得多，且一般不能将自然山水圈入其中。为了突破这些不利因素，它逐渐形成了小中见大、造园手法灵活多样等特色。按照地域划分，私家园林可以分为北方私家园林、江南私家园林和岭南私家园林三种。其中首屈一指的当属江南私家园林。与仿照皇家园林的北方私家园林和带有明显随意性、极富民间气息的岭南私家园林不同，江南私家园林追求超凡脱俗的意境美，具有代表性的有苏州沧浪亭、狮子林、拙政园、留园、网师园，扬州个园、何园，无锡寄畅园，上海豫园等。

寺庙园林是指附属于佛寺、道观或坛庙祠堂的园林，这类园林常点缀在自然山水之间，且具有浓郁的宗教文化气息，是中国古典园林中的一朵奇葩。有学者指出，由于不少寺庙本身就是园林化的建筑群，因此，寺庙园林有的也可以称为园林寺庙。此外，寺庙园林往往和风景名胜交混存在，也成为风景名胜园林的重要组成部分。著名的道教文化胜地武当山、青城山、峨眉山等都是典型的寺庙园林。

中国有很多风光旖旎的自然风景区，其中有一些靠近城市，或交通方便，或自然风光特别迷人，于是，历代人士对之进行开发和经营，从而出现了许多位于自然风景区内的风景名胜园林。这种园林是在自然山水中发展起来的，历代都有兴毁，通常以自然风景为主，人工点缀为辅。风景名胜园林一般与老百姓的生活关系密切，具有公共游览性质，其景观内容也极为丰富，更有园中之园，令人流连忘返。杭州西湖、扬州瘦西湖、济南大明湖、兰州五泉山等均属此类。

第三节　古典园林组成要素

中国园林有四个构景要素，即山、水、植被和建筑，它们共同组合成为一个完整的综合艺术品。

一、浑然天成的山水

山和水是园林的基础和命脉，这也正是中国古典园林被誉为“山水园”的关键所在。

园林中的山有真有假，许多自然风景园林、寺观园林和大型皇家园林都是依自然山水形势而构建，因此其中的山多是真山，即自然山体。但更多的园林特别是私家园林，则以人造山为主，即便是真山园林中，也多有人造山的点缀，从而使园林具有本于自然而又高于自然的文化意趣。所以，人造假山成为中国造园的传统，并成为表现中国古典园林特色的重要基础。

园林内使用天然土石堆筑假山的技艺叫做“叠山”，它是中国古典园林中最典型、最独特的造景手法。叠山大致可分为土山、石山及土石混合山三类。其中土山的历史最早，秦汉园林中就已有挖湖堆山的巧妙造园手法了，这种方式取材、施工都比较方便，但要成高岗峻岭，则须在园内占很大的地盘，一般面积有限的园林很难做到，于是在土山的基础上出现了叠石假山。叠石假山既有层峦叠嶂的巨作，也有精巧玲珑的小品，它们的目的都是以典型化、抽象化的概括和提炼，在很小的地段上展现咫尺山林的风光、幻化千岩万壑的气势，从而增添园林的自然美。可以说，园林里面之所以能够体现高于自然的特点，主要得之于叠山这种高级的艺术创作。园林叠山依用材主要可分为两大类，即黄石山和湖石山。黄石山的石材一般呈黄、褐、紫等颜色，体态方正，解理棱角明显，无孔洞，所叠山给人以刚劲有力、气度恢宏的感受，有如巍峨的崇山峻岭，令人神思邈远。湖石又称太湖石，因盛产于太湖沿岸而得名，但实际当然不仅于此，如安徽巢湖石、广东英石、北京房山石等都属此类。湖石体态玲珑通透，表面多弹子窝屑，形状婀娜多姿、柔曲圆润，所叠山纤巧、怪诞，并可构造出自然山峦的峰岩洞壑之形，令人有如入自然胜境，美不胜收。园林中应用最广泛的是土石混合山，它可以得土山、石山之利而避免二者之弊。

园林假山的创作思想，总的说来是师法自然，即模拟自然山水，讲究“做假为真，以假乱真”，从而得“自然之理，自然之趣”。无论模拟真山的全貌或是截取真山的一角，都能够以小见大，创造出峰、峦、岭、岫、洞、谷、悬崖、峭壁等形象。假山要力求不露人工痕迹，“无补缀穿凿之痕，遥望与真山无异”。

假山叠石在技巧手法上，主要有流云式和堆秀式。流云式是用挑、飘、挎、斗等方法，模仿天空间的流云飘荡，给人以舒展飞逸之感。堆秀式则不追求透漏，不留太多的空洞，而模拟自然山脉的悬崖峭壁，显得庄重峻伟。

按照在园林中的位置和用途，假山可分为园山、厅山、楼山、阁山、书房山、池山、室内山、壁山和兽山等类型。其组合形态为山体和水体。山体包括峰、峦、岭、谷、岩、洞以及磴道、栈道等，水体包括泉、瀑、溪、涧、池以及矶、汀石等。山水有机结合，才显相得益彰。因此，园林中的水也至关重要。

中国园林一般都有水面，它们的作用除了成景以供观赏之外，还能在一定范围内调节园林的湿度与气温，又可蓄排降水，或为生活、消防提供水源。此外，于面积较大的水域中栽种菱藕、芦苇或养殖鱼蚌，既能给人以美的享受，又能收到一定的经济效益。园林之所以能有茂盛茁壮的花木，之所以有翻飞啼啭的飞禽，之所以呈现出一片生机勃勃的景象，重要原因之一就是因为有了水。人们称水为“园林的命脉和血液”看来并不过分。

园林中的水景处理叫做“理水”。它与叠山同样重要，为中国造园的传统艺术手法。

园林理水有池沼、河流、渊潭、溪涧、泉瀑、流杯渠等多种形式，其中最常见的是池沼。池沼是成片汇聚的水面，其布置原则大体可分为集中与分散两类。刘敦桢曾主张：“池水以聚为主，以分为辅，小园聚胜于分，大园虽可分，但须宾主分明。”与假山不同，池的形状不是由水形成的，而是堆叠土岸和石岸勾画、约束出来的。池沼平面最忌规整的几何图形，池岸也应曲折有起伏，并尽可能少用整齐平直的驳岸。由岸上可建踏跺，下至水滨、临水还可置石矶，使岸水之间更加接近而自然。岸周常设凹入的水湾或港，以产生源头不尽之感。岸身不宜距水面太高，否则临池如井，但也不可离水太近，要考虑降雨积水时的最高位置。水中可植荷花、睡莲、荇、藻等观赏植物或放养观赏鱼类，以再现林野荷塘、鱼池的景色。池上桥、池中岛、池畔厅榭亭阁等建筑与杨柳花木等植物，更使园水妙趣横生，令人流连忘返。其他如平静似带的河流、潺潺有声的溪涧、深邃空灵的渊潭、雄伟壮观的瀑布、精巧可品的泉水以及写意寄情、以虚代实的“流杯渠”（许多是亭内凿石槽而成，如紫禁城内乾隆花园的禊赏亭）等，也都是园林理水的重要形式。

与假山一样，园林理水的艺术创作源泉是自然界的江湖、溪涧、瀑布等，其成果是对自然山水特征的概括、提炼和再现。园林理水不在于完全模拟自然，而在于风景特征的艺术真实，在于水体的源流、水情的动静、水面的聚分等符合自然规律，在于岸线、岛屿、矶滩等细节的处理和背景环境的衬托。园林理水的宗旨是“以小见大”、“以少胜多”，在有限的空间内浓缩天然水景，“一勺则江湖万里”。

宋代大画家郭熙说：“山以水为血脉，以草木为毛发，以烟为神采。故山得水而活，得草木而华，得烟云而秀媚。水以山为面，以亭榭为眉目，以渔钓为精神，故水得山而媚，得亭榭而明快，得渔钓而旷落。此山水之布置也。”这虽讲的是绘画创作手法，但也形象说明了山水相互依存、相得益彰的道理。山是园林的骨架，水是园林的命脉，二者的对比和融合，给中国古典园林带来了无限的魅力。

二、四季常新的植被

就像人需要时装衣饰一样，山水美不能没有树木花草相映衬。著名园林建筑学家童寯在《江南园林志》中说，造园“最其简单需要，实全含于‘园’字之内。”他解释“園”说，“□”者围墙也；“土”者形似屋宇平面，可代表亭榭；“口”字居中为池；“衣”在前似石似树。这种说法也许不为文字学家所认同，但却指出了园林构景要素的内容。事实上，园林的“林”字就是指树木花草。可以说，没有植物的园林只能是一座死园，或者就根本不称其为园。园林中的植物具有观赏、组景、分隔空间、装饰、庇阴、防护和覆盖地面等多种用途，它们经过造园艺术家的巧妙配置，令人感到四季常新。

中国植物资源十分丰富，因此古典园林选用植物大都出自我国本土，其中有以花卉的色香取胜的，如桃、李、樱、菊、牡丹、芍药、山茶、丁香、海棠、月季、腊梅、木樨、兰花、石榴等；有以枝干叶根供欣赏的，如松、柏、杉、竹、樟、枫、黄杨、冬青、银薇、紫薇、芭蕉等；有以果实为重点的，如橘、柚、杏、桃、梅、李、枇杷、樱桃、石榴、核桃、银杏、无花果等。

中国古人对植物花木的感情极其深挚和独特，他们认为宇宙间无非有三种活的生物，即人、禽兽和花木，而三者之间并无等级上的差别，都是天地的产物。古人甚至认为花木也和人一样有智有能，因此，他们往往将花木人格化，给花木命名也充满着人间烟火气：君子兰、含羞草、仙人掌、罗汉松、美人蕉、湘妃竹……还有人所共知的“岁寒三友”（松、竹、梅），“花中四君子”（梅、兰、竹、菊），“花中十二师”（牡丹、兰、梅、菊、桂、莲、芍药、海棠、水仙、腊梅、杜鹃、玉兰），“花中十二友”（珠兰、茉莉、瑞香、紫薇、山茶、碧桃、玫瑰、丁香、桃、杏、石榴、月季），“花中十二婢”（凤仙、蔷薇、梨、李、木香、芙蓉、兰菊、栀子、绣球、罂粟、秋海棠、夜来香），“花王花相”（牡丹、芍药）等。与此同时，一些植物花木也被打上了迷信的烙印，如紫薇象征高官，榉树象征中举，石榴多子，松柏长寿，玉兰、海棠、牡丹、桂花合种，谐音“玉堂富贵”……

园林中的植物花木配置，除寄托造园艺术家和园主的意趣之外，还有许多技术和艺术上的讲究。要显示树木的个体美，并以其作为园林空间（或部分空间）的主景，那么就应采取“孤植”的方式；相反，则须“群植”，以表现群体美，具有“成林”之趣；而园门、建筑物入口等处，又要采取“对植”方式；路旁、广场四周采取“列植”（又称“带植”）方式；作为小景观或景观背景时，采取“丛植”方式……在艺术手法上，更要注意对比和衬托、动势和均衡、起伏和韵律、层次和背景、色彩和季相等关系，以表现园林空间景观的特色和风格。例如，高大乔木在后，低矮灌木与草本植物在前，便既能形成多重层次，又可同时欣赏远处高大的树冠树干以及近旁的密叶繁花。又如柳树耐湿，可种于水边，松、柏、山茶不畏寒，可植于荫蔽之处，牡丹须干燥向阳，芭蕉可栽于屋角墙边，草带宜于石间路侧。池畔植柳，细枝迎风拂水，袅娜多姿；屋侧种芭蕉，夏雨之际，其声淅沥。浓艳花卉，宜置于白墙之前，其浅淡者，背景须暗。再如园中所植花木，春有桃、李、海棠、牡丹，夏有荷花、银薇、月季、芭蕉，秋有菊、桂、枫、枇杷，冬有松、柏、女贞、腊梅，则四季如画，令人赏心悦目。

总之，花的色彩，林木的形姿及其造成的各种环境气氛，能给人以清香、爽快的审美享受，能引起人美好的联想，它们使中国古典园林更富生机和神采。

三、天人合一的建筑

中国古典园林既追求自然天趣之美，又强调人的主观意识的熔铸；既重视山水花木等自然之物的造景功能，又讲究人为艺术手段的作用。它是将自然美与人工美结合起来、将艺术境界与现实生活融为一体、既“可望可行”又“可游可居”的实在的物质空间。要达到这一步，除了山水植物之外，还须得力于建筑。在造园四大要素中，唯有建筑是完全由人工创造的，它们在园林中常常能集中体现人的主观意趣。有人把建筑看作园林的“眼睛”，意思是像人那样，有了眼睛才有神采。

园林中的建筑类型十分丰富，常见的有厅、楼、亭、榭、舫、廊、桥等。

厅一般是园内的主要建筑，常作为正式会客和宴饮的场所。北方园林多在厅的正背面开门窗，三面砌墙封闭；南方尤其是苏州一带园林则常常将厅的内部用槅扇或罩划分为南北两部分，俗称“鸳鸯厅”。还有一种厅堂四面都设门窗，以观赏周围景物，被称为“四面厅”。

楼阁常作为园中的制高点，近可流揽园内风光，远则眺望园外景色。通常情况下，重屋为楼，四敞为阁，平面多为方形或八角。中国古典园林的传统技法，通常是将楼阁置于“层阴郁林之中，碍云霞而出没”，既供游人攀高俯景，又使自然景色更富诗情画意。

亭是园林中几乎不可缺少的建筑形式，它的主要作用是供人休憩观景。古人说“亭”的意思就是“停”。亭也常用作廊、门的入口标志，这时多以半亭形制。亭的形状变化多端，其平面有方形、长方、圆、三角、五角、六角、八角、多瓣形、扇形、卍字形以及各种复杂的组合形体，立面则以单檐攒尖为主，配以别的形式。园林中的亭历来选址精心，营造奇巧，十分讲究与自然的结合。如苍松蟠郁、构景山颠的山亭，板桥周折、安居水际的水亭，轻骑隔水、假濮河上的桥亭，通幽竹里、镜作前庭的岸亭等，它们都随势立基，按景造式，促成园林空间美妙的景组和丰富的轮廓线。

榭实际上是一种建于水边的建筑物。在水中立柱支撑架空于水面之上的凌水亭，一般为三间单檐，四面敞开，平面形式比较自由，外观比较轻灵。榭的主要作用是凭栏观水景。

舫是仿照船的造型建在园林水面上的建筑物，也主要作为观赏水景之用。舫的前半部多三面临水，常设有平桥与岸相连，类似跳板。舫像船而不能动，故又名“不系舟”。还有一种建在岸上的靠近水边的仿船建筑物，称为船厅或旱船。

廊是由古代房屋的檐下部分庑发展而成的，既作为园内的观赏路线，供人们漫步赏景、坐歇观览，得视域宽广而不遭雨淋日晒，本身又作为园林景观而存在。中国古典园林中著名的廊不胜枚举，且仪态万千，形式多样，有游廊、回廊、直廊、曲廊、花廊、水廊、爬山廊等种种名色。廊将分散在园内的各个景点连成一气，实际上是一条带屋顶的路。它们穿花过阁，绕水环山，有的贴墙，有的凌水，曲直依地形弯转，高低随山势升降，平面布置灵活别致，给园林空间注入了无限的活力。

水是中国古典园林的命脉，而因水设桥，便成为园林中不可缺少的景观。即使有些时候没有水，也往往以虚代实，建设旱桥，从而巧妙地将水景点出。园林中的桥造型优美奇特，别富情致，如可直可曲、简朴雅致的平桥，曲线圆润、富有动态感的拱桥，遮阳避雨、变化多端的亭桥和廊桥以及散置水中、野趣盎然的汀步（又称步石、飞石）等。水上小桥连同它们绰约的倒影，构成了一幅诗情浓郁的画面。

此外，园林中还有许多建筑小品也极富情趣和魅力，如漏窗、云墙、铺地、石凳石桌、栏杆、花架之类，其作用在于点染、补充和修饰自然山水风景，使其凝练生动而臻于画境，就像文坛上的小品文和音乐中的小舞曲，令人陶醉。

“山是园林的骨架，水是园林的血液，花木是园林的毛发，建筑是园林的眼睛”，几千年来中国古典园林在对这四大要素整理、加工、塑造的基础上，逐步形成了崇尚自然美的特色。它以“虽由人作，宛自天开”为最高境界，将大自然美景浓缩到有限的空间，随处可见的秀峰怪石、碧水清泉、奇花异木、亭榭楼台等异彩纷呈，千姿百态，形成了一个个古朴典雅、景象优美、诗情画意、意境深邃的自然山水画意式园林。这些园林或以水取胜，令人如置身清潭碧流之上；或以山石胜，令人如置身深谷幽壑之间；或以花木胜，令人如置身茂林芳丛之中。“山之光，水之声，月之色，花之香……真足以摄召魂梦，颠倒情思。”中国古典园林是中国文化的产物，同时也是世界园林文化遗产中的一朵奇葩，直到今天仍然影响着人们的审美意识，并越来越明显地体现出它保护和改善人类生活境域的科学价值。

第四节 古典园林的美学艺术

作为一门艺术，中国古典园林具有不同于其他艺术门类的独特的美学宗旨和审美价值。

首先，园林是一种由建筑、园艺、山水、文学、书画等各门艺术相互渗透而成的综合性艺术，因此，园林艺术美具有综合性。上述各艺术门类都是独立的艺术分支，都有自己创作和欣赏上的特点，但当它们一旦组合而形成统一的园林艺术时，则又形成了一种新的特色，这种新的特色不是原有各门艺术特色的总和，而是一种新的融合。例如，中国古建筑独特的造型和群体组合方式，被认为是东方建筑艺术的主要特点。但在园林这一特定环境中，园林建筑却不能按一般古建筑形制生搬硬套，而应选择其适合园林欣赏和使用的艺术手法进行园林建筑的再创造，从而形成园林建筑的新的艺术手法。如建筑布局的灵活多变而非整齐对称；围护墙的空透而非“实在”；建筑造型的轻巧夸张而非凝重规整；色彩装饰的淡雅宜人而非繁琐浓丽，等等。因此，正如刘天华所说，园林中的建筑艺术具有双重特征，一方面它是整个建筑艺术的一个分支，继承了诸如木构架的承重系统，微微反转的呈凹曲线的屋顶造型。同时，为了与园林中供欣赏的风景空间相协调，又有着一些特殊的艺术规律和处理手法。同样，园林的花木栽培艺术也与大面积的园圃不同，它不求品种的齐全和科学价值，而更重姿色，考虑观赏上的形式美。书画处理亦然。由于建筑开敞，易受阳光雨水侵蚀，因此园林中很少悬挂装裱精细的书画作品，而多采用竹木、石材雕刻等朴雅耐久的形式。这些都体现了园林艺术不同于它所包含的原有各门类艺术的特色，园林艺术实在是一种新的综合性艺术。因此，从欣赏角度来讲，园林艺术也具有一种综合美。

园林艺术的综合美还体现在它是静态美和动态美的交织和统一。陈从周说："园有静观、动观之分"，"何谓静观，就是园中使游者多驻足的观赏点；动观就是要有较长的游览线。"但园林中又常常是动中有静、静中有动。山静泉流，水静鱼游，花静蝶飞，石静影移，都是静态形象中的运动。漫步曲径、泛舟池上，是以动观静；坐石临流、倚栏看云则是以静观动。"方动即静，方静旋动，静即含动，动不舍静"，园林中如此多样而极富变化的动静结合，赋予了风景形象一种"媚"的活力。这也正是任何艺术门类都无法体现的综合艺术美。

其次，园林艺术具有独特的空间美。清朝郑板桥曾这样描写一个院落："十笏茅斋，一方天井，修竹数竿，石笋数尺，其地无多，其费亦无多也。而风中雨中有声，日中月中有影，诗中酒中有情，闲中闷中有伴，非唯我爱竹石，即竹石亦爱我也。彼千金万金造园亭，或游宦四方，终其身不能归享。而吾辈欲游名山大川，又一时不得即往，何如一室小景，有情有味，历久弥新乎！对此画，构此境，何难敛之则退藏于密，亦复放之可弥六合也。"一方小天井，竟给了郑板桥如此丰富的感受。在这里，空间随着心中意境可敛可放，是流动变化的，是空灵的。这就是园林艺术的空间美。

宋人郭熙在论山水画时说："山水有可行者，有可望者，有可游者，有可居者。"可行、可望、可游、可居，正是园林艺术的基本思想。这里，"望"最重要，一切美术都是"望"，都是欣赏。而对园林来讲，正如美学老人宗白华所言："不但走廊、窗子，而且一切楼、台、亭、阁，都是为了'望'，都是为了得到和丰富对于空间的美的感受。"前文所述的园林艺术的造景手法，如借景、对景、框景、隔景等，无一不是为了布置空间、组织空间、创造空间，最后达到丰富空间的美感。

再次，中国园林艺术与其他艺术门类一样，具有一种"形有尽而意无穷"的含蓄美。陈从周说："中国园林妙在含蓄，一山一石耐人寻味。"又说："园之佳者如诗之绝句，词之小令，皆以少胜多，有不尽之意，寥寥几句，弦外之音犹绕梁间。"弦外之音、言外之意、象外之趣等，都是将美感归之于想象，而不是干巴巴、直通通地表达出来，这便是艺术的含蓄美，当然也是园林艺术的含蓄美。

中国园林艺术十分重视"写意"手法。所谓"写意"便是创造含蓄美的一种有效方式，它是指不过分追求和拘泥于对实物形象的摹写，而是以赋予有限形象更深广的寓意为艺术宗旨。一拳小石，便有山壑气象；一勺清水，便有江海气象；一草一木，便有森林气象；一座建筑小品，便有园主的人格理想……古典园林中众多的诸如"云冈"、"小蓬莱"、"韵琴峡"、"课农轩"、"稻香村"、"濠濮间"等景观，无不寓有深意。当年苏子美建园名之"沧浪亭"，取《孟子》"沧浪之水清兮，可以濯吾缨"之意以明志；拙政园"待霜亭"使人联想到晚唐韦应物的名句"洞庭须待满林霜"，令人形羁一亭之中而得置身洞庭水际之感。

艺术最忌直露，构园亦是同理。一些构思精妙的佳景常常隐藏起来，使游人在

“山重水复疑无路”的情况下，一转身，一抬头，出乎意料地发现柳暗花明的景色；或者从漏窗花墙中露出几分消息而引起游赏者“满园春色”的联想。在园林的审美欣赏中，讲究的是“隐秀”、“曲致”，所谓“景愈藏，境愈大而意愈深”，隐是为了更好地显，虚是为了更好地衬托实，有隐有虚方能使人瞩之不见，观之不畅而思之有味。古人曾对宅园提出过这样的设想：“门内有径，径欲曲；轻转有屏，屏欲小；屏进有阶，阶欲平；阶畔有花，花欲鲜；花外有墙，墙欲低，墙内有松，松欲古；松底有石，石欲怪；石后有亭，亭欲朴；亭后有竹，竹欲疏；竹尽有室，室欲幽。”瞧，这是怎样的一幅含蓄别致的画面！

总之，中国的文学、艺术以至传统习俗无不以含蓄为美，它可以说是中国民族文化的一大特色。而作为综合性艺术的古典园林，则堪称体现中华民族含蓄美的典范。

第五节　案例赏析：颐和园

颐和园为中国“四大名园”之一。“四大名园”是一个概称，具体指代有所不同。1961 年 3 月 4 日国务院颁布的第一批全国重点文物保护单位名单中，属于园林方面的有四处：颐和园（北京）、避暑山庄（承德）、拙政园（苏州）、留园（苏州），它们被称为“中国四大名园”。此外，“四大名园”有时也指苏州四大园林、岭南四大名园。其中，沧浪亭、狮子林、拙政园和留园分别代表着宋（公元 960—1279 年）、元（公元 1271—1368 年）、明（公元 1369—1644 年）、清（公元 1644—1911 年）四个朝代的艺术风格，被称为“苏州四大名园”。其中，苏州园林中的拙政园、留园、网师园和环秀山庄于 1997 年 12 月被列入《世界遗产名录》，2000 年沧浪亭、狮子林、艺圃、藕园、退思园作为苏州古典园林的扩展项目被批准列入《世界遗产名录》。广东省顺德的清晖园、东莞的可园、番禺的余荫山房和佛山的梁园（二十四石斋）号称“岭南四大名园”。

颐和园是利用昆明湖、万寿山为基址，以杭州西湖风景为蓝本，汲取江南园林的某些设计手法和意境而建成的一座大型天然山水园林，于光绪二十一年（公元 1895 年）在其前身清漪园的基础上建成。五年后又遭八国联军野蛮破坏，翌年修复。全园占地约 290 公顷，分宫廷区和苑林区两大部分。

颐和园是当时“垂帘听政”的慈禧太后长期居住的离宫，因而兼具宫和苑的双重功能。慈禧常常在这里接见臣僚，处理朝政，为此，在园的前部专门建置了一个宫廷区。它是由殿堂、朝房、值房等组成的多进院落的建筑群。仁寿殿为宫廷区的中心，是园内主要的政治活动场所。清乾隆时名为勤政殿，光绪时重建，易名仁寿殿，取名自《论语》，意即施仁者长寿，是慈禧、光绪坐朝听政的大殿。仁寿殿面阔 7 间，卷棚歇山顶，两侧有配殿，前有仁寿门，门外为南北九卿房，是议事的主要场所之一。宫廷区面积不大，与苑林区既相分隔又有联系。

苑林区以万寿山和昆明湖为主体。昆明湖水面达 200 余公顷，约占全园总面积的 70%，是清代皇家诸园中最大的湖泊，湖面被西堤及支堤划分为三个大小不等的水域，

仁寿殿（周耀林　摄）

每一水域各有一湖心岛，象征着中国古老传说中的东海三神山。湖中水景模仿江南名湖，颇为神似，如西堤及“西堤六桥”源自杭州西湖的苏堤和“苏堤六桥”；西堤景明楼以东，“烟景学潇湘”，具有洞庭湖岳阳楼“春和景明”的意境。西堤一带碧波垂柳，自然景色开阔，远处玉泉山和西山重峦叠嶂，绵延起伏，玉泉山顶的玉峰塔倒影入湖，园中景物与园外景物浑然一体，成为园林借景的杰出范例。湖岸和湖堤绿树荫浓，掩映潋滟水光，呈现出一派江南情调的近湖远山的自然美。

昆明湖中有一座孔桥，即十七孔桥，是我国园林中最长的桥。其右为南湖岛，位于昆明湖前湖中央，向东通过十七孔桥与东堤上的廊如亭相连，岛、桥、亭结合为一个完整的构图，与万寿山遥相对应。岛上现存有涵虚堂、广润灵雨寺、鉴远堂、月波楼、澹会轩等景点建筑。

十七孔桥和廊如亭、南湖岛远眺（周耀林　摄）

万寿山雄踞昆明湖以北，尽管面积不大，却集中了园内绝大多数建筑物，是一个庞大的风景点集聚区。山南坡（即前山）濒昆明湖，湖山连属，构成一个极其开朗的自

涵虚堂（周耀林　摄）

然环境。山上以排云殿、佛香阁为主景的一组建筑群，是全园最引人注目的部分。从湖岸的“云辉玉宇”牌楼起，直达山顶的“智慧海”，一重重华丽的殿堂台阁密密层层地将山坡覆盖住。高达40米的佛香阁雄踞于石砌高台之上，显得气宇轩昂，凌驾群伦。

万寿山前山建筑群（周耀林　摄）

与前山建筑群相呼应的是横山麓、沿湖北岸东西逶迤的长廊，这是中国古典园林中最长的游廊，共273间，728米。

万寿山北坡（即后山）山麓是一条人工开凿的河道，称为“后湖”。造园家巧妙地利用河道北岸紧逼宫墙的局促环境，在此堆筑假山障隔宫墙，并与河道南岸真山脉络相呼应，大有“两岸夹青山，一江流碧玉”的意趣。河道水面时宽时窄，时敛时放，泛舟水上或沿岸步行，得山复水转、柳暗花明之趣，是颐和园一处出色的幽静水景。这里曾经有水居村、自在庄和苏州水街。

游廊（周耀林　摄）

在万寿山东麓靠近宫廷区的地方，有一座相对独立的“园中之园”，名叫“谐趣园”，是模仿无锡寄畅园而建，初名“惠山园”，后取“以物外之静趣，谐寸田之中和”及弘历诗“一亭一径，足谐奇趣”之意，改今名。此园以水面为中心，以水景为主体，环池布置清朴雅洁的厅、堂、楼、榭、亭、轩等建筑，曲廊连接，间植垂柳修竹。池北岸叠石为假山，从后湖引来活水经玉琴峡沿山石叠落而下注入池中。流水叮咚，以声入景，更增加了这座小园的诗情画意。有学者认为，谐趣园是以北方雄健之笔抒写江南柔媚之情的一种因地制宜的艺术再创造。

颐和园是中国保存最为完整的一座皇家园林，也是中国古典造园艺术集大成的代表作品。1998 年 11 月，颐和园入选《世界遗产目录》。世界遗产委员会的评价是：“北京颐和园始建于公元 1750 年，1860 年在战火中严重损毁，1886 年在原址上重新进行了修缮。其亭台、长廊、殿堂、庙宇和小桥等人工景观与自然山峦和开阔的湖面相互和谐、艺术地融为一体，堪称中国风景园林设计中的杰作。”

复习与思考

1. 如何理解园林的概念？
2. 中国古典园林的起源和发展与国家历史有何关联？
3. 简述中国古典园林的组成要素及其相互关系。
4. 如何认识“名园”的基本特征？
5. 概括中国古典园林的文化内涵。
6. 试析中国古典园林的美学艺术价值。
7. 简析中国古典园林在世界遗产中的地位。
8. 如何认识世界遗产委员会对颐和园的评价？

第十一章
记 忆 遗 产

本章要点

1. 记忆遗产
2. 世界记忆工程
3. 文献遗产
4. 文学遗产
5. 砖刻、匾额与诗文
6. 岳麓书院匾额与名联

关键词 记忆遗产 世界记忆工程 文献遗产 文学遗产 岳麓书院

自然载体出现之前，为了保存先前实践活动的成果，先民只能靠口耳将其代代相传。自然载体出现以后，人脑仍然是重要的记忆载体。然而，由于生理原因及人的主观性，“口耳传闻”的天长日久可能会产生流变、失真，丧失准确性。于是，无形的“传闻”在自然载体出现之后便自然而然地移接到有形的载体上，天长日久便形成了记忆遗产。

甲骨文的发掘表明，我国有文字记录的历史至少有3600年。夏商周断代工程就是通过记忆遗产将我国的历史进行了准确的科学定位。而有些世界之谜难以解开，一个非常重要的原因是缺少记忆遗产的支撑，或者是即使有了档案文献记录，也没有流传下来，抑或流传下来，却无法解读，金字塔便是一例。因此，记忆遗产凝聚了先人的知识与智慧，是先人遗留给后人的重要物质和精神财富。

第一节 记忆遗产概述

联合国教科文组织大会第二十届会议通过的《关于保护档案文献遗产的建议》

（1978 年 11 月 28 日）促使了记忆遗产走进人们的视野，拉开了记忆遗产保护的帷幕。该《建议》认为，“文化遗产除了不可移动文化遗产外，也包括文献形态的可移动物品，即作为记录和传递知识、思想的文献遗产，如具有特殊意义的文件档案、照片、电影胶片、录音录像带、机读记录和手稿、古版图书、古籍抄本、现代图书等出版物”。基于上述建议，联合国教科文组织于 1992 年启动了旨在维护人类记忆的“世界记忆工程”。联合国教科文组织认为：“世界记忆即文献遗产，它是全人类以文献形式保存和收集的记忆，是世界文化遗产的重要构成，记载了人类社会的重大变革、人类的重大发现和重大成果，是历史赋予全世界的、今人的和后代的共同的文化财产。”记忆遗产的概念被历史性地提到了世人的面前。

从遗产体系上看，记忆遗产是文化遗产的扩展和延伸，它主要关注文献遗产，包括手稿、图书馆和档案馆保存的任何介质的珍贵文件以及口述历史的记录等。然而，记忆遗产并不限于文献遗产，还包括人类历史上具有普遍意义和价值的文学作品以及其他形式的文献记录。换言之，从载体上看，正如《辞海》的界定，记忆是“人脑对经验过的事物的识记、保持、再现或再认”。因此，记忆的重要载体是人脑。在物化为人脑之外的记忆载体中，文献是实现记忆和再现的主要载体，但并不是唯一的载体，建筑、家具、饰物都可以充当记忆的载体。从形式上看，原始记录的文献、口述历史的记录是记忆遗产的重要组成部分，反映在各种载体形式中的文学作品也同样具有传承人类记忆的功能。例如，纪实文学作品写的是真人真事，是真实地反映历史、生活，这一“真实”特性使它具备历史记忆功能，是历史和社会的重要记忆。再如，有些民间文学作品，包括神话、英雄史诗、民歌、传说、民间叙事诗、故事、说唱文学、民间戏剧等，也在一定程度上反映了当时的历史和社会，同样具备记忆功能。因此，广义地讲，记忆遗产包括的类型很多，尤指各种形式的文献记录，包括文献遗产和文学遗产等多种表现形式。

第二节 文献遗产

钱存训曾指出，“中国书籍的产量，直到十五世纪末年，比世界上各国书籍的总数还要多。而中国丛书、类书卷帙之浩繁，亦少有其他文字的著作可以比拟。”这是对我国浩瀚的文献遗产的充分肯定。广义地讲，文献遗产除了书籍外，还包括具有艺术意义的绘画与绘图，作为原始创造力的媒体的原版、招贴、照片，具有特殊意义的手稿和古版本书、古籍抄本、书籍、文件，具有集币章（徽章和钱币）和集邮意义的物品，文字记录、地图及其他制图材料、照片、摄影电影胶片、录音及机读记录等档案。因此，各级各类图书馆、档案馆、博物馆、经院等文化事业机构收藏的历史上各时代重要的文献资料以及具有历史、艺术、科学价值的手稿、图书资料、口述历史的记录等，都是文献遗产。

文献遗产引起全球关注的重要事件是联合国教科文组织发起的“世界记忆工程”。在该工程的推动下，国家档案局于 1995 年牵头组织成立了世界记忆工程中国委员会。

目前，其参加单位有联合国教科文组织中国全国委员会、国家档案局、国家图书馆、中国科学技术信息研究所和文化部档案处。世界记忆工程成为各个文化事业机构共同关注的重要事业。

2000 年，国家档案局正式启动了“中国档案文献遗产工程”，并于同年成立了“中国档案文献遗产工程”课题组，将其作为软科学加以研究；制定了《中国档案文献遗产工程总计划》（讨论稿），用以指导我国“档案文献遗产工程”的实践。

2001 年 5 月 10 日至 11 日，为推动“中国档案文献遗产工程”工作的全面开展，国家档案局在北京召开了《世界记忆工程》暨《中国档案文献遗产工程》申报工作座谈会。会议介绍了“世界记忆工程”和“中国档案文献遗产工程”的有关情况，明确了“遗产工程”的目的和意义，通报了《中国档案文献遗产工程总计划》（讨论稿），对中国档案文献遗产申报组织工作、申报范围以及申报材料的准备等提出了具体要求，研究部署首批申报工作。

为了准确评估各地申报的档案文献，增加入选《中国档案文献遗产名录》文献的权威性，根据《中国档案文献遗产工程总计划》的要求，国家档案局于 2001 年 11 月组织成立了由季羡林任名誉主任的文献、档案、古籍、史学界专家组成的“中国档案文献遗产工程”国家咨询委员会。并在此后召开了两次评审会，审查通过了两批《中国档案文献遗产名录》。第三批档案文献遗产工程申报工作于 2006 年正式启动，“中国档案文献遗产工程”的长效机制逐渐形成。“中国档案文献遗产工程”国家咨询委员会从各地申报入选的材料中，选择具有国际级文化价值的档案文献，推荐申报《世界记忆名录》。

经过了十余年的发展，我国的文献遗产保护工程得到了很好的实施，并取得了巨大的成就，不仅增强了全民族的档案文献遗产保护意识，还促进了与保护相关的规章制度的建立。最为重要的是，已经形成了世界级、国家级和省级三个不同层次的档案文献遗产名录，分别对入选的世界级、国家级和省级三个不同层次的文献遗产实行集中领导和分级管理。

一、世界级文献遗产

在联合国教科文组织已经公布的六批世界记忆名录中，我国已有传统音乐录音档案、清朝内阁秘本档、纳西东巴古籍文献、清代大金榜、清代“样式雷”建筑图档五个项目入选。（详见第二章）

二、国家级文献遗产

世界记忆工程鼓励建立地区和国家名录，收集具有地区和国家意义的文献遗产。以此为依据，世界记忆工程中国咨询委员会出台了《中国档案文献遗产名录》，作为中国的国家级名录。2002 年、2003 年中国咨询委员会公布了两批名单，共计 83 件（组），见表 11-1、表 11-2（排名不分先后）。

表 11-1 **首批入选《中国档案文献遗产名录》名单**

档案文献遗产名称	收藏地
尹湾汉墓简牍中的西汉郡级档案文书	连云港档案馆
《宇妥·元丹贡布八大密诀》手写本	四川甘孜藏族自治区档案馆
唐代开元年间档案	德格藏医院、辽宁省档案馆
西夏文佛经《吉祥遍至口和本续》	宁夏回族博物馆
元代档案中有关西藏归属问题的档案	西藏自治区档案馆
元朝第七任帝师桑结贝给塔巴贝的封文	四川甘孜藏族自治区档案馆
《明太祖洪武二十五年实录稿本》（部分）	辽宁省档案馆
明代“金书铁券”	青海市档案馆
明代徽州土地产权变动和管理文书	安徽省档案馆
明代谏臣杨继盛遗书及后人题词	河北省容城市档案馆
清代皇帝对鄂尔多斯蒙古王公的诰封	内蒙古自治区鄂尔多斯档案馆
清代玉牒	第一历史档案馆
清代金榜	第一历史档案馆
清代宋昊所著《剿抚澎台机宜》	北京市档案馆
清代、民国阿拉善霍硕特旗档案	内蒙古自治区阿拉善左旗档案馆
贵州省“水书”文献	贵州省档案馆
《般若波罗蜜多八千颂》档案文献	四川甘孜藏族自治区德格印经院
康熙、雍正、乾隆三朝皇帝 给新疆蒙古吐尔扈特部落的敕书	新疆维吾尔族自治区档案馆
清代五大连池火山喷发满文档案	黑龙江省档案馆
大生纱厂创办初期的档案	江苏省南通市档案馆
清代获鹿县永壁村保甲册	河北省档案馆
清代秘密立储档案	第一历史档案馆
江南机器制造局档案	上海市档案馆
清代《八省运河泉源水利情形总图》	山东省汶上县档案馆
清代《清漾毛氏族谱》	浙江省江山县档案馆
清代吉林公文邮递实寄邮件	吉林省档案馆
中国近代邮政起源档案	天津市档案馆
汉冶萍煤铁厂矿有限公司档案	湖北省档案馆
中国北方地区早期商会档案	天津市档案馆

续表

档案文献遗产名称	收藏地
汤寿潜与保路运动档案	浙江省档案馆
苏州商会档案（晚清部分）	江苏省苏州市档案馆
兰州黄河铁桥档案	甘肃省档案馆
《京张路工撮影》	北京市档案馆
清代吉林打牲乌拉捕贡山界与江界全图	吉林省档案馆
云南护国首义档案	云南省档案馆
孙中山手迹——“博爱”题词	第二历史档案馆
中山手稿——致日本友人犬养毅函稿	第二历史档案馆
中山陵档案	南京市档案馆
广州中山纪念堂建筑设计图纸	广州市档案馆
民国时期的中国西部科学院档案	重庆市档案馆
钱塘江桥工程档案	浙江省档案馆
抗战时期华侨机工支援抗战运输档案	云南省档案馆
老舍著《四世同堂》手稿	中国现代文学馆
周恩来总理修改的中印总理联合声明草案	外交部档案馆
周恩来总理在亚非会议全体会议上的补充发言手稿	外交部档案馆
中华人民共和国开国大典档案	中央档案馆
纳西族东巴古籍	云南丽江东巴文化研究所
永州女书档案文献	湖南省江永县档案馆

表 11-2 **第二批入选《中国档案文献遗产名录》名单**

档案文献遗产名称	收藏地
利簋	国家博物馆
唐代“谨封”铜印档案文献	青海省档案馆
焉耆——龟兹文文献	国家图书馆
明代洪武皇帝颁给搠思公失监的圣旨	西藏自治区档案馆
大明混一图	第一历史档案馆
《永乐大典》	国家图书馆
明代徽州江氏家族分家阄书	安徽省黄山市档案馆
戚继光签批的申文	辽宁省档案馆
史家祖宗画像及传记、题跋	宁波市江东区档案馆

续表

档案文献遗产名称	收藏地
彝族文献档案	云南省楚雄市档案馆
清初世袭罔替诰命	第一历史档案馆
清代四川南部县衙门档案文献	四川省南充市档案馆
四川自贡盐业契约档案文献	四川省自贡市档案馆
清代样式雷图档	国家图书馆
长芦盐务档案	河北省档案馆
英国国王乔治三世致乾隆皇帝信	第一历史档案馆
林则徐、邓廷桢、怡良合奏虎门销烟完竣折	国家博物馆
“日升昌”票号、银号档案文献	第二历史档案馆，中国票号博物馆， 山西省平遥县档案局
图琳固英族谱	辽宁省喀左县档案馆
江汉关档案文献	湖北省档案馆
清代末年至中华人民共和国 成立前九龙关管辖地区图	广东省档案馆
昆明教案与云南七府矿权的 丧失及其收回档案文献	云南省档案馆
吐鲁番维吾尔郡王额敏和卓及其后裔家谱	新疆维吾尔自治区档案馆
上海总商会档案	上海市档案馆
清代内蒙古垦务档案	内蒙古自治区档案馆
大清国致荷兰国国书	第一历史档案馆
清代呼兰府《婚姻办法》档案文献	黑龙江省档案馆
孙中山与南京临时政府档案史料	第二历史档案馆
清宣统皇帝溥仪退位诏书	国家博物馆
韩国钧《朋僚函札》档案文献	江苏省档案馆
《共产党宣言》中文首译本	国家图书馆，国家博物馆， 上海市档案馆，上虞市档案馆
百色起义档案史料	广西壮族自治区档案馆
长征史料	中央档案馆
冼星海《黄河大合唱》手稿	中国艺术研究院
民间音乐家阿炳6首乐曲原始录音	中国艺术研究院

中国文献遗产工程还推动了地方各级政府对档案文献遗产的重视，各地纷纷建立了省级档案文献遗产名录。以浙江省为例，为了配合“中国档案文献遗产工程”的开展，浙江省于2002年3月正式实施“浙江档案文献遗产工程”，并成立了领导小组和办公室，建立了由文博、历史、档案等领域的专家组成的专家委员会，制定了《浙江档案文献遗产申报表》以及《浙江档案文献入选标准细则》、《“浙江档案文献遗产工程”入选标准》、《浙江档案文献遗产工程实施办法》等一系列的标准和实施办法，形成了《浙江档案文献遗产名录》。通过评审，第一批和第二批符合浙江档案文献遗产评选标准的档案文献共计20项。此外，云南省、湖北省等也制定了本省珍贵档案文献评选办法，并开始编制本省的省级文献记忆遗产目录。有些省规定，凡申报国家档案文献遗产工程的作品，都直接从本省省级档案文献遗产名录中挑选。

第三节 文学遗产

文学遗产是历史上流传下来的优秀文学作品和文艺理论批判著作的总称。它往往体现在精神层面上，但也需要依托于物质载体，如书籍、石刻、简牍、楹联、铭文等。鉴于本书是以介绍物质遗产为主，因此特选取蕴含着丰富的文学遗产的物质遗产作为介绍对象，从而展现我国文学遗产的魅力。限于篇幅，本书选取古典建筑和园林中的砖刻、匾额、楹联和诗文加以介绍。

一、砖刻

砖刻是中国的一项传统技艺，人们将有着某种寓意的文字、图案等雕刻在砖块上，镶嵌于建筑物中或摆放在家中作为装饰品。这在建筑与园林中颇为常见，如扬州瘦西湖的“徐园”二字，就是杰出的代表。砖刻往往只寥寥数字，却代表了造园者和设计者的思想与想要表达的寓意，不仅具有重要的美学价值，而且包含着丰富的记忆遗产内容。

“徐园”砖刻（周耀林　摄）

以苏州四大名园为例，著名砖刻作品比比皆是。兹略作介绍，以飨读者。

燕誉堂墙侧砖刻横额“入胜”、“通幽”都是指示性的题咏砖刻，意为“渐入佳境”和“通向幽胜之境界”，揭示了一种静谧悠长的意境。燕誉堂圆洞门额“听香”，即闻花香，这是一种“通感”手法。诉诸嗅觉的“闻香”是人们惯常的生活体验，而将此感受幻化为“听”的形态，更显得自然撩人，突出了花木散发的芳香赏心怡神。燕誉堂圆门砖额“读画”，意为“观赏天然画本”，这又是一个启示性题咏，诱导人们去观赏如画的美景。我国国画画中有诗，诗中有画，“读画”是观画的雅称。燕誉堂圆洞门砖额“胜赏”、“幽观”，也是提示性题咏，意为尽情观赏胜景和幽美的景观。古五松园月洞门宕砖刻“得其环中”，“环中”，即圆环之中心，出自《庄子·齐物论》：“彼是莫得其偶，谓之道枢。枢始得其环中，以应无穷。”用来借喻灵空超脱的境界。古五松园前廊洞门砖刻“兰芬”、“桂馥”，意为兰桂芳香，香味久远，用来表示园主德泽长留，喻指其品格高洁。

沧浪亭最南端的石屋门额上刻着“印心石屋”，由道光帝书，赠与园主陶澍。“印心”即心心相印，取佛家著作《景德传灯录》中“衣以表信，法乃印心”之意，喻指“佛法印心之屋”。石屋前假山上有一个林则徐草书的摩崖“圆灵证盟”。其中，“圆灵”取自谢庄《月赋》：“柔祇雪凝，圆灵水镜。”指在月光朗照下，地如雪凝，天如水镜。“证盟”是佛教语，谓佛教徒传法。五百名贤祠署头石刻“景行维贤”，其作者是陶澍，意为行为光明正大，德行高尚，乃为后人仰慕的贤德之人。五百名贤祠东月洞门砖额“周规折矩”，意谓五百名贤皆能恪守儒家的礼仪法度。

远香堂东南长廊砖刻“复园”，作者是清乾隆年间的陈鳢。他在修葺过程中，旨在恢复名园山水旧貌，故名“复园”。东部旧宅中也有很多有名的砖刻：一字形照墙上有砖刻“迎祥”，谓“迎来吉祥”之意。轿厅门楼上有砖刻曰“基德有常”，“基”，事物的根本，“德”，作动词“立德”讲，“有常”，有常规、准则，意即事物的根本是立德，这是有常规准则的。大厅门楼有砖刻“清芬”、“弈叶”，意指“世代德行高洁”，“清芬”比喻德行高洁，“弈叶”表示累世，此可指世世代代。第三、第四进庭院东月洞门砖刻：“延月”、“惠圃”。“延”，即延请，与唐李白“举杯邀明月”同一韵味；“惠”同“蕙”，是香草的一种，喻指君子内蕴的优秀品德。第三、第四进庭院西月洞门砖刻：“梳风”。“梳”，即梳理、调理，将缕缕清风拟人化，意为“调理清风”。饭庄（鸳鸯花篮厅）有东砖额“春古”和西砖额“雪晴”，分别指“春意永恒”和“雪停止，天放晴”。

留园的绿荫轩南庭院墙的石匾“华步小筑”，是嘉庆丁巳春正竹汀居士钱大昕所题，意指“花步里的小建筑”。“华步”即“花埠”，指装卸花木的埠头。曲溪楼八角门洞有一砖额曰“曲溪”，楼周有清流回宕、修竹映带、古树掩映，作者文徵明会意流觞曲水以名额，借景寓情，令人回味。五峰仙馆东侧月洞门额“静中观”，取唐刘禹锡“众音徒起灭，心在静中观”之意，表达了作者欲穿透表象，静观内蕴，超越人世烦恼，从而达到一种绝对自由的人生境界。

二、匾额与楹联

在中国古典建筑与园林中，匾额和楹联有的写景，有的抒情，写景的托物言志，抒情的直抒胸臆，还有的既写景又抒情，文化底蕴颇深。在一定的程度上，匾额和楹联是建筑与园林的画龙点睛之笔，传达了主人和设计者的思想与心声。

故宫经典楹联尤以乾隆皇帝所题楹联最多，如题弘德殿的“二典三谟，法尧舜之道，五风十雨，协天地之心。”其中，二典三谟指《尚书》中《尧典》、《舜典》及《大禹谟》、《皋陶谟》、《益稷》；五风十雨则指风调雨顺。乾隆题太和殿的“龙德正中天，四海雍熙符广远；凤城回北斗，尤邦和谐颂平章”、题保和殿的“祖训昭垂，我后嗣子孙尚克钦承有永；天心降鉴，惟万方臣庶当思容保无疆”、题武英殿的“四库藏书，宝笈牙签天禄上；三长选俊，缥囊翠袖月华西”、题乾清宫的“克宽克仁，皇建其有极；惟精惟一，道积于厥躬”。此外，康熙题皇极殿的“皇图盛际阳春，观苍驾日升九照；帝座高临北极，庆紫垣星拱端居”、题景阳宫的“颂启椒花，百子池边日暖；觞浮柏叶，万年枝上春晴”、题乾清门的“帝座九重高，禹服周疆环紫极；皇图千禩永，尧天舜日启青阳”、题太极殿的“以仁义为巢，凤仪阿阁；与天人合机，象供宸居”。雍正题斋宫的“克践厥猷，聪听祖考之彝训；无斁康事，先知稼穑之艰难”、题上书房的“立身以至诚为本，读书以明理为先”。慈禧题体和殿的“日映东方，光华被艺圃；源流北海，沆瀣挹文澜”。张居正题文华殿的“四海升平，翠幄雍容探六籍；万几清暇，瑶编披览惜三余”。李岩题乾清宫暖阁的“学骑坠地仗龙驹，试剑杀妃伤长女，君王神武是何帝；命相年达十余辈，理财添饷千万两，政府昏横过暴秦”。

皇家园林颐和园内也有很多帝王皇帝所题的著名楹联，如乾隆题十七孔桥的“虹卧石梁，岸引长风吹不断；波回兰浆，影翻明月照还空”；题画中游的“闲云归岫连峰暗，飞瀑垂空漱石凉”。光绪题德和园颐乐殿的“松柏霭长春，画图集庆；蓬莱依胜境，杰构灵光”；题近西轩的“千条嫩柳垂青琐，百啭流莺入建章”。慈禧题紫霄殿的“上林万树连西掖，北极诸星拱太微”；题藕香榭的“玉瑟瑶琴倚天半，金钟大镛和云门”。此外，园内涵远堂的楹联“西岭烟霞生袖底，东洲云海落樽前”和十七孔桥上的另一副对联“烟景学潇湘，细雨轻航暮屿；晴光总明圣，软风新柳春堤”等都堪称佳作。

不仅皇家园林如此，私人园林之中的匾额与楹联也颇具风格。以网师园为例，濯缨水阁的匾额是“濯缨水阁”，意为用洁净的清水洗涤沾染世俗尘埃的帽带之阁。这是一个写志额，用清水洗涤干净世俗的尘埃，表达了清高自守之志。濯缨水阁对联之一：“曾三颜四，禹寸陶分”。据苏叟《养苛杂记》载，此联是乾隆光禄寺少卿宋宗元重修网师园、恢复濯缨水阁后，请郑板桥所题，其联意为曾参每日三省吾身，颜渊恪守“四勿”信条，大禹珍惜寸阴，陶侃宝爱分阴，是典型的格言联。引自四个典故，八个字讲了四位历史人物的故事：联中的“曾”字，即孔子弟子曾参，《论语·学而》篇中记载曾参的话：“吾日三省吾身……为人谋而不忠乎？与朋友交而不信乎？传不习乎？”；“颜”为孔子弟子颜回，《论语·颜渊》篇记载：“子曰：‘非礼勿视，非礼勿听，非礼勿言，非礼勿动。’颜渊曰：‘回虽不敏，请事斯语矣。’”；“禹寸”指的是大禹珍惜每一寸光阴，《游南子》谓：“大圣大责尺壁，而重寸之光阴”；“陶分”指学者陶侃珍惜每一分时光，《晋书·陶侃传》记载陶侃“常语人曰：‘大禹圣者，乃惜寸阴；至于众人，当惜分阴。岂可但逸游荒醉……是自弃也。’”。全联言简意赅，囊括了广博深邃的内容，用于激励人们要珍惜人生的大好时光，积极学习，不断完善自己。濯缨水阁对联之二：“于书无所不读，凡物皆有可观。”此联挂在“濯缨水阁”外廊柱上，出句集自宋苏辙的《上枢密韩太尉书》，意思是说，以前交游的只是“邻里乡党之人”，范围太窄；所见的仅是“数百里”无“高山大野”之乡；对句集自苏轼的《超然台记》：“凡物皆有可观，苟有可观，皆有可乐，非必怪奇伟丽者也。”其含义是，果蔬草木，皆可以饱，粗菜淡酒，皆可以醉，以此类推，“吾安往而不乐”！物皆有尽，人欲无穷，必然导致失意与痛苦，只有心志不为外物所诱，逍遥于物外，超脱一切，随缘自适，才能达到安恬潇洒的生命境界，安然自得，表现了作者旷达乐观的人生态度。濯缨水阁对联之三：雨后双禽来占竹，秋深一蝶下寻花。此联为清刘墉所作，意为：“雨后，一双飞鸟落在翠竹上；深秋，一只蝴蝶飞来寻鲜花。”全联意境清幽恬淡，洋溢着温馨新鲜的气息和勃勃生机，极富诗情画趣。再以五峰仙馆内楹联为例，曰：“读《书》取正，读《易》取变，读《骚》取幽，读《庄》取达，读《汉文》取坚，最有味卷中岁月；与菊同野，与梅同疏，与莲同洁，与兰同芳，与海棠同韵，定自称花里神仙。”作者清风石陆润庠，联意为：读《尚书》取其雅正，读《易经》取其善变，读《离骚》取其幽思，读《庄子》取其放达，读《汉书》取其精核，最具味道的是潜心在书中的时光；与菊花同拙朴，与梅花同疏朗，与莲花同高洁，与兰花同芬芳，与海棠同风韵，一定会自称是花里的神仙。出句谈读书之乐。作者选取了五部有代表性的著作，吸取其精髓，从中获取无穷乐趣；对句借咏花喻指人品格高洁脱俗，心志不凡。上下联各取五句，并都用五字成韵，以合五峰之数，可谓匠心独运。读来琳琅在目，清香满口，花美人亦美。全联对仗工整，情志高雅，寄托遥深。此外南厅楹联亦颇具盛名：迤逦出金阊，看青萝织屋，乔木干霄。好楼台旧址重新，尽堪邀子敬重游、元之醉饮。经营参画稿，邻郭外枫江、城中花坞。倚琴樽古怀高寄，犹想见寒山诗客、吴会才人。此联由薛时雨集园主盛康句，郭仲选书。译意：迤逦曲折地走出苏州西城阊门，但见青色的青藤紫萝缠满墙屋，树木参天。楼阁美好，旧地重新，尽可邀请王子敬这样的风流雅士再来此清游，王禹偁这样的诗人也可在此痛饮美酒了。留园的经营布局参照画稿：西邻城外寒山寺，东邻城内桃花坞。抚琴饮酒，思古情深，真想一睹唐时天台山诗僧寒山子、明唐寅、祝允明、文徵明、徐祯卿等吴中大才子的风采。

名楼之中不乏名联。岳阳楼中比较有名的楹联举不胜举，历代文人都以登此名楼，吟诗作赋为荣。众多名联中，三楼李白所作的短联“水天一色，风月无边”最具盛名。其次当属清何绍所作的102字长联：“一楼何奇？杜少陵五言绝唱，范希文两字关情，滕子京百废俱兴，吕纯阳三过必醉。诗耶？儒耶？吏耶？仙耶？前不见古人，使我怆然涕下！诸君试看：洞庭湖南极潇湘，扬子江水通巫峡，巴陵山西来爽气，岳州城东道崖疆。潴者，流者，峙者，镇者，此中有真意，问谁领会得来？”此外，欧阳修所撰之联：“我每一醉岳阳，见眼底风波，无时不作；人皆欲吞云梦，问胸中块磊，何时能消？”

黄鹤楼的楹联中，清何绍基的“我从千里而来，看江上梅花，已开到红羊劫后；谁云一去不返，听楼中玉笛，又吹起黄鹤高飞”；“数千年胜迹旷世传来。看凤凰孤屿、鹦鹉芳洲、黄鹤渔矶、晴川杰阁，好个春华秋月，只落得剩山残水。极目古今愁，是何时崔颢题诗、青莲搁笔？一万里长江几人淘尽？望汉口夕阳、洞庭远涨、潇湘夜雨、云梦朝霞，许多酒兴风情，惟留下苍烟晚照。放怀天地窄，都付与笛声缥缈、鹤影蹁跹”；“何时黄鹤重来？且自把金樽、看洲渚千年芳草；今日白云尚在！问谁吹玉笛、落江城五月梅花？”

滕王阁中比较有名的楹联有：李白的“我辈复登陆，目极湖山千里而外；奇文共欣赏，人在水天一色之中”；“有才人一序在上头，恨不将鹤鹅洲踢翻，黄鹤楼捶砰；叹沧海横流无底止，慨然思班定远投笔，终于云请缨”；“依然极浦遥天，想见阁中帝子；安得长风巨浪，送来江上才人”；“滕王何在，剩高阁千秋，剧怜画栋珠帘，都化作空潭人影；阎公能传，仗书生一序，寄于东南宾主，莫看轻过路才人”；“白云自向杯中落，小艇原从天上来”；“隔岸眺仙踪，问楼头黄鹤，天际白云，可被大江留住；绕栏寻胜迹，看树外烟波，洲边芳草，都凭杰阁收来”；“兴废总关情，看落霞孤鹜，秋水长天，幸此地湖山无恙；古今才一瞬，问江上才人，阁中帝子，比当年风景如何”。

寺庙、祠堂等古建筑中的楹联也比比皆是。例如，乾隆题畅春园恩慕寺的“慈福遍人天，祥开佛日；圣恩留法宝，妙现心灯”；乾隆题法源寺无量殿的“参透声闻，翠竹黄花皆佛性；破除尘妄，青松白石见佛心”；乾隆题圣祚隆长寺的“妙谛不多弹一指，善缘无量佛千身”；乾隆题黑龙潭龙王庙的“幸逢嘉霖敷优泽，一洗粉尘转润姿”。康熙题戒台寺的“禅心似镜留明月，松韵如篁振午风”。雍正题潭柘寺大雄宝殿的“鹫头云闲，空界自呈清净色；龙潭月皎，圆光长现妙明心”；题畅春园恩佑寺的“万有拥祥轮，净因资福；三乘参慧镜，香界超尘”。板桥道人题白云观华室的“咬定一两句书，终身得益；栽成六七竿竹，四壁皆清”。林则徐题陶然亭的“似闻陶令开三径，来与弥陀共一龛”。李瑞玉题白云观玉皇阁的“阶而可升，恰东接城阴西连塔影；室虽云陋，喜风敲铎韵雨温钟声”。彭定求题韩愈祠的“进学解成，闲官一席曾三仕，起衰力任，钜制千秋本六经”。魏源题于谦祠的“砥柱中流，独挽朱明残祚；庙容永奂，长赢史笔芳名”。桂萼题松筠庵的“燕市宅依然，两疏共传公有胆；椒山堂在否，三年不出彼何心”。李鸿章题安徽会馆的“依然平地楼台，往事无忘宣榭警；犹值来朝车马，清时喜赋柏梁篇”。刘墉题阅微草堂的“两登耆宴今犹健，五掌乌台古所无”。前文所述的名寺中，也有诸多楹联流传。例如，河北正定隆兴寺中，清梁清标题的“月上斗圆光，示教禅心兼法味 风吹清梵乐，归诚景福应真言”；佛缘堂的“贪心、妄心、爱心，莫忘心中善根；观佛、拜佛、求佛，当知佛为何人”。五台山佛光寺中，“寺院有尘清风扫，山门无锁白云封”。恒山悬空寺中，蒋治本所题“悬空便欲乘云去，临水方知得月先。”独乐寺观音阁中，爱新觉罗·弘历题观音阁的“琳宇近神畿，慈云广荫；法筵传古迹，宝月常新”，行宫的“短长诗句闲中捡，来往年华静里观。”

此外，“三孔”、皇城相府、峨眉山古建筑、普陀山普济寺、五台山、武当山等地，匾额与名联比比皆是，成为点化心灵、点缀景致的亮点。

三、诗文

登临风景名胜，或者行走在古建筑与园林中，随处可见流传千古的诗文。被誉为“江南三大名楼”的黄鹤楼、岳阳楼、滕王阁历来是文人墨客登临拜访和吟诗作赋的好去处，留下了数不胜数的诗文。限于篇幅，本书特择录其中部分诗文以供读者鉴赏，从中可以窥探我国文献遗产的珍奇。

峨眉山诗文中，较早的有李白的《登峨眉山》，其中写道：“蜀国多仙山，峨眉邈难匹。周流试登览，绝怪安可息。青冥倚天开，彩错疑画出。泠然紫霞赏，果得锦囊术。云间吟琼箫，石上弄宝瑟。平生有微尚，欢笑自此毕。烟容如在颜，尘累忽相失。倘逢骑羊子，携手凌白日。”

武当山早在唐宋时期便有逸士游览，在武当山的玉虚宫、遇真宫等景区留下了脍炙人口的诗文。例如，《仙关》(明·胡宗宪）中云：“一入桃源路转艰，天风吹我渡仙关。千层楼阁空中起，万叠云山足下环。揽辔自知王命重，杖藜聊与道心闲。玄房寂寂春宵冷，月上疏帘手可攀。”《晓登天柱绝顶》(明·徐中行）曰：“万丈奇峰展翠屏，千寻飞阁俯明庭。金容日映扶桑赤，仙掌云开太华青。已见祠坛封玉检，堪从石室问丹经。尘中漫道无仙骨，不妄元曾署岁星。”《玉虚岩》(明·胡泼)：“竹杖芒鞋洞府游，玉虚仙景更清幽。自从混沌初分后，明月清风几万秋。”透过《武当歌》和《登武当大顶记》，仍可以窥探到几百年前的武当仙境。

武当歌

（明·王世贞）

黑帝不卧元冥宫，再佐真人燕蓟中。乾坤道尽出壬午，日月重朗开屯蒙。人间大小七十战，一胜业已归神功。久从北极受尊号，却向西方称寓公。武当万古郁未吐，得吐居然压华嵩。是时岂独疲荆襄，雍豫梁益皆为忙。少府如流下白撰，蜀江截流排豫章。太和绝顶化城似，玉虚仿佛秦阿房。南岩雄奇紫霄丽，甘泉九成差可当。十年二百万人力，一一舍置空山旁。英雄御世故多术，卜鬼探符皆恍惚。不闻成祖帝王须，曾借玄天师相发。呜呼！汉王空邀王母过，高真不显宋宣和。功名虽盛毋乃晚，混沌时来当若何！

登武当大顶记

（元·朱思本）

延祐丁巳四月壬寅，蚤起，自武当山真庆宫登大顶。初穿林莽，寻微径，可五里所，碎石崎确，坏木纵横，迳渐湮芜，乍升乍降。万木交错，叶或大如箕，或小如蒙茸，或直上数百尺，或朴辐扶疏，皆昔所未见。质诸野人，亦莫能尽名也。复多花蛇土蝮，闻人声辄趋避。惟山蛭尤病人，藏败叶沙土中，看履则暖蚂而上，初如毛发，既饫人血，彭亨径寸，长倍之。故行者每数步必自视其足，见亟抉去，否则，流毒为疮痛，非旬月可瘳。盖山蛭多集巨蛇鳞甲中，螯人非水蛭比也。又七里所，缘青壁藤蔓而匍匐登。返顾嵌岩幽深，草木菁倩，惟闻水声淙淙，莫能窥其底也。咳唾笑语，山谷响应。怪禽飞翔，大如鸡鹜，小如雀鸽，光彩绚烂，鸣声清越，非所尝闻。强以其声之似人言者名之，则有“不空中空”，尤为异马。灵草敷荣，多黄精、芎䓖、草乌、大黄之属。又七里所，至下天门。峭壁如削，辫竹系其巅，缒而下经可六丈。余则侧足石磴间，援竹而上。始则惧而颤，中也勇而奋，既至也则恬而嬉。天门砥平可寻丈，两石对立，上合而中通，谓之门亦宜。至此，山蛭、蛇虺皆无所见矣。山志云是为太安皇崖、显定极风二天，帝所治。复上五里所，为三天门。其势视下天门，差平夷，而从广倍之。乔松怪石，天风泠然，长萝卷舒，芬芳袭人。过此以往，无复甚峻，亦缭绕百转又数里，乃至绝顶。砻石为方坛，东西三十有尺，南北半之。中冶铜为殿，凡栋梁窗户靡不备，方广七尺五寸，高亦如之。内奉铜像九，中为元武，左右为神父母，又左右为二天帝，侍卫者四。前设铜缸一，铜炉二。缸可成油一斛，燃灯长明；炉一置殿内，一置坛前。四望豁然，汉水环均若衣带，其余数百里间，山川城郭仿佛可辨。俯视群山，尽鳞比在山足，千态万状，如赴如挹，如听命侍役焉者。天宇晃朗，风景凌历。或云率以五鼓东望日出，尤为奇观，则又知非徒泰山、天坛、衡岳之为然，昔怯露宿，未暇验其说也。盘桓久之，乃逡巡而返。至真庆，午阴微转，大率为里仅三十，而真庆下至分道口，平地又二十有五里云。

寺庙的兴起也引来文人墨客的颂赞。例如，龙兴寺诗文中，有《游第一山》（清·法海），其中有云：“三百年来瞬息间，红尘不染白云闲。老僧记取龙兴寺，第一人题第一山。”《第一山龙兴寺怀古》（吴元员）则写道：“红尘侵入白云封，第一山中驾云龙。三百余年沧海变，不堪古寺听晨钟。”悬空寺诗文中，经典的有《望悬空寺》（明·汪承爵）：“刻石成香地，凭虚结构工。梵宫依碧献，栈阁俯丹枫。涛壮磁窑雨，僧寒谷口风。跻攀真不易，遥望意无穷。”独乐寺诗文中，有《独乐寺》

(清·仁宗嘉庆):“寺标独乐义奚求,兼爱原称墨者流。饶舌丰于皆是幻,一心无逸凛先忧。”佛光寺诗文中,有《题佛光寺》(清·王秉韬):“雄殿压东岭,重门锁四隅。精严法律似,蟠际地天殊。樵采疑无路,风烟别有区。一乘归万象,于此见痴愚!”

黄鹤楼诗文中,以李白和崔颢的诗文最为突出。《与史郎中钦听黄鹤楼上吹笛》(唐·李白):“一为迁客去长沙,西望长安不见家。黄鹤楼中吹玉笛,江城五月落梅花。”作者流放夜郎经过武昌时游黄鹤楼,通过黄鹤楼听笛,巧借笛声来渲染愁情,抒发了诗人的迁谪之感和去国之情。《望黄鹤楼》(唐·李白):“东望黄鹤山,雄雄半空出。四面生白云,中峰倚红日。岩峦行穹跨,峰嶂亦冥密。颇闻列仙人,于此学飞术。一朝向蓬海,千载空石室。金灶生烟埃,玉潭秘清谧。地古遗草木,庭寒老芝术。蹇予羡攀跻,因欲保闲逸。观奇遍诸岳,兹岭不可匹。结心寄青松,永悟客情毕。”诗人登临黄鹤楼,泛览眼前景物,即景而生情。既自然宏丽,又饶有风骨。《黄鹤楼》(唐·崔颢)中写道:“昔人已乘黄鹤去,此地空余黄鹤楼。黄鹤一去不复返,白云千载空悠悠。晴川历历汉阳树,芳草萋萋鹦鹉洲。日暮乡关何处是?烟波江上使人愁。”黄鹤楼几经损毁,于1981年重建时,将(唐)阎伯理的《黄鹤楼》刻碑铭记:“州城西南隅,有黄鹤楼者,《图经》云:‘费祎登仙,尝驾黄鹤返憩于此,遂以名楼。’事列《神仙》之传,迹存《述异》之志。观其耸构巍峨,高标茏苁,上倚河汉,下临江流;重檐翼馆,四闼霞敞;坐窥井邑,俯拍云烟:亦荆吴形胜之最也。何必濑乡九柱、东阳八咏,乃可赏观时物、会集灵仙者哉。”

滕王阁诗文中,以王勃(唐)的《滕王阁序》最为脍炙人口。岳阳楼诗文中,范仲淹(宋)的《岳阳楼记》是典范之作。因其被收录入中学教材,故本书略去原文。此外,杜甫(唐)也写下了《登岳阳楼》:“昔闻洞庭水,今上岳阳楼。吴楚东南坼,乾坤日夜浮。亲朋无一字,老病有孤舟。戎马关山北,凭轩涕泗流。”不仅写出了洞庭浩瀚的不凡气势,亦触景伤情,写自己身世的凄凉孤寂,反映出诗人对时局的忧虑和关心。

各种建筑中,桥更能引起文人墨客的青睐。以赵州桥(安济桥)为例,其颂扬诗文不下百篇。例如,王基宏(清)的《安济桥》:“安济石桥日月留,蟠龙踞虎汶河洲。无楹自夺天工巧,有窍能分地景幽。岂是长虹吞皓月,故教半魄隐清流。不言果老多神异,况剩白驴嵌石头。”张士俊(清)的《安济桥二首》其一:“谁掷瑶环不记年,半沉河底半高悬。从来兴废如河水,只有长虹上碧天。”其二:“青龙谪下化长桥,日驾川流谁可摇。果老坠驴应有意,仙家游戏上云霄。”傅振商(清)诗曰:“石桥碧影驾长虹,流水无心夕照中。千载乘驴人不见,徘徊学步愧青骢。”安汝功(清)则将该桥描述成:“天桥苍虬卷,横披百步长。匪心坚不转,万古作津梁。”杜英(清)在《安济桥有感》中发出了这样的感慨:“龙卧苍江势欲飞,马冲寒雨净无泥。影沉云掩半边月,路险天横千丈霓。人世变更仙迹在,水神畏避浪头低。凭栏洒尽伤时泪,落日太行山色西。”这些诗文表达了作者对这座古桥之美的由衷颂扬。

大雁塔建成后,登塔抒情,赋诗作画的诗词文化活动空前辉煌。据不完全统计,千百年来，登临大雁塔，赋诗抒怀的诗人多达数百人，留下近千首作品。其中，唐高宗李治、上官婉儿、李适等都留下了不朽的篇章，兹择录如下：

谒大慈恩寺

（唐・李治（唐高宗皇帝））

日宫开万仞，月殿耸千寻。
花盖飞团影，幡红曳曲阴。
绮霞遥笼帐，丛珠细网林。
寥廓烟云表，超然物外心。

九月九上幸慈恩寺登浮屠群臣上菊花酒

（唐・上官婉儿）

帝里重阳节，香园万乘来。
却邪萸入佩，献寿菊传杯。
塔类承天涌，门疑待佛开。
睿词悬日月，长得仰昭回。

奉和九日登慈恩寺浮屠应制

（唐・李适）

凤辇乘朝霁，鹦林对晚秋。
天文贝叶写，圣泽菊花浮。
塔似神功造，龛疑佛影留。
幸陪清汉跸，欣奉净居游。

题慈恩寺塔

（唐・章八元）

十层突兀在虚空，四十门开面面风。
却怪鸟飞平地上，自惊人语半天中。
回梯暗踏如穿洞，绝顶初攀似出笼。
落日凤城仙气合，满城春树雨濛濛。

礼慈恩寺题诗

（北宋・吕大防）

玄奘译经垂千秋，慈恩古刹闻九州。
雁塔巍然立大地，曲江陂头流饮酒。

登慈恩寺雁塔怀汴京

（北宋・蔡榷）

四面八方风韵悠，南山秦岭竟深秋。
紫微星隐将临顶，黄菊花开未解释。
叠叠燕台迷蓟羯，层层雁塔却幽州。
汴梁已有兴邦志，为爱东楼难得收。

慈恩寺上雁塔

（清・洪亮吉）

忆从初地擅名扬，阅劫来游竟渺茫。
韦曲花深愁暮雨，终南山古易斜阳。
高张岑杜诗篇冷，天宝开元岁月荒。
莫笑众贤名易朽，塔前杯水已沧桑。

此外，张伯驹（清）写下了《水调歌头・庚戌中秋晚登雁塔看月出》："扶醉问明月，更上最高层。一年今夕偏好，毕竟是何情。说甚长安远近，曾与九霄多榜，万里共光明。宫阙水晶域，天地玉壶冰。秦山影，泾渭色，眼前清。惟有霜砧画角，犹向耳边惊。子弟梨园白发，姊妹昭阳飞燕，歌舞尽无声。几照马韦嵬驿；不独汉家营。"

园林中的诗文更具中国特色，在我国古典园林中起画龙点睛的作用。典型的例子是避暑山庄中康熙帝描述"烟波致爽"的诗句："山庄频避暑，静默少喧哗。北控远烟息，南临近壑嘉。春归鱼出浪，秋敛雁横沙。触目皆仙草，迎窗遍药花。炎风昼致爽，绵雨夜方赊。土厚登双谷，泉甘剖翠瓜。古人戍武备，今卒断鸣茄。生理农桑事，聚民至万家。"全诗分别从山庄的地势、动植物和和平气氛三大方面着笔，极写山庄之美。其中，"远烟"指北疆形势；"近壑"指松云峡等山区景观；"双谷"指一茎双穗的衰禾。苏州四大古典园林中，诗文墨迹到处可寻，典型的诗文包括姜埰（明）的《己亥秋日游徐氏东园》、郑文焯（清）的《归舟过花步里刘氏旧园》、惟则（元）的《狮子林即景十四首》、弘历（清）的《题文园狮子林十六景有序甲午》、张京度（清）的《网师园》、陈松瀛（清）的《游瞿氏网师园》、吴嘉淦（清）的《冬日网师园燕集》、袁枚（清）的《宿苏州蒋氏复园题赠主人》等皆是园林文学遗产宝库的典型代表。以沧浪亭为例，历代题咏沧浪亭的诗文很多，其中比较有名的有欧阳修（北宋）的《沧浪亭》：

子美寄我沧浪吟，邀我共作沧浪篇。
沧浪有景不可到，使我东望心悠然。
荒湾野水气象古，高林翠阜相回环。
新篁抽笋添夏影，老枿乱发争春妍。
水禽闲暇事高格，山鸟日夕相啾喧。
不知此地几兴废，仰视乔木皆苍烟。
堪嗟人迹到不远，虽有来路曾无缘。
穷奇极怪谁似子，搜索幽隐探神仙。
初寻一径入蒙密，豁目异境无穷边。
风高月白最宜夜，一片莹净铺琼田。
清光不辨水与月，但见空碧涵漪涟。
清风明月本无价，可惜只卖四万钱。
又疑此境天乞与，壮士憔悴天应怜。
鸱夷古亦有独往，江湖波涛渺翻天。
崎岖世路欲脱去，反以身试蛟龙渊。
岂知扁舟任飘兀，红蕖绿浪摇醉眠。
丈夫身在岂长弃，新诗美酒聊穷年。
虽然不许俗客到，莫惜佳句人间传。

对于沧浪亭的描述，明朝归有光的《沧浪亭记》不仅介绍了沧浪亭的历史，而且从中仍可看到当时沧浪亭的概况。现将全文介绍如下：

浮图文瑛居大云庵，环水，即苏子美沧浪亭之地也。亟求余作《沧浪亭记》，曰："昔子美之记，记亭之胜也；请子记吾所以为亭者。"余曰：昔吴越有国时，广陵王镇吾中，治南园于子城之西南，其外戚孙承佑，亦治园于其偏。迨淮海纳土，此园不废。苏子美始建沧浪亭，最后禅者居之，此沧浪亭为大云庵也。有庵以来二百年，文瑛寻古遗事，复子美之构于荒残灭没之馀，此大云庵为沧浪亭也。

夫古今之变，朝市改易。尝登姑苏之台，望五湖之渺茫，群山之苍翠，太伯、虞仲之所建，阖闾、夫差之所争，子胥、种蠡之所经营，今皆无有矣，庵与亭何为者哉？虽然，钱镠因乱攘窃，保有吴越，国富兵强，垂及四世，诸子姻戚，乘时奢僭，宫馆苑囿，极一时之盛，而子美之亭，乃为释子所钦重如此。可以见士之欲垂名千载，不与其澌然而俱尽者，则有在矣。

文瑛读书喜诗，与吾徒游，呼之为沧浪僧云。

北宋苏舜钦还作有《沧浪亭》，曰："一径抱幽山，居然城市间。高轩面曲水，修竹慰愁颜。迹与豺狼远，心随鱼鸟闲。吾甘老此境，无暇事机关。"作者寄情园林跃然纸上。寥寥数字，言简意赅，蕴含生活哲理，耐人寻味。

第四节　案例赏析：岳麓书院匾额与名联

岳麓书院是我国四大书院之首，自北宋开宝九年（公元976年）创立以来，历经宋、元、明、清各代，至清光绪二十九年（公元1903年）改名为湖南高等学堂，尔后相继改为湖南高等师范学校、湖南公立工业专门学校，1926年定名为湖南大学。现为湖南大学哲学院、文学院所在地。历经千余年，素有"千年学府"之称。

岳麓书院在布局上采用的是中轴对称、纵深多进的院落形式，主体建筑有头门、大门、二门、讲堂、御书楼，这些建筑都位于中轴线上，其中讲堂位于中轴线的中心，也是整个书院的中心位置。在中轴线的两侧主要是斋舍和祭祀的专用祠堂。在各种古建筑中保存着大量的碑、匾、楹联和书画珍品，恰如其分地烘托出岳麓书院浓厚的文化气息。

书院头门上的"千年学府"匾，是1986年岳麓书院举行1010周年庆典时，湖南大学长沙校友会赠送给岳麓书院的，四个字是根据唐代大书法家欧阳询的字镌刻而成的，彰显了书院悠久的历史和极高的学术地位。头门两旁的门联为"千百年楚材导源于此；近世纪湘学与日争光"，高度概括了岳麓书院千百年来在培育人才和学术研究方面的地位和作用。

头门匾额（周耀林　摄）

大门的正上方，悬挂着宋真宗于北宋祥符八年（公元1015年）御赐的"岳麓书院"匾额。相传宋真宗听说岳麓书院的办学很不错，又听说山长（院长）周式以德行著称于世，于是召见周式并意留他在京城讲学做官，但周式心系着岳麓山院，坚拒不从，真宗被他的精神所感动，于是亲赐“岳麓书院”四字及经书等物，岳麓书院从此名闻天下，求学者络绎不绝，成为北宋四大书院之一。大门两侧是岳麓书院闻名天下的对联：“惟楚有材；于斯为盛。”这是一副集联，相传上联为清嘉庆年间山长袁名曜出对，由当地贡生张中阶对下联而成，意为楚国（泛指湖南）人才众多，而在这里（指岳麓书院）尤为兴盛。三湘学子常以此为自豪。

大门两壁的对联也颇为醒目：“治无古今育才是急，莫漫观四海潮流千秋讲院；学有因革通变为雄，试忖度朱张意气毛蔡风神”，意为：治理国家，急迫的任务是培养人才，切不可忽视世界历史潮流和千年学府的讲学传统；治学有承传和革新的辩证关系，顺应时事，举一反三，就能立于不败之地。朱熹与张栻、毛泽东与蔡和森的治学思想在此可见一斑。

进门后便登上了赫曦台。“赫曦”意为红红的太阳升起来了。当年，朱熹应著名的理学大师张栻的邀请，千里迢迢从福建省的崇安来到长沙岳麓书院讲学，在长沙停留了两个多月。清晨的时候，朱熹常常和张栻一起登上岳麓山顶看日出，每当见到旭日腾空，霞光万丈，山川市井等万物都沐浴在朝阳中的时候，便激动不已，拍手道：“赫曦！赫曦！”于是便将他们观日出的这个地方定名为“赫曦”。后来，张栻便在此修筑了一个戏台，名为“赫曦台”以示纪念。赫曦台内壁两侧有两个大字：“福”、“寿”，每字丈余高。其中，“福”字有点像猛虎下山，意为“卧虎”之意；“寿”字则有点像龙蛇缠绕在一起，似“藏龙”之意。这两个字合在一起，也就是在暗示岳麓书院是个藏龙卧虎的地方。

迈进二门，门额正面悬有“名山坛席”匾，两旁有对联：“纳于大麓；藏之名山”，意为岳麓书院被浩瀚青翠的树林所掩映，藏在地大物博的岳麓山之中。二门背面有“潇湘槐市”匾，是说岳麓书院是湖南文化名人、士子学者聚集的场所，其人才之盛，

“福”字砖刻（周耀林　摄）

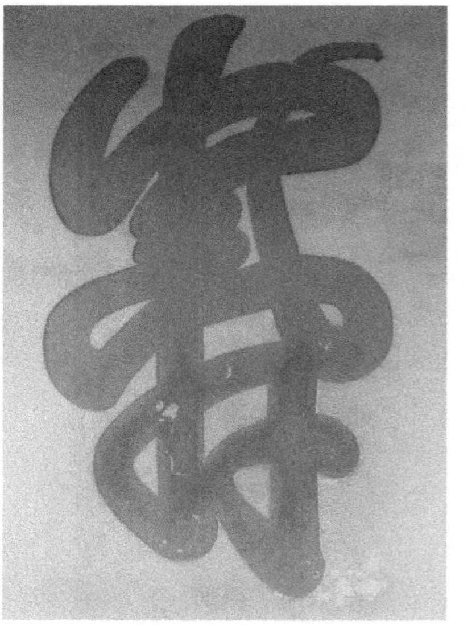
“寿”字砖刻（周耀林　摄）

大门匾联（周耀林 摄）

有如汉代槐市。此外还有“地接衡湘，大泽深山龙虎气；学宗邹鲁，礼门义路圣贤心”等名联。

二门匾联（周耀林 摄）

二门背面匾（周耀林　摄）

经二门往里走就到了书院的核心部分——讲堂，理学史上颇负盛名的“湖湘学派”即发展于此。讲堂正中供奉着朱熹的半身塑像，南北两壁嵌有朱熹手书的“忠、孝、廉、节”，“整、齐、严、肃”大字碑，大字遒劲有力，深深地吸引着人们。

讲堂内字碑（周耀林　摄）

讲堂内有三块匾，分别是“实事求是”、“学达性天”和“道南正脉”。其中，檐前悬有“实事求是”匾，为民国初期湖南工专校长宾步程撰。1917年湖南工专迁入岳麓书院办学，悬挂在此。“学达性天”匾为康熙皇帝御赐，表达了一种理学思想。“道南正脉”匾是乾隆皇帝为了表彰岳麓书院在传播理学方面的功绩所赐的，意为岳麓书院所传播的朱张湖湘学是理学向南传播后的正统。

讲堂内名联颇多。其中含义最丰富的一副是：“是非审之于己，毁誉听之于人，得失安之于数，涉岳麓峰头，朗月清风，太极悠然可会；君亲恩何以酬，民物命何以立，圣贤道何以传，登赫曦台上，衡云湘水，斯文定有攸归。”上联意思是：事情的大是大非要自己决定，闲言闲语就让别人说去吧，人生事业能否成功，除了靠个人的努力之外，还要看机遇，如果机遇不好，运气太差，什么大事都干不成，这时千万不要悲观失望。去登（陟）岳麓山吧，去感受一下皎洁的明月、徐徐的清风，你会发现自己已经完全融入大自然之中，天地万物也了然于胸，荣辱得失都可置之度外了。下联意思是：当你春风得意之时，要报答君（朝廷）和亲（父母）的栽培、养育之恩，要思考如何让老百姓的日子过得更好，要把圣贤的道统、中华民族的优秀文化传承并发扬光大。这副对联给学子士人指明了一种非常积极的人生态度。此外，还有“一水长流池不涸；两贤互磋道终同”；“岳麓学府传千载；书院育才有良规”；“院以山名，山因院盛，千年学府传千古；人因道立，道以人传，一代风流直到今”等名联。

再往里走就是御书楼，其中也有不少名联，如“圣域修文，前有朱张讲坛，宋清宸翰；名山汲古，上藏三坟五典，诸子百家”；“训诂笺注，六经周易尤专，探羲、文、周、孔之精，汉宋诸儒齐退听；节义文章，终身以道为准，继濂、洛、关、闽而起，元明两代一书生”等。

院中有座文庙，原称孔庙，门楣上有康熙皇帝亲撰的“万世师表”匾额。

“万世师表”匾额（周耀林　摄）

徜徉岳麓书院，欣赏随处可见的碑文、匾联，人生哲理、情操、志向等都尽在其中了。

复习与思考

1. 如何理解记忆遗产?
2. 世界记忆工程的宗旨和目的是什么?
3. 如何认识我国的文献遗产分级?
4. 我国国家级文献遗产有哪些?其分布情况如何?
5. 简述文学遗产的存在形式。
6. 我国古典建筑与园林中有哪些文学遗产?
7. 试举例说明匾额的作用。
8. 如何利用记忆遗产进行青少年教育工作?

第十二章
非物质文化遗产

本章要点

1. 非物质文化遗产特征
2. 非物质文化遗产名录
3. 非物质文化遗产主要类型
4. 国家级非物质文化遗产分布
5. 白蛇传说

关键词 非物质文化遗产 概念 特征 类型 名录

古希腊哲人曾说过："只有民族的才是世界的"。非物质文化遗产被誉为历史文化的"活化石"、"民族记忆的背影"，它记录着人类社会的生产生活方式、风俗人情、文化理念等重要特性，蕴藏着所属民族的文化基因、精神特质、价值观念、心理结构、气质情感等核心因素，是全人类各民族的宝贵财富。当今，随全球经济一体化席卷而来的文化侵袭正吞噬着各民族独一无二的文化遗产，传承非物质文化遗产对保护世界文化的多样性、确保民族特性和民族精神的世代相传具有重要意义。

我国历史悠久，在几千年浩瀚如海的艺术文化史中形成了无数璀璨夺目的非物质文化遗产，如昆曲、古琴艺术、白蛇传说、藏族锅庄舞、少林功夫、芜湖铁画锻制技艺、端午节……反映出生活在不同地理环境和历史脉络的 56 个民族各具特色的风俗习惯和民族文化，这些璀璨的艺术明珠不仅为国人所骄傲，也为世界所敬仰。

第一节 非物质文化遗产源流

非物质文化遗产是重要的遗产类型。然而，非物质文化遗产这个概念提出的时间并不长，从 20 世纪 50 年代日本提出的"无形遗产"概念到 2003 年联合国教科文组织通过的《非物质文化遗产保护国际公约》，人类在近半个世纪的探索中不断完善对世界遗产的认识，也正是在这个渐进的过程中，人们逐渐认识到非物质文化遗产的特殊性和重要性，并开始在世界范围内大力开展非物质文化遗产的保护活动。

一、非物质文化遗产概念的由来

日本早在20世纪50年代就提出了“无形遗产”的概念。“二战”前，日本的遗产保护多以与皇室有关的东西为中心，焦点集中在具有美学价值、鉴赏价值的美术工艺品和社寺所有的文物。战后，日本于1950年综合了《国宝保护法》、《史迹名胜天然纪念物保存法》等旧法律的内容，形成了《文化财保护法》，确立了有关文化财指定、管理、保护、利用、调查的制度体系，完善了保护的内容，最为突出的是将文化财分为五类：有形文化财、无形文化财、民俗文化财、纪念物和传统建造物群。①“有形文化财”为：建筑物、绘画、雕塑、工艺品、书法、典籍、古文书等有形的文化财物中，历史价值或艺术价值较高者（包含与之成为一体、对其价值的形成有意义的土地及其他物品，包括考古资料及其他具有较高学术价值的历史资料）。②“无形文化财”为：戏曲、音乐、传统工艺技术及其他无形的文化资产中，历史价值或艺术价值较高者。③“民俗文化财”为：与衣食住行、传统职业、信仰、节庆活动等相关的风俗习惯，民俗民艺以及在这些活动中使用过的衣物、器具、住房及其他物品。它们对理解日本国民生活方式的演变不可或缺。民俗文化财进一步分为无形民俗文化财和有形民俗文化财。④“纪念物”为：贝冢、古坟、都城址、城址、旧宅及其他遗迹中，历史价值或学术价值较高者；庭园、桥梁、峡谷、海滨、山岳及其他风景名胜地中，艺术价值或观赏价值较高者；动物（包含生息地、繁殖地和迁徙地）、植物（包含其生长的土地）及地质矿物（包含产生特异自然现象的土地）中学术价值较高者。⑤“传统建筑物群”为：与周围环境成为一体、构成历史景观的传统建造物群中，具有较高价值者。日本最初对“无形遗产”的界定推动了人类对遗产的认知进程。

1972年《保护世界文化和自然遗产公约》分开定义了“文化遗产”和“自然遗产”，表明人类对遗产有了较为科学的认识和划分。然而，随着保护自然遗产和文化遗产工作的深入，对非物质文化遗产保护的疏漏渐渐暴露，1987年联合国教科文组织在原来世界自然遗产和文化遗产保护工作的基础上，把非物质文化遗产确定为保护对象，即提出《保护民间创作建议案》，但这个建议案并没有使用“非物质文化次遗产”的概念，而是以“民间传统文化”来代指“非物质文化遗产”。直至2001年，联合国三十一届会员国大会的会议文件中，以“无形文化遗产”（Intangible Cultural Heritage）的称谓代替了“民间传统文化”，联合国教科文组织将“无形文化遗产”列入了遗产清单，并于2001年首次宣布了19个世界人类口头遗产和非物质遗产代表作。2003年10月17日，联合国教科文组织在巴黎召开第三十二届会议，通过了《非物质文化遗产保护国际公约》(International Convention for the Safeguarding of the Intangible Cultural Heritage)，正式界定了“非物质文化遗产”的概念，强调了对无形的“非物质文化遗产”的保护。

至此，世界遗产从广义上被分为“文化遗产”、“自然遗产”和“非物质文化遗产”三个部分。

《非物质文化遗产保护国际公约》指出，“非物质文化遗产”是指“被各群体、团体、有时为个人视为其文化遗产的各种实践、表演、表现形式、知识和技能及其有关的工具、实物、工艺品和文化场所。各个群体和团体随着其所处环境、与自然界的相互关系和历史条件的变化不断使这种代代相传的非物质文化遗产得到创新，同时使他们自己具有一种认同感和历史感，从而促进了文化多样性和人类的创造力。在本公约中，只考虑符合现有的国际人权文件，各群体、团体和个人之间相互尊重的需要和顺应可持续发展的非物质文化遗产”。同时，《非物质文化遗产保护国际公约》还指出，“非物质文化遗产”包括以下五个方面：口头传说和表述，包括作为非物质文化遗产媒介的语言；表演艺术；社会风俗、礼仪、节庆；有关自然界和宇宙的知识和实践；传统的手工艺技能。

我国国务院2005年施行的《国家级非物质文化遗产代表作申报评定暂行办法》的第2条给出非物质文化遗产的定义如下：非物质文化遗产是指各族人民世代相承的、与群众生活密切相关的各种传统文化表现形式（如民俗活动、表演艺术、传统知识和技能，以及与之相关的器具、实物、手工制品等）和文化空间。第3条指出非物质文化遗产的范围包括：①口头传统，包括作为文化载体的语言；②传统表演艺术；③民俗活动、礼仪、节庆；④有关自然界和宇宙的民间传统知识和实践；⑤传统手工艺技能；⑥与上述表现形式相关的文化空间。

二、非物质文化遗产的特征

非物质文化遗产最基本的特征在于非物质性和无形性。非物质性和无形性也是非物质文化遗产区别其他世界遗产的核心特征。自然遗产是指具有价值的、由物质和生物结构或这类结构群组成的自然面貌，包括动物和植物生长区、天然名胜或明确划分的自然区域。文化遗产是指物质的、有形的那部分文化遗产，而非物质文化遗产则囊括了非物质、无形的文化遗产。不同的民族和地域孕育出风格迥异的民间文化，这些特色鲜明的风俗、文化和情感表达方式标榜出一方水土一方人的独特个性，映衬出非物质文化遗产的民族性和地域性。各民族、各地区的非物质文化遗产很大程度上记载着历史，对它的保护体现在如何传承。非物质文化遗产主要以人作为传承载体，以口耳相传为传承方式，一旦失去了这种传承载体和传承方式，非物质文化遗产就会在历史的长河中渐渐消亡，因而，传承性也是非物质文化遗产的一大特征。非物质文化遗产还具备动态性和依托型。物质文化遗产是一种静态的文化形式，如建筑、书画、雕塑等以不动的形态展现。而非物质文化遗产则是一种动态的文化形式，如民歌、戏曲、工艺等都是由物质载体和传承媒介按曲调、剧本、工序等一字一句、一言一行、一道一序来传达的，离不开载体和媒介的依托。

第二节　非物质文化遗产类型与分布

将非物质文化遗产划分为不同的类型，有利于对其进行更好更便捷的保护、管理和利用。非物质文化遗产的类型划分有多种依据标准。按艺术价值和保护级别划分，非物质文化遗产可以分为世界级非物质文化遗产、国家级非物质文化遗产、省级非物质文化遗产、市（县）级非物质文化遗产。按内容和表现形式划分，它可以划分为民间文学、民间音乐等多种。后者是非物质文化遗产最常见的分类标准，通常由负责保护的机构或部门划定。

一、非物质文化遗产类型

我国根据各级政府和单位申报的国家级非物质文化遗产项目，划分了具体的非物质文化遗产类型。截至2008年6月，在国务院先后公布的两批国家级非物质文化遗产名录中，将非物质文化遗产分为十类：民间文学、民间音乐、民间舞蹈、传统戏剧、曲艺、杂技与竞技、民间美术、传统手工技艺、传统医药、民俗。这十种类型的非物质文化遗产具体涵括了如下方面：

1. 民间文学

民间文学是一种特殊的文学，是指由劳动人民直接创造的且在民间广泛流传的文学，主要是口头文学，如民间故事、民间戏曲、民间曲艺、神话、传说、歌谱、谜语、谚语等。优秀的民间文化不仅具有优越的艺术性，而且包含很多历史信息。传承和研究民间文化可以了解当地人民在某个特殊时期的生活态度、民族信仰、价值观念等。在过去和现在，广大劳动人民大多数无法使用文字或无法流畅地用文字来进行这种题材朴素、浓缩生活的文学创作，需要用口头语言讲述或歌咏，而且在创作和传播时，往往是群众集体而非个人。由不同的群体进行口头转述，可能会使最初的民间文学作品掺杂传播者的主观思想和民族情节在内，产生变异。例如，女娲传说就有陕西、河北、甘肃等不同的归属地，版本也有诸多不同。由此可以看出，民间文学具有鲜明的口头性、集体性、变异性、传承性、直接的人民性。

2. 民间音乐

民间音乐是指形成并流行于民间的歌曲和器乐曲，包括民间舞蹈音乐和民间戏曲音乐。民间音乐的作者一般是有创作才能的不出名的民间艺人，他们往往既是创作者又是表演者。过去主要通过口头的方式流传，如今很多民间音乐被商业化开发，将其进行数字化采集，形成音频、视频，通过互联网或唱片买卖的方式进行广泛传播。民间音乐具有鲜明的民族风格和地方特色，如蒙古族长调民歌、回族民间器乐、傈僳族民歌等都是因浓郁的民族风味而显得独具魅力，又如广东音乐、潮州音乐、宜昌丝竹等都是广泛流传在某一地域的民间音乐。民间音乐在表现手法和技巧上具有丰富性，如新疆维吾尔族十二木卡姆，因场合和氛围的不同而有不同的表现手法和技巧。

3. 民间舞蹈

民间舞蹈同样是产生、流传于民间，是一种风格鲜明、为广大群众所喜闻乐见的舞蹈，它反映人民的劳动、斗争、交际和爱情生活。不同民族和地区的民间舞蹈受生活方式、历史传统、风俗习惯、民族性格、宗教信仰、地理和气候等自然环境的影响而显现出风格特色的明显差异。例如，秧歌是中国北方最具代表性的民间舞种之一，深受群众的喜爱，在不同地区有不同的称谓和风格样式。在陕北，每逢春节，“锣鼓一响，喉咙发痒”，男女穿着彩服或带云角装的秧歌服，男的用毛巾包头，女的手持彩扇、汉巾，在锣鼓、唢呐等吹打乐器的伴奏下尽情舞蹈。陕北秧歌来源于陕北农民劳动、节庆等原始生活，充分体现了当地群众质朴、憨厚、开朗、乐观的性格。

4. 传统戏剧

中国的戏剧与希腊悲剧和喜剧、印度梵剧并称为世界三大古老的戏剧文化。文学上的戏剧概念是指为戏剧表演所创作的脚本，即剧本。这里所指的传统戏剧是以语言、动作、舞蹈、音乐、木偶等形式达到叙事目的的舞台表演艺术的总称，是时间艺术和空间艺术的综合，常见的表演形式有话剧、歌剧、舞剧、音乐剧、木偶戏等。传统戏剧具有虚拟性，舞台艺术不是单纯的模仿生活，而是对生活原形进行选择、提炼、夸张和美化，通过唱、念、做、打等表演手法把观众直接带入艺术的殿堂。传统戏剧的另一个特征是程式性，舞台动作的表现有一套固定的程式，在程式的规范之下又有灵活性。如流行于安徽、江西及湖北地区的黄梅戏，戏剧带有“黄梅调”，用安庆方言演唱。著名剧目《天仙配》、《牛郎织女》、《女驸马》等都具有黄梅戏的典型特点却有各自不同的舞台表现手法。

5. 曲艺

曲艺是中华民族各种说唱艺术的统称，是由民间口头文学和歌唱艺术经过长期发展演变形成的一种独特的艺术形式。我国仍活跃在民间的曲艺品种有400个左右，被收录在国家级非物质文化遗产名录中的共111项，如苏州评弹、扬州评话、山东大鼓、福州伬艺、河南坠子、东北二人转、鄂伦春族摩苏昆、陕北说书、平湖钹子书等，他们虽有各自的发展历程，但都具有民间性、群众性的艺术特征。曲艺不同于戏剧，戏剧由演员装扮成固定的角色进行表演，曲艺演员不装扮成角色，通常一个演员模仿多种人物，以“一人多角”的方式，通过说、唱，或似说似唱，或又说又唱来叙事、抒情，把人物和故事演绎出来。曲艺表演起来比戏剧简单、朴素，通常一个伴奏器乐、一个道具、一个演员就能撑起一台曲艺表演。

6. 杂技与竞技

杂技与竞技又称为传统体育、游艺与杂技。在我国目前公布的两批国家级非物质文化遗产名录中，杂技与竞技共59项，包括吴桥杂技、天桥中幡、少林功夫、武当武术、太极拳、蹴鞠、围棋、象棋、满族二贵摔跤、传统箭术（南山射箭）、东北庄杂技等。杂技是原始人在狩猎中形成的劳动技能和自卫攻防中创造的武技与超常体能，在休息和娱乐时，又被再现为一种自娱游戏的竞技表演，即为最早的杂技艺术。在漫长的发展演变过程中，我国的杂技与竞技不断丰富且影响远播五洲，如吴桥杂技因其独特的表演、道具及传承等方面的规则，构成了完整的行业文化体系，成为世界知名的杂技之一。每种杂技与竞技都有自身的游戏规则和艺术特点，且带有鲜明的地域色彩，因地域的差异而有不同的规则。例如，作为传统体育的方棋，新疆方棋有7×7共49个点位，而甘肃、宁夏一带的方棋则是7×8，56个棋眼。不仅在子的数量上不同，在性能和特征、风格和风味上也完全不同，新疆方棋相对来说，在对阵时更为紧凑、紧张、激烈。

7. 民间美术

民间美术又称传统美术，是人民群众创造的，以美化环境、丰富民间风俗活动为目的，在日常生活中应用、流行的美术。民间美术主要有年画、刺绣、剪纸、风筝、传统编织工艺品、中国传统玩具六个种类。年画最初是由“门神画”演变而来的，以木刻水印为主，追求拙朴的风格和热闹的气氛，通常用于增添节日气氛、美化房屋。画的线条单纯、色彩鲜明，图案有花鸟、神话传说、历史故事、春牛等。刺绣因多为妇女所作，故又名“女红”，苏绣、粤绣、湘绣、蜀绣被称为“四大名绣”，它们被广泛的用于服装、台布、枕套、靠垫等生活用品及屏风、挂壁等陈设品。剪纸在全国各地都能看到，因其材料易得、成本低廉、效果立见、适应面广，而成为中国民间最为普及的传统装饰之一。具有代表性的风格有南方派、江浙派、北方派。风筝源于春秋时代，早期为传递信息的工具，到宋代，放风筝成为百姓喜爱的户外活动，风筝制造以山东潍坊最为有名。中国的编制工艺和传统玩具品种繁多、风格各异，均具有原始文化和乡土艺术的特点，一般就地取材，物美价廉，如草编、柳编、彩扎、糖塑等。

8. 传统手工技艺

传统手工技艺是指具有高度技巧性、艺术性的手工技艺，它蕴含着我国人民的智慧与创造力。传统手工技艺的现代价值不容忽视，诸如宣纸制作技艺、织锦工艺、青瓷烧制工艺、陶器烧制技艺、制扇技艺、雕版印刷技艺、苗寨吊脚楼营造技艺等传统手工技艺，仍在社会生产和日常生活中被广泛应用。随着人们对物质生活和精神生活要求的提高，许多传统手工技艺引入现代化的生产技术，被赋予了除使用功能以外的文化内涵。如上个世纪80年代，人们生活方式的变化使很多纸扇技艺随着电扇和空调的普及而一度濒临失传，但如今的各种精致细巧的扇子早已突破了传统的使用功能，因其艺术性和文化性成为人们热捧的收藏品和互赠的礼品。

9. 传统医药

传统医药是相对于现代医学而言的，它出现在现代医学之前，指与古代社会文化密切相关的医学实践。传统医药的实践因不同国家的传统文化继承性的差别而显示出多样性。我国传统医药理论具有较强的“整体观”和“综合观”，因而使临床医学形成了独特的治疗观和行为方式，通过望、闻、问、切“四诊”从整体上把握阴、阳、表、里、寒、热、虚、实“八纲”，强调人体生理与自然环境的统一，认为“气”为万物基始，百病皆生于“气”，“气治则安、气乱则病”，一旦人体生理功能与自然环境失衡，就会由风、寒、暑、湿、燥、火“六淫”致病，综合分析各种致病因素，同病异治、异病同治，注重扶正祛邪，治标固本。在两批国家级非物质文化遗产保护名录中，传统医药共22项。包括中医生命与疾病认知方法、中医养生、中医传统制剂方法、传统中医药文化、中药炮制技术、针灸、中医正骨疗法、蒙医药、藏医药等。

10. 民俗

民俗，即民间风俗，是一个国家或一个民族中由广大民众所创造、享用和传承的生活文化，它起源于人类社会群体的生活，在特定的民族、时代和地域中不断形成、扩大和演变，为民众的日常生活服务。由于民俗是从当地人民生活的习惯中演变、形成的，受地理环境、当地人谋生方式、历史传统的影响和制约，因而显示出浓烈的地方特色。由于民族众多，每个民族又有不同的民俗，同一民俗在不同阶段也有变化，民族间的交流会使民俗相互影响，因此我国的民俗又呈现出多元性、复合型、变异性的特征。民俗涉及的内容很多，研究的领域至今仍在不断地拓展，主要包括生产劳动民俗、日常生活民俗、社会组织民俗、岁时节日民俗、人生礼仪、游艺民俗等方面。例如庆祝新年的春节、祭祀故人的清明节、傣族特有的泼水节、土族婚礼、农历二十四节气、苗族服饰、庙会、长白山采参习俗、洛阳牡丹花会、藏族天文历算等，这些民俗都深入到人民生活的各个方面，是一种最贴近身心和生活的文化。

二、非物质文化遗产分布

非物质文化遗产分布是指非物质文化遗产在全国各地的空间排布。根据国务院公布的两批国家级非物质文化遗产名录，可以总结出我国非物质文化遗产在全国各省市的分布情况，见表12-1（按汉语拼音字母顺序排列）。

表12-1 **国家级非物质文化遗产统计** （单位：项）

类型 申报地区	民间文学	民间音乐	民间舞蹈	传统戏剧	曲艺	杂技与竞技	民间美术	传统手工技艺	传统医药	民俗
安徽	1	6	4	12	1	1	5	13	0	4
澳门	0	0	0	1	0	0	1	1	0	0
北京	4	2	4	5	5	5	8	24	3	3
重庆	1	10	2	2	2	0	3	5	1	1
福建	2	5	5	15	7	3	8	14	2	10
甘肃	4	6	6	5	4	0	5	6	1	7
广东	2	8	11	12	2	1	18	10	2	9
广西	3	3	2	5	1	0	0	3	0	10
贵州	6	9	8	10	1	0	5	14	5	12
海南	0	9	1	3	0	0	1	6	0	4
河北	3	7	8	21	6	14	8	8	0	7
河南	5	8	6	16	4	6	8	4	2	8
黑龙江	0	5	1	1	7	1	1	4	0	1
湖北	9	14	4	14	8	2	7	0	0	2

续表

申报地区＼类型	民间文学	民间音乐	民间舞蹈	传统戏剧	曲艺	杂技与竞技	民间美术	传统手工技艺	传统医药	民俗
湖南	2	12	5	14	2	0	8	7	1	6
吉林	1	5	3	1	4	2	2	2	0	6
江苏	7	10	2	11	6	1	17	21	1	5
江西	0	3	4	7	1	0	6	7	0	3
辽宁	5	5	6	7	5	0	6	1	0	2
内蒙古	4	11	2	1	5	5	1	9	1	9
宁夏	0	3	0	0	0	0	1	0	1	2
青海	5	6	6	3	4	3	7	4	2	11
山东	10	10	5	19	8	5	14	5	1	7
山西	5	10	6	20	3	3	9	15	2	9
陕西	0	8	5	10	5	1	6	5	0	5
上海	1	5	2	5	4	0	7	6	1	2
四川	2	12	11	5	4	1	14	21	2	7
天津	0	2	0	4	4	1	2	1	0	1
西藏	1	1	15	2	0	1	2	8	2	5
香港	0	0	0	1	0	0	0	1	0	0
新疆	6	12	4	2	4	3	5	15	0	10
云南	11	7	19	8	1	0	4	11	0	12
浙江	10	9	8	14	18	3	18	20	2	10
其他	1	1	0	2	1	1	1	0	6	7

（注：1. 由于有些国家级非物质文化遗产项目由几个地区联合申报，一个项目有一个或几个申报地区，因此以上各类统计总数与各申报地区项目总数并不完全一致。例如，昆曲由中央艺术研究院、江苏省、浙江省、上海市、北京市、湖南省联合申报，在统计时，六个申报单位或地区的传统戏剧类数量均包括昆曲。2. “其他”表示不属于省、自治区、直辖市范围内的中央级申报单位或部门，申报的项目所在地往往不能以行政辖区来划分。例如，民俗类的春节、清明节、中秋节由文化部申报，传统医药类的中医诊法、针灸等项目由中国中医科学院申报，农历二十四节气由中国农业博物馆申报。）

从表12-1中可以看到，我国非物质文化遗产广泛地分布在全国23个省、4个直辖市、5个自治区以及香港、澳门特别行政区。这充分体现了非物质文化遗产分布的广泛性，凸显了非物质文化遗产是各个地区的人们在认识世界、改造世界过程中形成的智慧结晶，也是不同地域代代相承的文化遗产。

第三节　我国非物质文化遗产名录

非物质文化遗产名录是保护非物质文化遗产的一种重要方式。我国是一个统一的多民族国家，非物质文化遗产异常丰富且历史悠久。在如此丰富多彩的非物质文化遗产中，认定哪些是值得保护和传承的文化遗产，需要各级政府、广大学者和民间各界人士对至今仍在传承的非物质文化遗产的价值进行评估和认证，最终形成并公布《非物质文化遗产名录》(详见第一章)。通常认为，那些最具有艺术价值、濒临消失、最需要被保护和传承的非物质文化遗产经国家申报、联合国审批后可称收录世界非物质文化遗产；那些在全国范围内具有较高艺术价值经国务院审批后的非物质文化遗产则称为国家级非物质文化遗产。截至目前，联合国批准了非洲、阿拉伯地区、亚太、欧美、拉美五大区共90项世界非物质文化遗产，先后公布了三批世界非物质文化遗产名录。其中，我国共获批4个，分别是昆曲（2001年)、古琴艺术（2003年)、新疆维吾尔族木卡姆艺术（2005年）和蒙古族长调民歌（2005年)。昆曲为传统戏曲，其他3项均为民间音乐，详见第二章。

我国《国家级非物质文化遗产代表作申报评定暂行办法》指出，建立国家级非物质文化遗产名录的目的是推动我国非物质文化遗产的抢救、保护与传承；加强中华民族的文化自觉和文化认同，提供对中华文化整体性和历史性的认识；尊重和彰显有关社区、群体及个人对中华文化的贡献，展示中国人文传统的丰富性；鼓励公民、企事业单位、文化教育科研机构、其他社会组织积极参与非物质文化遗产的保护工作；履行《保护非物质文化遗产公约》，增进国际社会对中国非物质文化遗产的认识，促进国际文化交流与合作，为人类文化的多样性及其可持续发展做出中华民族应有的贡献。为规范我国非物质文化遗产保护工作，国务院于2005年12月发布了《关于加强文化遗产保护的通知》，并制定了国家、省、市、县四级保护体系，要求各地方和各有关部门贯彻“保护为主、抢救第一、合理利用、传承发展”的工作方针，切实做好非物质文化遗产的保护、管理和利用工作。在此之后，我国在2006年至2008年间，先后公布了两批国家级非物质文化遗产名录。2006年5月国务院公布了首批国家级非物质文化遗产名录（共计518项)。2008年6月，国务院又公布了第二批国家级非物质文化遗产名录（共计510项）和首批非物质文化遗产扩展项目名录（共计147项)。除国家非物质文化遗产名录外，其他各级政府部门也纷纷在普查的基础上建立、公布了省级、市级、县级非物质文化遗产名录。已经公布的国家级非物质文化遗产见表12-2（其统计标准同表12-1)。

表 12-2　　各地区国家级非物质文化遗产总量及代表

具体情况 申报地区	总量	非物质文化遗产代表
安徽	47	凤阳花鼓 、徽州漆器髹饰技艺、宣纸制作技艺、红茶制作技艺、巢湖民歌、黄梅戏、徽州三雕、桐城歌、马戏（埇桥马戏）等
澳门	3	木雕（澳门神像雕刻）、粤剧、凉茶
北京	63	京西太平鼓、智化寺京音乐、京剧、天桥中幡、抖空竹、同仁堂中医药文化、八达岭长城传说、天桥摔跤、花茶制作技艺、烤鸭技艺等
重庆	27	梁平木版年画、秀山民歌、搬运号子、走马镇民间故事、石柱土家啰儿调、川江号子、吹打（接龙吹打、金桥吹打）、梁平癞子锣鼓等
福建	71	福州评话、南平南词、宁德霍童线狮、乌龙茶制作技艺、蟳埔女习俗、竹纸制作技艺、雕版印刷技艺、南音、泉州北管、闽剧、四平戏等
甘肃	44	保安族腰刀锻制技艺、武都高山戏、裕固族服饰、秦腔、哈萨克族阿依特斯、雕漆技艺、河西宝卷、贤孝、庆阳香包绣制、夜光杯雕等
广东	75	凉茶、佛山木版年画、雷州歌、惠东渔歌、蔡李佛拳、新会葵艺、茶艺（潮州工夫茶艺）、谜语（澄海灯谜）、潮剧、潮州音乐等
广西	27	壮族织锦技艺、瑶族服饰、壮族嘹歌、广西文场、陶器烧制技艺、布洛陀、刘三姐歌谣、那坡壮族民歌、彩调、壮剧、仫佬族依饭节等
贵州	70	苗绣、水书习俗、布依族盘歌、珠郎娘美、布依族民歌、黔剧、苗族古歌、苗医药、侗医药、苗族跳花节、苗年、侗族大歌、刻道等
海南	24	黎族竹木器乐、琼剧、椰雕、黎族服饰、南海航道更路经、崖州民歌、儋州调声、藏族拉伊、临高人偶戏、黎族传统纺染织绣技艺等
河北	82	西河大鼓、木板大鼓、乐亭大鼓、吴桥杂技、衡水内画、老调（保定老调）、八卦掌、苏桥飞叉会、砚台制作技艺、沧州武术、太极拳等
河南	67	少林功夫、信阳民歌、西坪民歌、大调曲子、心意六合拳、东北庄杂技、唐三彩烧制技艺、洛阳牡丹花会、打铁花、越调、黄帝祭典等
黑龙江	21	达斡尔族乌钦、戏法（赵世魁戏法）、东北大鼓、赫哲族鱼皮制作技艺、
湖北	60	汉川善书、武当武术、屈原传说、王昭君传说、汉绣、汉调二簧、采茶戏、枝江民间吹打乐、土家族撒叶儿嗬、灯戏等
湖南	57	湘绣、浏阳花炮制作技艺、女书习俗、茶山号子、苗族民歌、侗戏、炎帝陵祭典、土家族织锦技艺、滩头木版年画、凤凰纸扎等
吉林	26	森林号子、朝鲜族洞箫音乐、满族说部、朝鲜族长鼓舞、满族珍珠球、长白山采参习俗、朝鲜族传统婚礼、蒙古族马头琴音乐等

续表

具体情况 申报地区	总量	非物质文化遗产代表
江苏	81	苏州评弹、扬州评话、苏绣、苏州缂丝织造技艺、扬州弹词、扬派盆景技艺、茶点制作技艺、古琴艺术、苏绣、香包（徐州香包）等
江西	31	景德镇手工制瓷技艺、药市习俗、兴国山歌、永新盾牌舞、广昌孟戏、萍乡湘东傩面具、金星砚制作技艺、全丰花灯、于都唢呐公婆吹等
辽宁	37	东北二人转、笙管乐、古渔雁民间故事、辽宁鼓乐、千山寺庙音乐、朝鲜族花甲礼、辽西高跷、评剧、医巫闾山满族剪纸等
内蒙古	48	成吉思汗祭典、乌力格尔、鄂温克族民歌、好来宝、蒙古族象棋、鄂温克抢枢、蒙古族四胡音乐、鄂温克驯鹿习俗、蒙古族长调民歌等
宁夏	7	回族服饰、回族民间器乐、宁夏回族山花儿、北武当寺庙音乐、回族医药、隆德县高台、杨氏家庭泥塑
青海	51	康巴拉伊、汗青格勒、回族宴席曲、藏族扎木聂弹唱、青海平弦、青海越弦、青海下弦、土族轮子秋、青海湖祭海、土族服饰、弦子舞等
山东	84	山东大鼓、聊城杂技、蹴鞠、螳螂拳、葫芦雕刻、平阳木版年画、胶东大鼓、山东琴书 、孟姜女传说、聊斋俚曲等
山西	82	传统面食制作技艺、布老虎（黎侯虎）、建筑彩绘（炕围画）、月饼传统制作技艺、秧歌、晋剧、老陈醋酿制技艺、砖雕、洪洞道情等
陕西	45	陕北民歌、陕北说书、二人台、紫阳民歌、西安鼓乐、蓝田普化水会音乐、安塞腰鼓、汉调桄桄、秦腔、榆林小曲、凤翔木版年画等
上海	33	顾绣、竹刻、木版水印技艺、沪剧、嘉定竹刻、锣鼓书、乌泥泾手工棉纺织技艺、码头号子（上海港码头号子）、独脚戏等
四川	79	绵竹木版年画、蜀锦织造技艺、竹纸制作技艺、四川扬琴、羌年、巴山背二歌、都江堰放水节等
天津	15	天津时调、回族重刀武术、泥塑、津门法鼓、妈祖祭典、京东大鼓、杨柳青木版年画、锣鼓艺术（汉沽飞镲）、天津泥人张等
西藏	37	藏族唐卡、藏族邦典、卡垫织造技艺、藏医药、藏香制作技艺、藏族天文历算、藏族雕版印刷技艺、热巴舞、锅庄舞、藏戏、雪顿节等
香港	2	粤剧、凉茶
新疆	61	维吾尔族达瓦孜、维吾尔族达斯坦、维吾尔族鼓吹乐、蒙古族刺绣、哈萨克毡绣和布绣、土碱烧制技艺、新疆曲子、蒙古族呼麦等

续表

具体情况 申报地区	总量	非物质文化遗产代表
云南	73	傣族泼水节、阿诗玛、傣族章哈、布朗族民歌、傣族象脚鼓舞、滇剧、傣族织锦技艺、普洱茶制作技艺、大理三月街、四季生产调等
浙江	112	江南丝竹、蚕丝织造技艺、金华火腿腌制技艺、海盐滚灯、宁波朱金漆木雕、嵊州竹编、观音传说、调吊、海盐晒制技艺、蚕桑习俗等
其他	20	昆曲、春节、清明节、中秋节、重阳节、元宵节、中医生命与疾病认知方法、中医诊法、针灸、农历二十四节气、围棋、象棋等

第四节　案例赏析：白蛇传说

截至目前，我国第一批、第二批国家级非物质文化遗产名录共公布1175项非物质文化遗产，这十大类非物质文化遗产种类齐全、项目繁多、各具特色，在此无法一一详述。因此，本书以民间文学白蛇传说为例进行赏析。

白蛇传说源远流长、家喻户晓，起源于1000多年前的北宋时期，与梁祝传说、孟姜女传说、牛郎织女传说并称为“中国四大民间传说”。其流传形式开始以散文体的口头传播为主，后来兼有诗体的歌谣和叙事诗，民间以评话、说书、弹词等多种形式出现，又逐渐演变成戏剧表演。由江苏省镇江市和浙江省杭州市联合申报，于2006年获批为国家级非物质文化遗产民间文学类。

白蛇传说发生在宋朝时期的杭州、苏州及镇江等地，其经典景点通常与风景如画的杭州西湖风景区相关联。杭州西湖风景区以西湖为中心，分为湖滨区、湖心区、北山区、南山区和钱塘区，总面积达49平方公里。西湖三面环山，面积约5.6平方公里，湖周约15公里。景区由一山（孤山）、两堤（苏堤、白堤）、三岛（阮公墩、湖心亭、小瀛洲）、五湖（外西湖、北里湖、西里湖、岳湖和南湖）、十景（曲院风荷、平湖秋月、断桥残雪、柳浪闻莺、雷峰夕照、南屏晚钟、花港观鱼、苏堤春晓、双峰插云、三潭印月）构成。西湖的美，不仅在湖，也在于山。环绕西湖，西南有龙井山、理安山、南高峰、烟霞岭、大慈山、灵石山、南屏山、凤凰山、吴山等，总称南山。北面有灵隐山、北高峰、仙姑山、栖霞岭、宝石山等，总称北山。它们像众星拱月一样，捧出西湖这颗明珠。山的高度都不超过400米，但峰奇石秀，风景宜人。南北高峰遥相对峙，高插云霄。在这群山中深藏着虎跑、龙井、玉泉等名泉和烟霞洞、水乐洞、石屋洞等洞壑，给湖山平添了不少风韵。

白蛇传说主要讲述了名为白素贞的千年蛇妖化为人形报恩于有救命之恩的牧童后裔许仙的神话爱情故事。西湖之美为白蛇传说增添了许多亮丽的色彩，使得白蛇传说与西湖的自然和人文景观形成了密不可分的关系，故事中许多发生地点现已成为著名景点，

白堤（王劲松　摄）

苏堤（王劲松　摄）

其中断桥意蕴深远，最令人遐想。白素贞与许仙相识于断桥，借伞定情，结为夫妻后经历磨难曲折而分散，后又在断桥邂逅，冰释前嫌，重修旧好。如今西湖断桥被称为西湖三大情人桥之一，以其丰富的文化内涵享誉海内外。

与白蛇传说密切相连的另一景点是雷峰塔。雷峰塔是吴越国王钱弘俶为供奉佛螺髻发而建造的。建造时，吴越国印制了八万四千卷《陀罗尼经》藏放在塔砖内。这个塔原计划造十三层，后因财力不允许，只造了七层，是砖芯木壳的楼阁式塔。至北宋宣和年间，遭战乱受损。南宋初年重修，改成八面五层。明嘉靖年间，倭寇侵扰浙东沿海，

阮公墩（王劲松　摄）

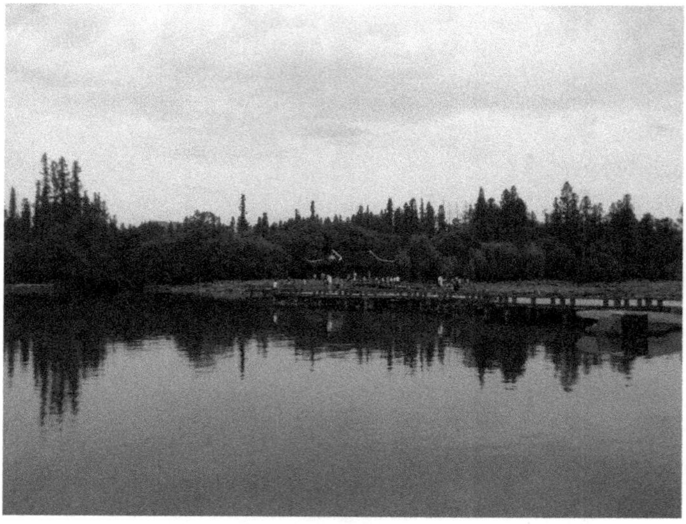

曲院风荷（王劲松　摄）

甚至窜入杭州焚毁雷峰塔外木壳飞檐，使之只剩下塔芯。自此以后，赭色砖塔颓然苍老，别具风情，“雷峰夕照”的景观深入人心。康熙、乾隆两帝都曾到雷峰塔下，亲题御书，这足以表明雷峰塔的引人注目之处。

千余年来，中国有很多有名的古塔，如洛阳白马寺塔、应县木塔、西安大雁塔、定县开元寺料敌塔、苏州虎丘塔、登封嵩岳寺塔等，然而，没有哪座塔像雷峰塔那样富有诗情画意，似乎它就是为艺术诞生的。早在南宋时期，“雷峰夕照”便是当时的西湖十

西湖断桥景观（王劲松　摄）

景之一。元初时文人尹廷高就有一首《雷峰夕照》的名诗，歌咏了夕阳映照下的雷峰塔："烟光山色淡溟蒙，千尺浮图兀倚空。湖上画船归欲尽，孤峰犹带夕阳红。"清代李卫《西湖志》载道："苍翠可爱，日光西照，亭台金碧、与山光倒映，如金镜初开，火珠将附，虽赤城栖霞不是过也。"1924 年 9 月 25 日，雷峰塔轰然塌圮，仍然引起了人们无限的感怀。鲁迅的《二论雷峰塔的倒掉》、俞平伯的《雷峰塔考略》、庐隐的《雷峰塔下》、陈从周的《谈西湖雷峰塔的重建》等文著，使得雷峰倒塌之后仍然成为人们心头不灭的风景。

然而，真正让雷峰塔扬名天下的却仍然是白蛇传的传说。明末通俗文学家冯梦龙在编辑《警世通言》时，通过整理各种形式和版本的雷峰塔故事进而创作了《白娘子永镇雷峰塔》。这篇话本小说很快就在民间广为流传，"雷峰塔"于是便取代了塔的其他名字而久为人知。经过各种形式戏曲的改编和传唱，清代时，《雷峰塔》的故事又进一步得到丰富并趋于完整。特别是乾隆年间方成培的《雷峰塔传奇》，对这一故事从剧目、人物到曲辞都作了大的改动，较为彻底地剔除了妖孽害人的内容，并更加突出了白素贞的善良和抗争。明清时各种版本和形式的《雷峰塔》故事使白娘子的传说在民间流传甚广，在中国历史和文化上具有深远的影响。尤其是白娘子为了追求自己的爱情和幸福，舍身忘我，但却被法海禅师无情地镇压在雷峰塔下的故事感动了千千万万人。因为这个脍炙人口的传说，雷峰塔便成为一道后人无法抹去的耀眼风景。

1924 年 9 月 25 日，雷峰塔轰然塌圮。2002 年，雷峰新塔在西子湖畔华丽亮相，成为《白蛇传》传说的历史见证。

白蛇传说是我国口头文学宝库中一颗璀璨的明珠，其崎岖的故事、生动丰满的人物形象，反映出南宋以来不同时期的主要社会思想、信仰与价值观、民族深层心理、民风民俗，对了解江南的风土人情有重要的参考价值。

雷峰塔（王劲松　摄）

复习与思考

1. 非物质文化遗产概念是如何形成的？
2. 非物质文化遗产有哪些特征？
3. 非物质文化遗产名录有何作用？
4. 简述非物质文化遗产的主要类型。
5. 如何认识非物质文化遗产传承的重要意义？
6. 简析中国非物质文化遗产在世界遗产中的地位。
7. 比较两三个白蛇传故事版本，分析它们的异同。
8. 列举并分析你熟知的非物质文化遗产及其价值。

参 考 文 献

著作：

1. 王三山，周耀林．营造之道——中国建筑与园林［M］．武汉：武汉大学出版社，2009

2. 单霁翔．从“文物保护”走向“文化遗产保护”［M］．天津：天津大学出版社，2008

3. 吴良镛．总结历史，力解困境，再创辉煌——纵论北京历史名城保护与发展//部级领导干部历史文化讲座［M］．北京：国家图书馆出版社，2008

4. 张朝枝．旅游与遗产保护——基于案例的理论研究［M］．天津：南开大学出版社，2008

5. 于海广，王巨山．中国文化遗产保护［M］．济南：山东大学出版社，2008

6. 张松．历史城市保护学导论——文化遗产和历史环境保护的一种整体性方法［M］．上海：同济大学出版社，2008

7. 张松，王俊．我们的遗产·我们的未来——关于城市遗产保护的探索与思考［M］．上海：同济大学出版社，2008

8. 周耀林．档案文献遗产保护理论与实践［M］．武汉：武汉大学出版社，2008

9. 贾鸿雁．中国历史文化名城通论［M］．南京：东南大学出版社，2007

10. 李晓虹，陈协强．武汉大学早期建筑［M］．武汉：湖北美术出版社，2006

11. 周耀林．可移动文化遗产保护策略［M］．北京：北京图书馆出版社，2006

12. 阮仪三．城市遗产保护论［M］．上海：上海科学技术出版社，2005

13. 王毅．再现辉煌的古蜀王都［M］．成都：四川人民出版社，2005

14. 楼庆西．中国古建筑二十讲［M］．北京：三联书店，2004

15. 国家文物局．文物保护工程管理法规选编［M］．北京：文物出版社，2003

16. 徐嵩龄，张晓明，章建刚．文化遗产的保护与经营——中国实践与理论进展［M］．北京：社会科学文献出版社，2003

17. 陈安泽，姜建军．中国国家地质公园发展现状与展望//张广瑞，魏小安，刘德

谦．2002～2004 年中国旅游发展：分析与预测［M］．北京：社会科学文献出版社，2003

18. 刘红婴，王健民．世界遗产概论［M］．北京：中国旅游出版社，2003
19. 李晓东．文物保护法概论［M］．北京：学苑出版社，2002
20. 何学林．中国世界文化和自然遗产［M］．南京：江苏人民出版社，2002
21. 陶伟．中国世界遗产的可持续旅游发展研究［M］．北京：中国旅游出版社，2001
22. 吴新智．中国古人类遗址［M］．上海：上海科技教育出版社，1999
23. 王景慧，阮仪三，王林．历史文化名城保护理论与规划［M］．上海：同济大学出版社，1999
24. 袁咏秋，曾季光．中国历代国家藏书机构及名家藏读叙传选［M］．北京：北京大学出版社，1997
25. 刘振礼，王宾．中国旅游地理［M］．天津：南开大学出版社，1996
26. 潘江．中国的世界文化和自然遗产［M］．北京：地质出版社，1995
27. 李晓东．中国文物学概论［M］．石家庄：河北人民出版社，1990
28. 周燮藩．中国宗教纵览［M］．南京：江苏文艺出版社，1992
29. 谢凝高．中国的名山与大川［M］．北京：中央党校出版社，1991
30. 宗白华．中国园林艺术概观［M］．南京：江苏人民出版社，1987
31. 高关中．法国风土大观［M］．北京：当代世界出版社，1999
32. 杜忠有．三教荟萃在嵩山［M］．北京：中国文艺出版社，2005
33. 寇云龙．千古圣地黄帝陵［M］．西安：西安地图出版社，2007
34. 田生华．古今法门寺概览［M］．西安：陕西旅游出版社，2006

论文：

1. 单霁翔．大遗址保护及其策略［J］．建筑创作，2009（6）
2. 官信，闫亚林．浅议当前大遗址保护问题［J］．江汉考古，2008（1）
3. 王运良．文物保护单位概念及其应用初探［J］．中国文物科学研究，2006（4）
4. 陶世安．彻底摸清文物家底［N］．人民日报海外版，2006-09-08
5. 陆建松．中国大遗址保护的现状、问题及政策思考［J］．复旦学报（社会科学版），2005（6）
6. 田林．大遗址遗迹保护问题研究［D］．天津：天津大学博士学位论文，2004
7. 叶东明．关注中国的世界遗产——访中国世界遗产研究专家谢凝高教授［J］．国土资源，2003（2）
8. 孟宪民．梦想辉煌：建设我们的大遗址保护展示体系和园区——关于我国大遗址保护思路的探讨［J］．东南文化，2001（1）
9. ［日］田中琢著，黄晓芬译．文物保护的思想［J］．考古与文物，1995（2）
10. 秦古雍城发现市场和街道遗址［N］．人民日报，1986-05-21（3）
11. 罗时叙．庐山的美学价值［J］．南昌大学学报（社会科学版），1996（2）

12. 文化部．世界文化遗产保护管理办法［EB/OL］．［2009-06-09］．http：//www. sach. gov. cn/tabid/393/InfoID/10492/Default. aspx

13. 国家住房和城乡建设部．国务院办公厅关于印发住房和城乡建设部主要职责内设机构和人员编制规定的通知［EB/OL］．［2009-06-09］．http://www. mohurd. gov. cn/gyjsb/zyzn/

14. 国家文物局．我局今天召开新闻发布会公布重设《中国世界文化遗产预备名单》［EB/OL］.［2009-06-09］. http://www. sach. gov. cn/tabid/294/InfoID/5909/Default. aspx.

15. 国家文物局．中国世界文化遗产预备名单重设目录（全文）［EB/OL］．［2009-06-09］．http：//www. sach. gov. cn/tabid/294/InfoID/5910/Default. aspx

16. 住房和城乡建设部．关于公布首批《中国国家自然遗产、国家自然与文化双遗产预备名录》的通报［EB/OL］．［2009-06-09］．http：//www. mohurd. gov. cn/zcfg/jswj/csjs/200611/t20061101_ 157201. htm

17. 中国艺术研究院．中国非物质文化遗产保护中心概述［EB/OL］．［2009-06-09］. http：//www. zgysyjy. org. cn/newart/lanmuye. jsp? class_ id = 15.

18. 中华人民共和国中央政府．国务院关于公布第一批国家级非物质文化遗产名录的通知［EB/OL］．［2009-06-11］．http：//www. gov. cn/zwgk/2006-06/02/content_ 297946. htm

19. 中华人民共和国中央政府．国务院关于公布第二批国家级非物质文化遗产名录和第一批国家级非物质文化遗产扩展项目名录的通知［EB/OL］．［2009-06-11］. http://www. gov. cn/zwgk/2008-06/14/content_ 1016331. htm

20. 国家档案局．《中国档案文献遗产名录》——第一部世界记忆国家名录［EB/OL］.［2009-06-11］．http：//www. saac. gov. cn/articleaction. do? method = view&id = ff808081172bd96201172e2b8af70006

21. 中国国家遗产．中国国家遗产的概念［EB/OL］．［2009-02-06］．http：//corp. 3721. com/view. htm? cardid = 779225&cardkey = 190678107

22. 绿色沙龙：中国与美国，谁的环境保护更好？［EB/OL］．［2009-07-26］. http://env. people. com. cn/GB/35525/3340781. html

23. 中国基础教育网．自然资源和资源保护 第三节 生物资源及其利用保护［EB/OL］．［2009-07-26］．http：//www. cbe21. com/subject/geography/html/070503/20012/200122_ 305. html

24. 步雪琳．走过辉煌五十年——我国自然保护区发展综述［EB/OL］．［2009-07-16］. http：//www. zhb. gov. cn/hjyw/200610/t20061026_ 95107. htm

25. 中国国家环境保护部．2008 年中国环境状况［EB/OL］．［2009-07-16］. http://www. mep. gov. cn/tech/szx/jqyw/200906/t20090608_ 152519. htm

26. 国家环境保护部．2008 年自然保护区建设与管理情况［EB/OL］．［2009-07-14］. http：//www. sepa. gov. cn/natu/zyb/zrbhqgzjb/200906/t20090617_ 152890. htm

27. 关于调整长江合江——雷波段珍稀鱼类国家级自然保护区有关问题的通知（环

函〔2005〕162 号）［EB/OL］．［2009-07-23］. http：//news. xinhuanet. com/st/2001-05/10/content_ 13880. htm

28. 森林公园健康发展需要科学的理念——首届全国森林公园科学发展论坛札记［EB/OL］．［2009-07-15］. http：//www. forestry. gov. cn/distribution/2008/04/02/lyyw-2008-04-02-6283. html

29. 我国森林公园建设发展历程［EB/OL］．［2009-07-12］. http：//www. gov. cn/gzdt/2009-04/10/content_ 1281990. htm

30. 郭旃．世界遗产监测工作及濒危遗产的评定[EB/OL].[2009-11-30].http://culture.ccnt.com.cn/whyc.php? col=63&file=1699&PageNum=1.

31. Pierre Nora. An idea whose time has come - French model of the national heritage concept [EB/OL]. [2006-01-09]. http://www. findarticles. com/p/articles/mi_m1310/is_1997_Sept/ai_19926678.

32. 我国森林公园建设发展历程．［2009-07-23］http：//news. xinhuanet. com/st/2001-05/10/content_ 13880. htm

33. 我国各级森林公园总数已达到 2277 处．［2009-08-22］. http：//www. gov. cn/gzdt/2009—04/10/content_ 1281990. htm

34. 教科文．《保护非物质文化遗产公约》徽标揭晓．［2009-05-12］. http：//iel. cass. cn/news_ show. asp? newsid=4476

35. 中华人民共和国建设部．《中国风景名胜区形势与展望》绿皮书．［2009-04-12］. http：//www. hbcic. gov. cn/Web/Article/2007/10/09/1050030000. aspx? ArticleID=3234c7f7-e162-41c6-8dcf-ee6a083f3d01

网站：

1. 中华人民共和国文化部 http：//www. ccnt. gov. cn/
2. 中华人民共和国国家文物局 http：//www. sach. gov. cn/
3. 中华人民共和国国家档案局 http：//www. saac. gov. cn/
4. 中华人民共和国住房和城乡建设部 http：//www. mohurd. gov. cn/
5. 世界遗产专题集邮网 http：//www. guwh. com/
6. 中华五千年 http：//www. zh5000. com/
7. 中国文物信息网 http：//www. ccrnews. com. cn/
8. 人民网·文化频道 http：//culture. people. com. cn/
9. 新华网 http：//www. xinhuanet. com/
10. 中国国学网 www. confucianism. com. cn/

法律法规、文件与标准：

1. 《中华人民共和国文物保护法》，2002 年
2. 《中华人民共和国文物保护法实施细则》，2003 年
3. 《中华人民共和国档案法》，1987 年
4. 《中华人民共和国城市规划法》，1989 年

5. 《关于保护我国历史文化名城的请示》，1981 年
6. 《关于加强历史文化名城规划工作的通知》，1983 年
7. 《关于请公布第二批国家历史文化名城名单的报告》，1986 年
8. 《城市规划编制办法》，1991 年
9. 《关于进一步加强历史文化名城保护的通知》，1992 年
10. 《历史文化名城保护规划编制要求》，1994 年
11. 《城市紫线管理办法》，2003 年
12. 《历史文化名城保护规划规范》(GB50357-2005)
13. 《国务院关于加强文化遗产保护的通知》，2005 年
14. 《历史文化名城名镇名村保护条例》，2008 年
15. 《国家文物局关于“十一五”期间大遗址保护总体规划》，2000 年
16. 《国家文化和自然遗产地保护“十一五”规划纲要》，2007 年
17. 《风景名胜区管理暂行条例》，1985 年
18. 《森林公园管理办法》，1994 年
19. 《自然保护区条例》，1994 年
20. 《风景名胜区分类标准》(CJJ/T121-2008)
21. 《风景名胜区规划规范》(GB50298-1999)
22. 《自然保护区类型与级别划分原则》(GB/T 14529-93)

后　　记

进入21世纪后，伴随着国际上遗产管理与保护的呼声日益高涨，我国高度重视遗产事业的发展，遗产教育随之走进了高校课堂。在此背景下，武汉大学遴选了《世界文化与自然遗产》、《中国的世界文化遗产》、《文化遗产与旅游》作为全校本科生的通识课程，其目的在于，在促使学生了解和熟悉世界遗产和中国国家遗产的同时，引导学生通过遗产的视角，运用人文科学、社会科学、自然科学等不同学科的理论与方法分析和解决遗产管理与保护中存在的问题，从而开拓学生的视野，启迪学生的思维，锻炼学生的能力，培养学生的性情，陶冶学生的情操。在几年的教学实践中，我们发现，遗产科学近年来发展迅猛，目前尚难以找到一本适合于本科教学的教材。因此，武汉大学有关遗产课程的三位教师达成了共识，编写了这本教材，并作为大学生通识课程教材在本校及外校讲授。显然，编写本书的直接目的是解决大学遗产教育实用教材缺乏的问题，同时可以为遗产的管理者、爱好者提供一部简洁的、清新的、系统的世界遗产和中国国家遗产读本，为深入认识和研究各类遗产提供知识准备和服务。

当然，世界遗产和中国国家遗产本身就是两个重大选题，难以举一书之力穷尽。尤其是，从广义角度理解“世界遗产”和“中国国家遗产”是一种新的提法，有待于进一步研究。同时，将世界遗产和中国国家遗产浓缩在一本书中，难免挂一漏万。例如，文物保护单位中包括有建筑，古典园林中也离不开建筑，单独将“古典建筑遗产”罗列出来就不可避免地存在内容方面的交叉、重复。再如，某一遗产（如庐山），它获得了多方面的遗产“头衔”，但在本书的归类中，也只能以其中之一类加以概括。此外，每一类型的遗产都具有很多实例，限于篇幅，本书只能选取其中一项加以介绍。然而，作者仍然希冀此书能够为读者勾勒出一幅比较完整的关于世界遗产与中国国家遗产的图画，并为此进行了辛苦的劳动，包括材料的科学取舍和精细编排，力争做到将科学性、知识性、趣味性融为一体，不仅有助于轻松阅读，而且力争做到开卷有益。

本书由周耀林、王三山、倪婉主编，周耀林审稿、定稿。参加编写的人员有（按姓氏笔画顺序排列）：王三山、王小云、王艳明、叶鹏、刘秋霞、刘婧、何欢欢、汪会玲、李姗姗、周耀林、赵淑梅、徐莉、倪婉、戴旸。编写过程中，作者参考了大量的相关文献，得到了武汉大学教务部和武汉大学出版社的大力支持。武汉大学出版社严红编审为本书付出了辛苦的劳动。感谢新华社提供的图片。王劲松、刘秋霞、朱立挺、李绪成、李升、张擎、范小伟、樊文珍、周耀林无偿地提供了自己拍摄的照片。在此，向上述文献被引作者、摄影者和编辑者表示衷心的感谢。

本书是国家社科基金项目《我国可移动文化遗产保护体系研究》(08BTQ042）和国家“985 工程”项目《语言科学技术与当代社会建设跨学科创新平台》(985YK003）的成果之一。

编 者

2009 年 12 月 22 日